개정판

영유아 창의동작교육

안미숙 · 심은희

창지사

머리말

"해맑게 웃으며 뛰노는 아이들은 생각만으로도 행복감을 전해 준다."

아이들의 하루를 바라보면 온종일 끊임없이 놀이로 움직이며 배우는 모습을 발견하게 될 것이다. 끝없는 호기심 속에 흥미롭게 탐구를 경험하고 즐겁게 놀이하는 영유아의 삶은 동작과 관련이 있다. 동작은 영유아 일상의 모든 측면에서 일어난다. 움직임을 좋아하는 영유아들은 동작을 통해 공간을 인식하고 학문적 개념을 학습하며, 사람들과의 관계를 맺으면서 자신감 형성과 사회적 기술을 습득한다. 사물과의 관계를 통한 동작 활동은 사물의 특성과 다루는 방법을 경험하며 과학적 원리를 알게 한다. 이러한 신체의 움직임을 통해 주변의 감각 자극과 주변 환경에 대한 탐색에 자발적으로 참여하는 경험 학습은 영유아의 발달적 특성으로 동작교육은 다른 교과와 자연스럽게 연계되어 통합적 접근이 가능한 교육이다. 이에 교사는 동작교육이 추구하는 교과 내용과 교수 방법에 대한 이론적 지식 및 실제에 대한 이해를 바탕으로 다양한 교과의 내용들을 통합적으로 구성하여 동작교육 활동을 전개할 필요가 있다. 동작교육은 영유아의 스트레스를 해소하고, 신체운동 및 기초 체력 형성을 강조하며, 특히 기본 요소 및 기본 동작에 기초한 교사의 다양한 창의적 발문은 영유아에게 창의적인 신체표현 능력을 증진시킨다. 따라서 교사는 동작교육에 대한 지식, 기술, 태도를 형성하고 교육 현장에서 적용할 수 있는 효과적인 동작교육 교과 운영안을 제시할 수 있어야 한다. 이를 위해 본서는 동작교육의 이론과 실제를 소개하고 학습자인 예비 영유아교사들이 쉽게 참여하여 이해할 수 있는 교수 방법 및 교육 내용을 제시하였다.

본서는 전체를 2개 PART 즉, 이론과 실제로 나누고 총 10개 CHAPTER로 구성하였다.

이론의 1장은 영유아 동작교육의 이해를 위한 기본적 개념으로 동작교육의 흐름과 동작교육의 개념 및 목적과 목표, 그리고 동작교육의 중요성을 다루었다. 2장 영유아 운동 능력 발달에서는 운동 능력 발달 개념과 원리를 이해하고, 갈라휴의 운동 능력 발달 단계와 태아기, 영아기, 유아기의 운동 능력 수준을 인식하여 이를 바탕으로 동작교육을 계획할 수 있도록 이론을 제시하였다. 3장은 영유아 동작교육 내용의 핵심을 이루는 동작의 기초 영역과 응용 영역을 살펴보았다. 이 부분은 본서에서 가장 중심을 두고 접근하였다. 특히 기초 영역에 속하는 기본 요소와 기본 동작의 내용은 동작교육에서 목표로 하는 신체건강 및 기초 체력을 위한 기반이며, 이러한 기반을 활용하여 창의적인 신체표현을 적극적으로 할 수 있도록 동작 활동을 위한 발문 예시를 통해 교사의 언어적 지원을 소개하였다. 영유아 동작교육의 창의성과 표현력 부분이 교사의 멋진 발문으로부터 시작됨을 알 수 있다. 특히 다년간 동작교육을 강의하면서 가장 감동을 받은 부분은 '동작 관찰일기'이다. 기존에 학생들이 가지고 있는 생각의 변화를 느낄 수 있었으며, 영유아 동작교육의 방향성을 각자가 정리해 보는 시간이 되었다. 또한 발문의 중요성을 인식하는 자기성찰 부분은 동작교육의 중요한 결과가 되었다. 강의 대상자의 학습 이해도에 따라 3장의 연계 내용으로 7장 '창의성과 영유아 동작교육'으로 진행할 수 있다. 7장에서는 4차 산업혁명 시대에 '어떻게 하면 신나게 놀면서 창의성을 키울 수 있을까'라는 마음으로 창의성과 영유아 동작교육의 관계를 살펴보고, 창의성의 구성 요소를 동작 창의성으로 접근하여 교사 스스로가 다양한 창의적 발문을 경험하고 그 발문을 통해 영유아들이 창의적인 표현을 즐길 수 있도록 제시하였다. 특히 창의적 영유아 동작교육은 교사의 역할에 의해 교육 환경과 경험이 만들어지는 만큼 교사의 역할을 강조하였다. 4장은 '영유아 동작교육의 교수 방법'으로 동작교육의 교수–학습 원리를 제시하고 교수–학습 방법을 예시와 함께 살펴보았다. 5장에서는 '영유아 동작교육 활동의 계획과 평가'를 살펴보았다. 제시한 동작교육 계획안은 기존의 구체적인 양식이며, 실제 현장에서 일어나는 놀이 중심의 누리과정을 '자율적 계획안'으로 제시하여 유아의 놀이와 배움에 주목하는 계획안을 구상할 수 있도록 짧은 안내를 제시하였다. 6장은 '국가수준 교육과정과 동작교육'에 관한 내용으로 어린이집 표준보육과정과 유치원 누리과정을 소개하였다. 7장은 앞서 소개한 바와 같이 '창의성과 영유아 동작교육'에 대해 제시하였다. 8장은 '영유아 창의동작교육 활동'으로 다양한 예술 영역을 통합해 영유아에게 놀이로 접근하는 창의적 동작교육 활동을 제시하였다. 7장의 동작 창의성의 발문들을 활용한 활동으로 음악과 명화, 그림책, 스토리텔링, 전통춤, 극놀이, 전통 놀이, 멀티미디어, 다양한 도구 등을 놀이를 통한 창의적 동작교육 활동으로 진행하여 자라나는 영유아들에게 즐거움을 주고, 이를 통해 긍정적인 정서를 지닌 창의적인 인격체로 성장할 수 있도록 하였다. 9장은 0~2세 '영아 동작교육 활동'으로 보건복지부에서 발표한 '제4차 표준보육과정'을 재구성하였으며, 10장은 3~5세 '유아 동작교육 활동'으로 동작 창의성 발문을 활용한 활동을 수록하였다. 이는 영유아의 발달 수준과 주제, 환경, 교사의 역량에 따라 수정하거나 확장하여 전개할 수 있다.

아이들의 상상력과 창의력은 끝이 없다. 교육 현장에서 동작교육이 다양한 예술 영역을 통합한 창의적 놀이로 접근하여 우리 아이들이 21세기에 영향력을 발휘하는 창의적 인재로 성장하길 바란다. 또한 창의적 인재 육성을 위해 늘 애쓰고 노력하는 예비 영유아교사들과 현장의 선생님들에게 이 책이 도움이 되길 바란다.

이 책이 나오기까지 함께하신 하나님께 감사드리며, 출판과정에서 저자들을 배려해 주신 창지사 나기영 부대표님과 편집부 직원분들께 감사의 마음을 전한다.

2022년 5월

저자 일동

차 례

PART Ⅰ

영유아 창의동작교육

– 이론 –

Chapter 01

영유아 동작교육의 이해

'동작' 하면 떠오르는 단어는?

동작(movement)이란 의도를 가지고 신체를 움직여 만들어 내는 사람의 모든 움직임과 그 모양이다. 동작은 끊임없이 만들어지며 정지된 움직임의 모양도 동작의 연속이 될 수 있다. 동작의 사전적 의미는 '몸이나 손, 발의 움직임 또는 그 모양'이라고 정의하고 있다. 즉, 동작이란 신체를 움직이는 행위에서 신체 움직임이 변화되는 과정까지 포함되는 것이다. 이는 인간의 본질적인 부분이며 영유아의 내적 성장의 원리에 따라 점차적으로 발달해 가는 중요한 요소이다.

동작에 대한 정의는 학자들마다 조금씩 다르다. 라반(Laban)은 동작을 몸이 변화하는 과정 속에서 의도를 가지고 인간의 마음을 표현하면서 소통하는 것이라 하였으며, 드마리아(DeMaria, 1974)는 동작을 영유아가 환경에 적응하도록 도우며, 능동적인 움직임으로 자기 자신을 잘 표현할 수 있도록 하고, 영유아의 생활을 보다 의미 있도록 만들어 주는 도구라고 하였다. 짐머(Zimmer, 2010)는 동작을 인간 생활에서의 가장 기본적인 현상이라고 하면서 주위 환경과 현실을 경험하게 하는 한 수단이라고 하였다. 김은심(2004)은 동작은 '감각에 의하여 획득한 현상이 마음속에서 재생됨을 인식하고, 몸을 움직이는 것'을 의미한다고 해석하였다. 즉, 동작은 주변과 상호작용하며 학습하는 동시에 자신의 생각, 감정, 느낌을 표현하는 의사소통의 수단으로 인간의 삶과 떨어질 수 없는 것이다.

1. 영유아 동작교육의 흐름

인간이 자신의 의사를 표현하기 위한 수단으로 사용하였던 몸짓은 춤으로 이어졌으며, 표현하는 춤은 자기감정의 표현이기도 했고 때로는 기복을 위한 주술적 행위이기도 했다. 이후, 인류의 발전과 더불어 언어가 발달하게 됨에 따라 종교적인 목적을 달성하기 위한 춤으로 변천하였다. 그러나 어느 것이든 그것은 인간 자신의 자유로운 사상과 감정의 표현이었다. 이러한 자유 의지의 표현으로서 춤은 세련과 기교로 정제되어 19세기 말엽 유럽에서의 춤은 발레 무용수들에 의해 지나치게 기교에만 치중한 무미건조한 작업으로 변해 있었다. 틀에 박힌 일정한 형태, 고정화된 팔 동작, 딱딱한 관념으로 인해 무용은 그 자체로 또 하나의 고착된 관념이었다. 이 시기 델사르트(Delsarte, 1811~1871))는 사고와 감정의 상호 전달 매체로서 내면의 정신세계를 외적인 움직임에 연관시키는 표현적 움직임의 개념을 확립했다. 즉, 인간 내면세계의 표현 방법에 대한 가능성을 표현의 기초와 동작 사용법을 통해 제시했다. 덩컨(Duncan, 1878~1927)은 자연 관찰을 통한 표현과 신체의 가장 자연스러운 움직임을 춤으로 나타내고자 무용의 형식에 자유분방한 표현을 창조하는 새로운 동작교육을 제시하였다. 이후 무용에 일정한 체계를 도입하려는 시도는 라반(Laban, 1879~1958)에 의해서 계속된다.

델사르트(Delsarte)의 움직임 이론이 몸으로 표현해 내는 인간 신체의 움직임에 근거했다고 한다면, 라반(Laban)의 무용 이론은 실제적 무용과 움직임 경험으로부터 귀납적으로 추론된 것들을 무용 용어로 정의한 것이라 할 수 있고 이후 각 지역, 각 세대의 무용가들에게 영향을 미쳤다(송종건, 1998; 정기정, 2003). 20세기에 들어서면서 인간의 자연스러운 표현의 자유를 주장하는 움직임이 무용계에서 시작되었다. 델사르트(Delsarte), 라반(Laban), 덩컨(Duncan)은 사람의 사고와 감정을 자연스럽게 표현해야 한다는 '인간의 움직임(Human movement)'의 개념을 정립하고, 공통적으로 '움직임 속에 곧 정신이 들어 있다'(김인희, 1994)는 무용과 체조의 연구 과정에 새로운 접근을 할 수 있도록 큰 공헌을 하였다. 특히 라반(Laban)은 인간의 움직임(Human movement)을 신체(body), 에포트(effort), 공간(space), 형태(shape) 등 네 가지 측면에서 움직임을 이해하고 분석하여 '라반 움직임 분석(Laban Movement Analysis; LMA)'을 체계화하였으며 이는 현대 동작교육의 기초가 되었다. 당시는 교육철학자들에 의해 전인적 아동에 대한 개념 형성을 위해 동작교육을 통한 아동의 창의력과 표현력에 초점을 두는 시기였으며, 라반(Laban)은 유아들이 자발적으로 움직임을 만들어 창의적으로 표현하는 과정을 위한 움직임의 핵심 요소를 제시하여(김수연 외, 2015) 유아 동작교육의 틀을 마련했다고 할 수 있다. 20세기 중반으로 들어서면서 영국에서 새로운 교육과정의 편성에 의해 '움직임의 교육'을 강조하면서 아동 자신의 존재를 표현, 탐색하고, 발전, 해석하는 방법으로 자신의 잠재적 움직임의 능력을 개발하는 데 목적을 두는 교육 방법이 강조되었다. 20세기 후반은 심리학자나 교육학자들에 의해 인간의 신체, 정신, 감정은 서로 상호작용함을 인식하고 유아의 신체 발달을 돕는 동작교육에 대한 새로운 이해를 위해 생화학, 근육 운동학, 신경학, 사회학, 인류학 등 다학문적 접근이 시도되어(Seefeldt, 1976) 지각, 지각운동발달, 시각운동협응, 인지운동관계 등과 관련된 개념들이 생성되며 다양한 분야를 중심으로 동작교육의 흐름이 시대의 영향을 받으며 변모하였다. 현재 영유아교육에서의 동작교육은 라반(Laban)의 움직임 분석이 중심이 되어 영유아의 동작을 관찰할 수 있는 동작의 기본 요소와 기본 동작 경험을 계획하고 조직하기 위하여 매우 유용하게 사용되고 있다.

2. 영유아 동작교육의 개념

동작교육은 우리나라에서 1980년대에 동작 활동, 또는 동작교육으로 소개되어 '신체표현 활동', '유아 무용교육', '음률 활동', '창의적 표현 활동', '신체 활동', '유아 체육 놀이', '유아 체육 활동', 등 다양한 용어가 사용되고 있다. 동작교육에서 다양한 용어가 사용된 것은 동작교육의 접근 방법이 '동작 또는 움직임'에 기초한 접근 방법과 '체육'에 기초한 접근 방법으로 달랐기 때문이며, 동작교육의 모태가 되었던 체육은 그동안 신체교육에서 신체를 통한 교육으로 발전되고 다시 동작교육의 선구자인 독일의 라반(Laban)에 의해 인간 움직임 교육으로 발전되어 왔다(최순덕, 2018). 이러한 다양한 용어 사용은 영유아 동작교육이 신체건강 및 기초 체력을 기르기 위한 교육인지, 운동 기술을 가르치기 위한 교육인지, 신체표현을 위한 예술 교육인지 그 개념과 교육 내용 범위를 정확하게 단정할 수 없게 한다. 동작교육에 대한 개념 정의 역시 학자들마다 조금씩 다르다.

동작교육은 1930년대 초기, 라반(Laban)에 의해 체계적으로 연구되기 시작하였다. 라반의 움직임 이론은 신체적인 면에 제한된 것이 아니라, 움직임을 통해 보여지는 것과 같이 신체와 정신 사이의 상호 관련성을 이해하고 의식을 촉진시키는 데 목적을 두었으며, 인간은 자연스러운 움직임을 통해 효과적으로 움직이는 방법에 대한 지식을 발전시킨다고 보고, 이러한 움직임의 개념을 중심으로 교육하는 것이 동작교육이라 하였다(Laban, 1963). 따라서 현대적 의미의 동작교육(movement education)은 인간이 자신의 신체 동작을 통해서 자아를 알게 되는 과정으로(전인옥 외, 2018) 인간은 배우기 위해서 움직이고(move to lerarn), 움직이면서 움직이는 방법을 배우게 된다(learn to move).

이외에 여러 학자들의 동작교육에 대한 개념을 살펴보면 〈표 1-1〉과 같다.

〈표 1-1〉 동작교육 개념 정의

학자	동작교육의 개념
다우어(Daure, 1972)	아동이 움직일 때 얻게 되는 모든 경험의 총체이며, 움직이는 방법을 배우는 것만 아니라, 배우기 위해 움직이는 것이다.
겔하트(Gerhardt, 1973) & 시펠트(Seefeldt, 1987)	영유아기 성장·발달의 과정에서 자아인식, 사회적으로 협동하는 능력, 창의적 사고, 상징적인 표현 능력, 심미적인 감각을 발달시키고, 자신의 몸을 다양하게 활용하는 능력을 기르게 한다.
모란(Moran) & 카라키안(Kalakian, 1974)	놀이, 작업, 창의적 표현 등과 삶의 모든 측면에서 효과적으로 움직일 수 있는 잠재력을 인식하도록 도와준다.
드마리아(DeMaria, 1974)	신체의 움직임에 대한 기본 원리를 이해하여 운동 발달을 효과적으로 이끄는 문제해결의 한 접근이다.
갈라휴(Gallahue, 1996)	'동작을 위한 교육'과 '동작을 통한 교육'으로 구분하여 설명하였다. 전자는 움직임의 기본 요소, 신체 움직임의 기능과 방법, 운동 기술, 운동 능력과 같이 움직임을 배우는 것이며, 후자는 신체 움직임을 통해 다른 발달 영역 또는 전인적인 발달을 도모하는 것에 목적을 두는 교육이다.
홍용희, 이한영, 최혜로, 원영신 (1998)	예술교육과 같은 표현성, 독창성, 통합성의 요소가 들어가는 동작 활동을 통해 이루어지는 것이다.
피카(Pica, 2013)	기본 운동 기술과 신체 및 공간 인식과 같은 개념을 강조하는 기초적인 체육교육이며, 성공 지향적이고 아동 중심적이며 비경쟁적인 체육교육의 철학이다.
고영자(2015)	신체 발달에 따라 움직일 수 있는 힘과 기술력을 키우는 것이며, 보다 정교한 자기 표현력을 배우는 것이다.
방은영(2015)	자신의 신체 기능 및 구조를 이해하는 과정 속에서 신체운동 기능을 증진, 이를 통해 자신의 생각과 감정, 상상력과 창조성을 도모하는 교육 영역이다.
최순덕(2019)	동작의 구성 요소와 기본 동작에 대한 이해를 바탕으로 창의적 사고와 상징적 표현에 활용할 수 있도록 하며, 적합한 교육의 실제를 통해 전인 발달을 도모하는 것이다.

영유아를 대상으로 한 동작교육은 영유아가 단순히 몸을 많이 움직이고, 신체를 발달시키는 것 이상의 교육적 의미를 가지고 있다. 학자들의 영유아 동작교육의 개념을 다음과 같이 정리할 수 있다.

첫째, 신체 인식 및 동작의 기본 요소와 기본 동작에 대한 이해를 바탕으로 효율적인 움직임의 방법을 배우는 것이며, 둘째, 신체활동을 통한 운동 능력 향상, 셋째, 창의적 사고에 의한 신체표현 능력 향상, 넷째, 전인적 발달 등을 증진하는 통합적인 교육이라 할 수 있다.

Q 내가 생각하는 동작교육의 개념은?

3. 영유아 동작교육의 목적과 목표

영유아 동작교육은 영유아가 신체 활동에 즐겁게 참여하고 즐길 수 있는 흥미로운 것이어야 한다. 갈라휴(Gallahue, 1996)는 동작교육의 목적을 영유아의 자기 신체에 대한 지식을 터득하고 신체의 잠재 운동 능력을 발휘하도록 하는 것에 중점을 두었다. 가버드(Gabbard, 1988)는 동작교육의 목적을 동작의 기초 영역인 동작의 기본 요소와 기본 동작인 이동 운동, 비이동 운동, 조작적 운동과 응용 영역인 신체표현, 게임, 체조에서의 발달을 증진시키는 것이라 보았으며, 그라함(Graham, 2001)은 자신과 타인에 대한 느낌과 태도를 표현하기 위해 자신의 신체를 사용하는 능력을 증진시키는 것이라 보았다. 또한 자신의 신체를 효과적으로 사용하여 표현하는 도구로써 자기만족감을 증진시키는 것, 움직이는 것에 대한 즐거움을 인식하는 것, 참여자와 관람자에게 가치로운 움직임으로 인식하는 것, 다양한 리듬에 따라 움직이고 이해하는 능력을 증진하는 것 등을 동작교육의 목적이라고 제시하였다. 바렛(Barrett, 1977)은 자신의 신체를 표현 수단으로 사용하는 능력을 길러 주는 것이 동작교육의 가장 중요한 목적이라고 주장하였다. 한국유아교육학회(1996)는 동작교육에 대해 “유아를 위한 적절한 체육 접근법으로서, 유아에게 집단으로 똑같은 동작을 요구하는 전통적 접근법에 반대한다. 경쟁보다는 창조적인 방법으로 게임, 체조, 댄스 등을 통해 유아의 환경 속에서 복잡성(신체, 정신, 감정)을 인식하고, 인간의 움직임의 요소에 좀 더 주의를 기울이면서 창작적인 움직임과 탐색을 강조해야 한다."라고 하면서 동작교육의 목적을 분명히 밝히고 있다.

위 학자들의 주장과 영유아 동작교육의 개념을 기본 전제에 둔다면, 영유아 동작교육의 궁극적인 목적은 단순히 신체 활동을 가르치는 교육 방법이 아니라, 영유아의 동작을 분석·연구하여 다양한 동작 활동을 개발해 그 동작 활동을 매개로 영유아의 전인적인 발달을 증진시키는 것이라 할 수 있다. 따라서 동작교육의 목적을 갈라휴(Gallhue)의 '동작을 위한 교육'과 '동작을 통한 교육'을 모두 포함한 포괄적인 개념으로 보고, 영유아기의 동작교육이 어떠한 측면에서 전인 발달을 돕는지 구체적 목표를 정리하면 다음과 같다.

1) 동작을 위한 교육 목표

(1) 신체적 발달

영유아의 동작교육은 신체 발달을 촉진할 수 있다. 영유아기는 기본적 운동 능력 발달의 최적기로서, 평생을 좌우할 기본적인 신체건강을 유지하고 증진시키는 시기이다. 이 시기 동안에 대·소근육 발달을 돕고, 신체 각 부분을 균형적으로 발달시킨다. 특히 영유아의 기초 체력 요소인 근력, 유연성, 순발력, 지구력, 평행성, 민첩성 등의 신체조절 능력을 기르며, 동작 활동을 통해 신체 인식 능력 및 공간 인식, 조작 능력 등을 발달시킨다. 갈라휴(Gallahue, 1993)에 따르면 2~7세까지의 영유아기는 기본 동작 기술을 성숙하게 발달시켜 나갈 수 있는 잠재력을 지닌 이상적인 시기이다.

(2) 지각 운동 능력의 발달

영유아의 동작교육은 지각 운동 능력의 발달을 돕는다. 지각은 감각 기관을 통해 들어온 정보를 심리적인 현상으로 조직하고 해석하는 과정이다. 감각(시각, 촉각, 후각, 미각, 청각)에 나타나는 생리적인 현상인 감각 작용(sensation)과 구별된 것으로, 주변 환경을 통해 자신이 경험하는 자극에 대해 의미를 구성한다. 이러한 지각 능력의 발달은 인지적 발달에 기초가 되며, 영유아는 자라면서 감각 기관의 자극으로부터 구성되는 지각 인지에 의해 자발적인 움직임이 나타난다. 즉 효과적으로 움직이려면 정확한 지각이 있어야 하고 지각 능력은 움직임에 의해 발달한다. 지각 운동 능력 발달이란 신체, 공간, 방향, 시간, 형태 등을 아는 능력을 말한다. 영유아는 다양한 동작 활동을 통해 지각 운동 능력이 발달하게 된다.

2) 동작을 통한 교육 목표

(1) 언어적 발달

영유아의 동작교육은 언어 발달을 기를 수 있다. 언어 발달이 미성숙한 영아들은 자신의 감정 상태와 요구를 몸짓, 즉 동작으로 표현한다. 동작은 자신의 생각과 감정을 표현할 수 있는 자기표현의 수단이며, 움직임을 탐색하면서 신체 각 부분에 대한 명칭 및 운동과 관련된 어휘를 배우는 경험으로 언어 발달을 돕는다. 또한 동작 활동 시 교사의 지시나 설명, 대화 등을 통해 다양한 어휘력을 획득하고 표현 능력을 기른다.

(2) 사회적 발달

영유아의 동작교육은 사회적 발달을 촉진시킨다. 움직임을 매개로 주로 집단 활동을 하면서 다른 친구와 함께 협동하고, 공간을 공유하며, 규칙과 질서를 지키고, 차례를 기다리면서 타인을 존중하는 태도를 가지게 되는 기회를 통해 사회적 인식 발달이 촉진된다. 또한 영유아들이 함께 동작을 만들거나 운동하는 경우

협력, 책임감, 공동체 의식을 경험하게 된다. 따라서 영유아는 다른 사람들과의 관계를 통해 사회적 발달과 친사회적 기술을 배운다.

(3) 자아 개념 발달

영유아 동작교육은 자아 개념에 영향을 미친다. 영유아는 자신의 신체를 다양하게 움직이고 탐색해 봄으로써 자신의 신체에 대한 자아의식이 길러진다. 또한 신체 움직임과 운동 능력에 대한 성공적인 경험은 영유아가 자신에 대해 긍정적으로 느낄 수 있는 자아 개념을 형성하고, 어떠한 일을 잘 해낼 수 있다는 신념인 자기 효능감을 갖도록 도울 수 있다. 따라서 영유아가 긍정적인 자아 개념을 형성할 수 있도록 영유아의 발달에 적합한 동작 활동을 제공해야 한다.

(4) 정서적 발달

동작교육은 영유아가 느끼는 생각, 느낌, 감정 등을 움직임으로 표현하도록 하여 즐거움, 기쁨, 두려움, 분노, 좌절, 질투 등의 감정을 이해하고 인식하여 자신의 정서적 안정감을 찾게 한다. 이는 자신의 정서를 인식함과 동시에 또래의 정서를 이해하며 감정 조절 방법과 풍성한 감성 발달을 가능하게 한다.

(5) 인지적 발달

영유아 동작교육은 인지적 발달이 이루어진다. 동작의 기본 요소를 활용한 탐색 과정에서 신체 및 주변 세계에 대한 지식을 증가시키며, 놀이를 통한 동작 활동은 신체 전반부에 걸친 신경망을 통해 우뇌와 좌뇌의 균형 발달을 돕고 대뇌를 활성화시킨다(Hannaford, 2005). 이는 인지 기능을 높여 쉽게 학습할 수 있도록 도와줄 수 있음을 의미한다. 피아제(Piaget, 1969)의 인지 발달 단계에서 감각 운동기에 속하는 영아는 감각을 통해 환경과 상호작용하며 활발한 움직임으로 세상에 대한 지식을 획득하며, 이 영(1993)에 의하면 유아는 동작 활동을 통해 실험, 조작, 탐색, 발견의 기회로 자연 현상과 사회 현상에 대한 개념이나 수, 세기, 형태, 분류, 비교 등의 기본적인 인지 개념을 학습하게 되고 이해함으로써 인지 발달을 돕는다고 하였다. 백승례와 백현순(2017)은 동작 활동을 통해 문제 해결 과정을 경험하는 추상적 사고력과 인지 발달에 긍정적 영향을 미침을 밝혔다. 따라서 영유아 시기에 충분한 동작 활동을 통해 인지 발달이 이루어짐을 알 수 있다.

(6) 심미적 발달

영유아 동작교육은 심미적 발달을 기른다. 심미감이란 영유아가 일상을 통해 접하게 되는 다양한 세계에 대해 아름다움을 느끼고 지각하며, 이러한 미적 심상을 예술 매체로 재현하고자 하는 미적 충동을 포함한 인간의 본능적 욕구이자 인식 능력이다(Feeney & Moravick, 1987; 임주연, 2005: 김경란 외, 2016, 재인용). 영유아들은 사물이나 자연물의 아름다움을 발견하거나 소리·노래 및 음악이 들려오면 춤을 추듯이 움직이거나 즐거워한다. 리듬에 맞춰 다양하게 자신의 감정을 표현해 보면서 리듬과 동작의 아름다움, 균형과 조화의 아름다움 등을 느끼고 이해함으로써 예술적·심미적 감각을 기를 수 있다. 특히 리듬감을 배우는 동작교육 속에서 감정, 인식, 영상의 감수성이 전달될 때, 영유아의 심미감은 형성된다(McDonald & Slmons, 1989).

(7) 창의성 발달

영유아 동작교육은 창의성 발달을 돕는다. 영유아는 움직임의 여러 상황에 직면하면서 해결할 수 있는 기회를 통해 창의성 발달을 습득한다. 동작 활동을 하는 동안 스스로 생각하며 문제를 해결하는 자발적 태도를 갖게 되고, 새롭고 독창적인 방법으로 한 가지 동작을 익혔을 때, 또 다른 동작으로 연결시킬 수 있는 능력이 발달한다(이만수, 2006). 골드만(Goldman, 1992)은 창의성이란 단지 사고 과정만으로 일어나는 것이 아니라 사고와 감정, 신체와 정신이 모두 연계될 때 일어난다고 하면서 이들 간의 조화로운 관계를 확립시킬 수 있는 동작교육이 창의성 증진에 매우 유용한 매개체라고 하였다(김경란 외, 2016, 재인용). '~처럼 되어 보자.', '~인 척 해보자.' 등의 표현을 통해 상상력과 융통성 있는 사고력을 키울 수 있으며, 새로운 움직임을 제시해 보는 경험을 통해 독창성과 유창성을 발달시키는 기회를 갖기도 한다.

이상과 같이 영유아 동작교육의 목적은 신체, 지각 운동 능력, 언어, 사회, 자아 개념, 정서, 인지, 심미, 창의성 등 모든 발달적 측면을 통합적으로 다루는 경험을 통해 전인 발달을 도모하는 것이다. 따라서 동작교육이 전인적 성장에 중요한 매개체 역할을 할 수 있도록 다양한 목표를 가진 동작교육 활동을 놀이를 통해 제공해 주는 것이 매우 필요함을 알 수 있다.

4. 영유아 동작교육의 중요성

영유아는 움직이는 것을 즐거워하며 끊임없이 움직인다. 움직임을 통해 적극적으로 주변을 탐색하고 시각, 청각, 촉각, 미각, 후각의 자극을 온몸으로 흡수하며 세상에 대해 알아간다. 이것은 영유아가 움직임을 통해 많은 것을 학습하게 됨을 의미한다. 이러한 움직임을 통해 기본적인 욕구를 채워 주며 자연스럽게 움직임을 유도하여 만족과 기쁨을 느끼도록 하는 것이 동작교육이 갖는 중요성이라 할 수 있다.

퍼셀(Purcell, 1994)은 동작교육의 중요성을 첫째, 영유아들의 의사소통 및 표현 방법을 발달시키며, 둘째, 영유아로 하여금 자신과 주변의 세계에 대해 이해하도록 돕고, 셋째, 영유아의 동작 및 조절 능력 발달을 돕는 요인으로 분류하였다.

길버트(Gilbert, 1992)는 심동적, 인지적, 정의적, 사회적 기술의 네 가지 영역으로 나누어 유아 동작교육의 중요성을 언급하였다(최순덕, 2019, 재인용).

첫째, 심동적 영역(psychomotor domain)으로 동작 활동의 참여를 통해 근력, 지구력, 내구력, 유연성, 신체조절 능력, 균형감 등이 증진된다. 또한 긍정적인 신체 활동을 경험하면서 스트레스가 감소되며, 다른 유아들과 함께 활동하거나 다른 문화의 동작표현을 배움으로써 개인적인 동작 어휘력을 증가시키게 된다. 더불어 동작이 전 생애에 걸쳐서 행복하게 살아가는 데 중요한 역할을 한다는 것을 학습하게 된다.

둘째, 인지적 영역(cognitive domain)으로 창의적 동작표현 활동에 참여함으로써 지식과 어휘가 증가하게 되며, 수렴적 기술과 발산적 기술을 이용하여 동작 문제를 해결하는 방법을 경험하고, 관찰 기술을 정교화시키며 창의적 동작표현을 수행할 수 있는 방법을 학습하게 된다. 창의적 동작표현이 타 영역의 교과목과 통합될 때, 다른 교과 영역의 학습에도 기여한다.

셋째, 정의적 영역(affective domain)으로 유아들은 자신의 느낌을 동작으로 표현할 수 있게 되며 자신의 동작표현이나 다른 사람의 동작표현에 대해 언어로 느낌을 표현한다. 동작 개념을 숙달하고 자기표현을 하는 과정에서 자아존중감이 증진된다.

넷째, 사회적 기술 영역(social skills domain)으로 유아들은 짝이나 소그룹으로 활동을 하면서 다른 사람과 협력하는 방법을 배우고 리더십이 발달되며, 긍정적인 신체 접촉과 생각이나 공간을 공유하면서 자연스럽게 다른 유아들과 유대감을 형성하고, 다양한 표현 방식이나 타 문화에 대한 이해를 통해 다름의 가치를 인식한다.

Q 길버트의 '유아 동작교육의 중요성' 중 가장 중요하다고 생각되는 영역과 그 이유는?

정리해 보면, 영유아에게 있어서 동작교육은 신체운동 발달뿐만 아니라 그들의 생존 자체이며, 성장의 원동력이라고 할 수 있다. 이 영유아기에 형성된 신체 활동 습관은 성인기 신체 활동에 영향을 미치는 주요 원인이 된다. 따라서 영유아에게 동작교육은 신체 발달 및 생존과도 밀접한 관련을 가지며 표현과 의사소통 욕구를 충족하고 자신과 주변 세계에 대해 이해하도록 도우며 영유아가 동작 능력이 발달하도록 돕는다. 이는 영유아가 기본적인 성취감과 즐거움은 물론 만족감과 기쁨을 느끼도록 하며, 스스로 창의적이고 자발적인 자기표현을 가능하게 하는 것으로 동작교육이 갖는 중요성이다.

우리가 건강한 삶을 살아가는 데 있어 동작은 매우 중요하다. 특히 영유아기의 동작 활동은 평생 건강의 기초가 되므로 영유아가 건강하고 행복한 삶을 영위하기 위해서는 동작교육이 반드시 수행되어야 한다.

Chapter 02

영유아 운동 능력 발달

1. 운동 능력 발달 개념과 원리

영유아의 발달은 일반적으로 신체의 크기나 체중, 골격 등과 같은 양적 변화로 인한 성장(growth)과 유전적 요인에 의한 신체적 성숙(maturation), 그리고 훈련이나 학습을 통하여 발달적 특성을 변화시키는 환경적 요인인 경험(experience)을 의미한다. 성장과 성숙, 경험은 복합적으로 상호 의존적이고 보완적인 관계로 바라보는 관점이 일반적이다. 즉, 발달은 이러한 성장과 성숙을 포괄하는 개념으로 경험과 같은 외적 작용에 의한 연령적 변화와 함께 유전 인자와 내적 작용에 의한 생리적 변화를 모두 포괄하는 개념이라고 할 수 있다.

영유아기는 신체 성장이 가장 급격히 이루어지는 시기로 신체 근육을 조절할 수 있는 운동 능력의 발달이 매우 중요하다. 이러한 운동 능력 발달은 일정한 특성에 따라 진행된다(조복희, 2010).

첫째, 운동 능력은 뇌에서 가장 가까운 부분부터 발달한다.

눈 운동과 머리 운동, 손의 협응 동작이 먼저 이루어지고 그 후에 서고 걷기의 다리 동작이 이루어진다. 즉, 머리 부분의 운동 제어 능력이 몸통이나 팔과 손, 다리와 발의 운동 제어 능력보다 더 일찍 발달한다. 이를 두미(cephalocadual) 발달이라고 한다.

둘째, 동작 능력은 중심 부분에서 말초 부분으로 발달한다.

신체 중심 부분의 동작 능력이 먼저 발달하고, 말초 부분은 나중에 발달한다. 즉, 몸통과 어깨 근육이 먼저 발달하고 손, 손목, 손가락 순서로 운동 능력이 발달된다. 영아가 물체를 손으로 잡을 때 먼저 어깨와 팔꿈치가 움직이고 다음에 주먹이나 손가락이 움직인다. 이를 근원(porximodistal) 발달이라고 한다.

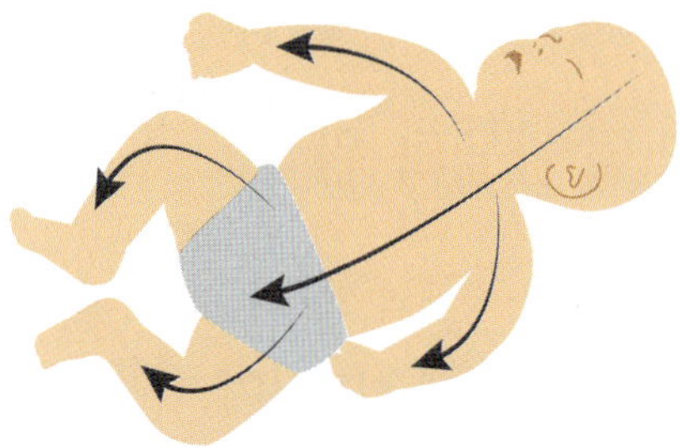

〈그림 2-1〉 두미·근원 발달의 진행 방향

셋째, 동작 능력은 대근육에서 소근육으로 발달한다.

영유아가 장난감을 가지고 놀 때 먼저 몸 전체 근육을 움직인 다음 팔 근육을 그리고 손목과 손가락 근육을 움직여 장난감을 만진다. 예를 들어, 영아는 연필을 쥐기 위해 손 전체를 사용하다가 시간이 지나면서 손가락만을 사용하여 연필을 집을 수 있게 된다. 이를 세분화(general) 발달이라고 한다.

넷째, 동작 능력은 양방에서 일방으로 발달한다.

영유아의 신체 구조는 생리적으로 상·하 양방 관계로 균형을 이루고 있으나 점차 어느 한쪽 위주로 발달하게 된다. 즉, 처음에는 양손 모두를 사용하다가 초등학교 입학 시기쯤에는 어느 한쪽 손을 주로 사용하게 된다.

다섯째, 동작 능력은 수평적인 동작에서 수직적인 동작으로 발달한다.

영유아는 걷거나 달리는 수평적인 동작을 학습한 후에 두 발 모아 뛰기나 앙감질과 같은 수직적인 동작을 학습하게 된다.

따라서 영유아기의 운동 능력 발달은 성숙과 학습에 의존하여 이루어지며, 대부분 그 순서가 비슷하지만 발달의 시기에는 개인차가 있을 수 있고, 발달의 각 영역은 서로 상호작용하여 발달한다.

2. 영유아 운동 발달 단계

갈라휴의 운동 발달 단계

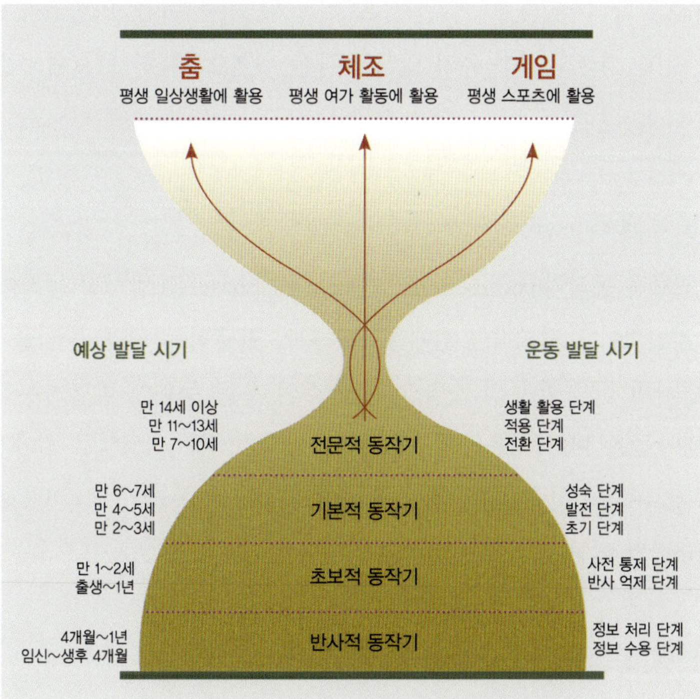

출처 : Gallahue & Ozmun(2011). p. 81.

〈그림 2-2〉 갈라휴의 운동 발달 단계

운동 능력은 이전 단계에서 학습된 기술과 능력에 기초하여 단계적으로 발달한다. 이에 대해 갈라휴(Gallahue)는 운동 능력의 발달 단계를 연령에 따라 반사적 동작(reflexive movement), 초보적 동작(rudimentary movement), 기본적 동작(funda-mental movement), 전문적 동작(specialized movement)의 4단계를 거치며 발달한다고 하였다. 단계별 특징을 살펴보면 〈그림 2-2〉와 같다.

각 운동 발달 단계에 해당하는 연령과 운동 능력 발달의 특성은 다음과 같다.

(1) 반사적 동작(reflexive movement)

1단계 '반사적 동작기(reflexive movement phase)'는 외부 자극에 무의식적으로 반응하며 신체를 움직이는 시기로 태아나 신생아에게 나타나는 최초의 운동 발달 특징이라고 할 수 있다. 빨기 반사, 모로 반사, 파악 반사, 바빈스키 반사 등으로 먹는 기능과 생리적 기능 유지 및 신생아를 위험으로부터 보호해 주는 기능에 유용하다.

(2) 초보적 동작(rudimentary movement)

2단계 '초보적 동작기(rudimentary movement phase)'는 반사적 동작이 점차 감소하면서 자발적이고 의도적인 신체운동 능력이 발달하는 단계이다. 출생부터 만 2세에 해당하며 반사 운동의 소멸과 함께 수의 운동 능력이 발달하는 시기이다. 이 시기 영아들은 비이동 동작이 가능하며 팔꿈치, 배, 엉덩이로 기어가는 동작인 크롤링(crawling), 손과 무릎을 사용하여 기어가는 동작인 크리핑(creeping)과 걷기(walking)의 이동 동작을 할 수 있다.

(3) 기본적 동작(funda-mental movement)

3단계 '기본적 동작기(funda-mental movement phase)'는 초보적 동작이 좀 더 성숙된 동작으로 발달되지만, 동작의 세분화나 기술의 정확도가 미흡한 시기이다. 만 2세부터 7세에 해당하며 달리기, 점핑, 던지기, 치기 등의 기본 운동 능력과 함께 기초 체력이 형성되는 단계에 속한다. 기본적 동작기는 유아의 운동 능력 발달 수준에 따라 초기 단계, 발전 단계, 성숙 단계로 구분된다. 초기 단계(2~3세)는 신체 각 기관의 협응력이 부족하여 신체의 움직임이 자연스럽거나 능숙하지 않으며, 발전 단계(4~5세)는 유아의 운동 기술이 많이 향상되어 동작의 협응력이 다소 향상되나 여전히 움직임이 부자연스럽고 유연성이 결여되어 나타나는 것을 볼 수 있다. 그리고 성숙 단계(6~7세)는 운동 수행 능력이 급속히 발달하는 단계로 안정된 자세에서 비이동 동작과 이동 동작이 가능하며 물체를 조작하는 조작적 동작도 발달하는 단계이다. 그러나 세분화된 정확한 기술적인 움직임은 발달되어 있지 않다.

(4) 전문적 동작(specialized movement)

4단계 '전문적 동작기(specialized movement phase)'는 운동 능력이 꾸준히 발달하여 전문화된 동작으로 나타나고, 습득된 모든 동작은 복합 동작 기술을 보인다(이선애, 안인화 2018; 최종문 외, 2014; Gallahue & Ozmun, 2011; Gallahue & Donnelly, 2005). 만 7세 이후 기본적 동작 발달 단계보다 운동이 확장되고 각종 동작을 정확히 구사할 수 있게 되며, 전문적인 운동 기술을 배울 수 있는 시기이다. 전문적 동작기를 지나 성숙하게 된 운동 능력은 일상생활(춤), 여가 활동(체조) 및 경쟁을 즐길 수 있는 스포츠(게임)에 활용할 수 있게 된다.

갈라휴(Gallahue)가 제시한 운동 발달 단계는 각 발달적 단계에 따라 이전 단계에서 학습된 기술과 능력에 기초하며, 영유아 및 아동의 운동 발달 수준을 파악하고 운동 능력의 향상을 위해 활용되고 있다. 따라서 교사가 동작교육을 운영할 때 영유아의 운동 발달 단계를 넘어서거나 역행해서는 안 되며 개인차를 반영하여 활용한다.

3. 영유아 운동 능력 발달

영유아기의 운동 능력은 감각을 활용하는 것과 동시에 기본적인 신체 발달과 함께 이루어진다. 이 시기 운동 능력 발달은 여러 단계를 거쳐 연속적이고 일정한 계열적 순서로 비슷하게 이루어지지만 개인차가 있다. 따라서 영유아의 운동 능력 발달 단계를 이해하고, 동작교육을 계획한다. 본 장에서는 영유아의 운동 능력 발달 단계를 태아기(임신 약 9주~출생), 영아기(출생~36개월), 유아기(3~5세)로 구분하였다. 각 단계에 따른 운동 능력의 특성을 살펴보면 다음과 같다.

1) 태아기 운동 능력

인간의 생명은 정자와 난자의 수정 시점부터 시작된다. 태아기는 크게 3단계로 나눈다. 1단계는 세포가 분리되기 시작하는 배란기(Germinal stage, 2주)이며, 2단계는 심장, 뇌, 폐, 소화 기관, 신장과 간이 형성되는 배아기(Embryonic stage, 2~8주)로 태반, 탯줄, 양막이 형성되며 얼굴의 특징이 발달되기 시작된다. 3단계는 여러 기관들과 팔다리가 자라고 눈을 뜨고 감을 수 있게 되며 엄지를 빨 수도 있는 태아기(Fetal stage, 8주~출산)로 3개월부터 성별 구분이 가능하다. 태아기부터 인간의 신체적 운동이 시작되는데, 마츠우라(Matsuura, 2008)는 이를 반사적 운동으로 보았다. 반사는 외부 자극에 따라 무의식적으로 신체가 움직여지는 것이며, 이를 태아 단계의 운동으로 보고, 출생 이후의 운동 발달에 필요한 기초가 된다고 하였다. 태아기 운동 성취와 관련된 발달 사항은 다음과 같다(Matsuura, 2008, 재구성).

(1) 배란기: 1~2주

생식이 가능하게 하는 중요한 단계로, 난자가 난소 밖으로 배출되며 세포가 분리되는 시기이다.

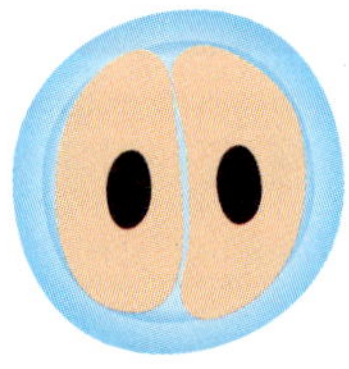

1주

(2) 배아기: 2~8주

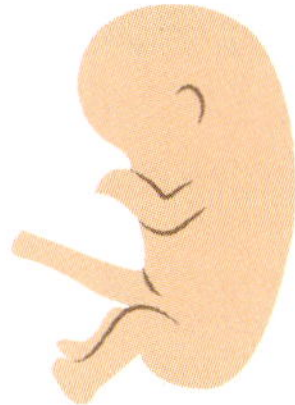

8주

구간(몸통), 사지의 주요한 근육이 생성된다. 태아는 양수 안에서 정지한 상태로 부유하고, 신체운동은 이미 행해지고 있다. 구간은 굴곡(굽힘)하며, 두부(머리)는 커진다.

(3) 태아기: 8주~출산

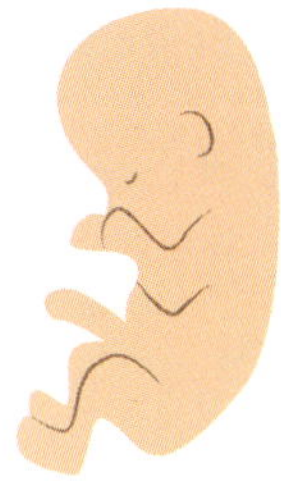

16주

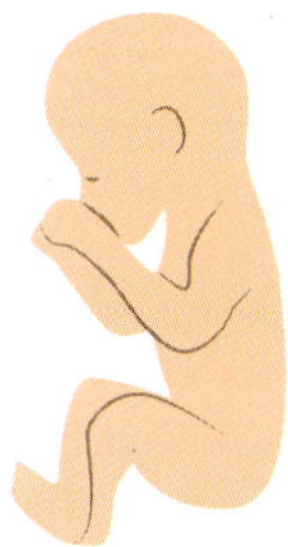

36주

- 12~14주경: 신경-근조직의 성숙과 함께 운동의 발달은 하지(下脂) 방향으로 확대되어 가며, 반사 운동이 시작된다. 태아의 성별 구분이 가능하다.
- 18~20주경: 태아가 가장 활발하게 활동하는 시기로 몸을 비틀고, 돌리고, 꿈틀거리고, 때리고 발로 차면서 반사 능력 훈련을 시작한다. 모든 신경세포가 나타난다(20주째).
- 24~28주경: 빨기 반사, 삼키기 반사 등의 반사 반응이 나타나며, 눈을 뜨고 빛에 반응한다.
- 28~32주경: 태아에게 매우 중요한 시기이다. 즉, 모태 내에서 생육 가능한지 아닌지 결정되는 시기(28주째)이며, 손바닥을 자극하면 약하게 쥐는 반응을 하며, 약간의 빨아들이거나 삼키는 동작이 나타난다. 긴장성 목 반사가 나타나는 경우가 있다.
- 32~36주경: 운동이 계속되며, 외부의 자극에 반응할 수 있을 만큼 근육이 긴장한다. 모로 반사가 나타나고, 빛과 소리에 대해 부정확하지만 강하게 반응을 보인다. 각성(覺醒)이 뚜렷하게 생기며, 긴장성 목 반사가 명확해진다.
- 36~40주경: 모로 반사가 명확해지며, 머리 회전에 대한 강한 저항을 보인다. 배가 고프면 울려고 하고 애무에 대한 기쁨을 보이게 된다. 긴장성 목 반사는 한쪽(보통 오른쪽)으로 보다 강해지며, 흡인 반사가 유효하게 더 강해진다.

2) 영아기 운동 능력

영아기의 운동 능력은 신체 조작의 성숙과 감각 기능의 발달로 신생아기(출생~1개월)에 나타나던 단순한 반사 운동이 사라지고 영아가 자신의 움직임을 자발적으로 통제하는 것부터 시작한다. 원칙적으로 영아기 초기에 앉고, 서고, 기는 등 운동 능력의 발달은 주로 중추신경, 골격 및 근육의 성숙 과정에 의존하지만, 환경과 상호작용적 요인도 영향을 미친다. 영아가 특정 행동을 수행하기 위해서는 먼저 생리학적으로 그 행동을 해낼 수 있는 능력을 갖추어야 하며, 또 그 행동을 표현할 수 있는 환경이 필요하다. 즉, 운동 능력의 발달은 주위 환경에 있는 다양한 사물을 탐색하고 경험하는 세계를 통해 넓혀 나갈 수 있다. 영아기 운동 능력은 반사 운동과 이후에 성취되는 수의 운동이 있다.

(1) 반사 운동

출생 후 한 달 동안 신생아는 빨기, 삼키기, 하품하기, 배설하기 등과 같은 선천적인 반사적 행동을 한다. 반사 운동은 생존을 위한 본능적인 것으로 운동신경의 자극으로 인해 의지와 관계없이 자율적으로 일어나는 운동이다. 신생아기를 지나 영아기 동안 인간의 운동은 '반사 운동'과 '수의 운동'으로 나타난다. 반사 운동은 대부분 출생 후 1년 이내에 사라지며, 출현과 소멸 시기는 영아에 따라 비슷하게 이루어지나 개인차가 있다. 〈표 2-1〉은 반사 운동의 예이다.

〈표 2-1〉 주요 반사 운동의 예

반사 운동 유형		내용	출현과 소멸 시기
설근 반사 (Rooting reflex)		• 아기의 입 근처(턱이나 입술)를 자극하면 자극을 받은 쪽을 향하여 혀와 입과 머리를 돌리는 동작 • 젖 빨기를 위한 중요한 반사 행동	출생~4개월

반사 운동 유형		내용	출현과 소멸 시기
빨기-삼키기 반사 (Sucking-swallowing reflex)	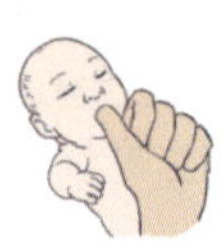	• 손가락으로 입술을 가볍게 자극하면 입과 턱을 움직여 손가락을 빨고 삼키는 동작 • 3개월 이후에는 자의적 동작으로 전환	출생~3개월
모로 반사 (Moro reflex)	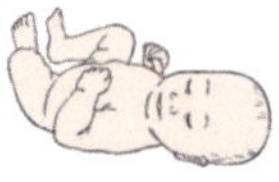	• 갑작스런 자극(큰 소리, 머리나 몸의 위치 변화)에 의해 팔과 다리를 폈다가 즉시 안쪽으로 포옹하듯 모으는 동작	임신 9주~ 생후 6개월
파악 반사 (Grasp reflex)	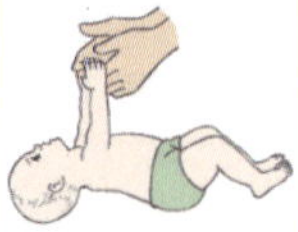	• 손바닥 자극 시 손바닥으로 잡는 동작, 발바닥 자극 시 무릎을 굽히는 동작	임신 11주~ 생후 1년
손바닥 쥐기 반사 (Palmer grasp reflex)	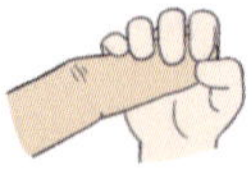	• 손바닥을 자극하면 주어진 자극을 움켜쥐는 동작	임신 11주~ 생후 1년
발바닥 오므리기 반사 (Plantar grasp reflex		• 발가락과 발바닥의 연결 부위를 손가락으로 자극하면 발가락을 오므리는 반응, 무릎을 굽히는 동작	임신 11주~ 생후 1년
긴장성 목 반사 (Tonic neck reflex)		• 머리를 한쪽으로 돌려 놓으면 펜싱을 하듯이 얼굴이 향한 쪽의 팔다리는 쭉 뻗고 반대쪽의 팔다리는 구부리는 동작	생후 1주 이내에 출현 및 소멸
걷기 반사 (Walking reflex)		• 이동 반사로 겨드랑이 아래 부위를 잡고 몸을 세워서 바닥에 발을 닫게 한 채로 상체를 앞으로 약간 굽혀 주면 마치 걸으려는 듯이 한쪽 발을 다른 발 앞에 놓는 동작	생후 2주~ 5개월
기기 반사 (Crawling reflex)	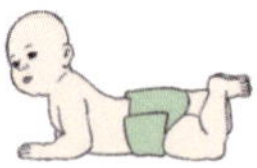	• 이동 반사로 엎드린 자세에서 양 발바닥의 중앙을 차례로 누르면 양손과 양발로 기는 듯한 동작	임신 7개월~ 생후 3-4개월
수영 반사 (Swimming reflex)	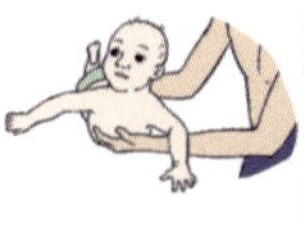	• 이동 반사로 배 부분을 아래로 하여 받쳐 주면 팔다리를 교대로 움직이며 헤엄치는 듯한 동작	생후 1개월~ 4-6개월

반사 운동 유형		내용	출현과 소멸 시기
턱걸이 반사 (Pull-up reflex)	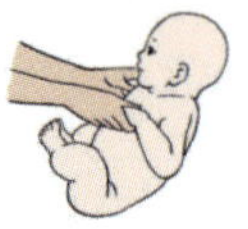	• 아기의 손을 잡아서 앉은 자세를 유지시켜 줄 때 손을 잡아당기거나 밀어서 아기의 신체 균형을 깨뜨리면, 팔을 굽혀서 균형을 잡으려고 하는 반응	생후 3개월~ 1년
바빈스키 반사 (Babinski reflex)	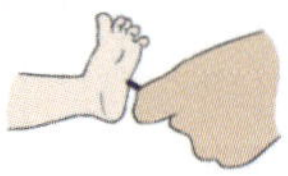	• 발바닥에 뾰족한 것이 닿거나 손가락으로 발바닥을 자극하면 발바닥을 쫙 펴는 반응. 엄지발가락은 뒤로 젖혀지고 나머지 발가락은 부채처럼 벌어지는 현상	출생~ 생후 10~17개월

출처 : 김경란, 안미숙, 신원애, 정옥경(2016).

(2) 수의 운동

수의 운동은 의지에 따라 근육을 움직이는 운동을 의미한다. 본서 2장 '운동 능력 발달'을 참고하여 수의 운동의 특징을 정리하면 다음과 같다.

위(머리)에서 아래(발가락) 방향인 상체에서 하체로 진행되는 두미(cephalocadual) 발달, 신체의 중심(몸통)에서 바깥(손가락 말단)으로 진행되는 근원(porximodistal) 발달, 대근육(몸통, 목, 팔, 다리)에서 소근육(손가락, 손, 발가락, 손목)으로 진행되는 세분화(general) 발달로 일정한 특성으로 진행된다(Pica, 2003).

영아기에 나타나는 수의 운동에는 목 가누기, 혼자 앉기, 배밀이, 네 발로 기기, 일어서기, 보행 등이 있다. 이러한 수의 운동은 영아들에게 거의 공통적인 순서로 나타나지만 성취 가능 시기에는 개인차가 있다. 0~15개월 사이의 운동 기능의 발달 시기와 순서는 다음 〈표 2-2〉와 같다.

〈표 2-2〉 영아기 운동 기능의 발달 시기와 순서

0개월	1개월	2개월	3개월
		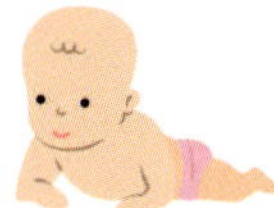	
태아 자세로 있다.	턱을 든다.	가슴을 든다.	잡으려고 하지만 놓친다.
4개월	5개월	6개월	7개월

받쳐주면 앉는다.	무릎에 앉고 물건을 잡는다.	영아용 의자에 앉고 매달려 있는 물체를 잡는다.	혼자 앉는다.
8개월	9개월	10개월	11개월

잡아주면 선다.	기구를 잡고 서 있다.	긴다.	잡아 주면 걷는다.
12개월	13개월	14개월	15개월
		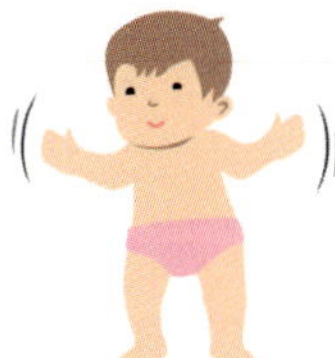	
기구를 잡고 일어선다.	계단을 오른다.	혼자 선다.	혼자 걷는다.

출처 : Muzi(2000): 정옥분(2004), 재인용.

(3) 운동 발달과 동작 활동

영아기의 운동 발달과 동작 활동을 살펴본 내용은 다음 〈표 2-3〉과 같다.

〈표 2-3〉 영아기 운동 발달 및 동작 활동

단계	운동 발달	동작 활동
출생 후 6개월	• 옆으로 머리 돌리기 • 엎드려서 머리 들어올리기 • 누워서 머리 들어올리기 • 양팔을 물체를 향해서 뻗쳐 닿기 • 팔을 잡아 주면 앉기 • 뒤집기	• 영아를 안고 춤추기 • 까꿍 놀이
6~12개월	• 배에서 등으로, 등에서 배로 뒤집기 • 배밀이(creeping) : 배로 기기 • 네 발로 기기(crawling) : 손과 발을 이용하여 기어 가기 • 서기 위해 몸을 일으키기 • 성인의 도움 받아 걷기 • 한 손이나 다른 손으로 물체에 뻗쳐 닿기	• 코코코 게임 • 공 굴려 보기 • 기어서 바퀴 달린 작은 장난감 굴리기
12~18개월	• 앞으로 걷기 • 걸으면서 물체 밀기, 당기기, 운반하기 • 위아래로 점프하기	• 바퀴 달린 장난감 밀기 • 공 굴리기
18~24개월	• 앞, 뒤, 옆으로 걷기 • 달리기와 계단 기어오르기가 가능 • 위아래로 점프하지만 종종 넘어짐	• 물컵 들고 걷기 • 리본 테이프 밑으로 지나가기 • 북소리 따라 걷기(리듬 악기의 템포에 따라 팔과 다리를 움직인다)
24~30개월	• 혼자서 계단 오르기 • 간단한 동작 따라하기 (손뼉 치기, 머리 위로 팔 올리기 등) • 제자리에서 걷기 • 공 굴리기	• 공 차기 • 토끼처럼 깡총깡총 뛰어가기 • 수건 잡고 체조하기(음악 소리에 춤 추고 신체적 반응을 조절할 수 있다)
30~36개월	• 발끝으로 걷기 • 한 발로 잠시 균형 잡기 • 넘어지지 않고 제자리에서 앞쪽으로 점프하기 • 물건 건너뛰기 • 큰 공 차기	• 유니바 같은 물건 건너뛰기 • 널빤지 위 걷기 • 훌라후프 건너가기 • 종이 벽돌 뛰어넘기

3) 유아기 운동 능력

유아기는 신체를 효율적으로 움직이는 데 필요한 운동 능력인 비이동 운동, 이동 운동, 조작적 운동과 같은 기본 운동 능력이 급속도로 발전한다. 이 시기에 습득한 운동 능력은 성인에 이르기까지 영향을 주므로 유아의 발달 정도와 능력에 적합한 운동 기회를 제공하여 건강한 신체 발달을 이루어 신체운동의 즐거움을 느끼고 건강하고 유능한 사람으로 성장할 수 있도록 한다. 운동 능력 발달은 수준 높은 운동 기술을 발달시키는 것이 아닌, 다양한 동작 활동을 통해 효율적으로 신체 기술을 적절히 발달시키는 것을 의미하므로 운동 능력을 성공적으로 수행함으로써 성취감이나 만족감을 얻고 긍정적인 자아 개념을 형성할 수 있게 하여 전인 발달에 도움을 줄 수 있는 운동 능력의 지원이 필요한 시기이다.

(1) 운동 발달과 동작 활동

3세경에는 안정적으로 달리게 되며 말뛰기를 시작하고, 간단한 호핑도 할 수 있다. 또한 4~5세경에 이르면 스키핑도 가능하다. 이때 조작적 동작도 의미 있게 발달하여 이 시기 유아들은 아주 멀리 정확하게 공을 던질 수 있다. 3세아는 튀는 공을 잡을 수 있으며, 4세아는 공을 튀기기 시작하여 어느 정도 정확하게 목표를 향해 공을 찰 수 있으며, 5세아는 던져진 공을 대부분 잡을 수 있다. 이 시기의 운동 발달에 적합한 동작 활동으로는 여러 가지 운동 기술을 조합해 볼 수 있는 활동이 좋고 짝을 정하여 다양한 운동 기술을 수행하는 활동이나 간단한 체조나 다 같이 집단으로 춤을 추는 경험을 제공하는 것도 좋다.

유아기의 운동 발달과 동작 활동을 살펴본 내용은 다음 〈표 2-4〉와 같다.

〈표 2-4〉 유아기 운동 발달 및 동작 활동

단계	운동 발달	동작 활동
3세	• 발끝으로 달리기 • 말뛰기, 짧은 앙감질 가능 • 균형을 잃지 않고 공 던지기 • 두 발을 쭉 펴서 던진 공 잡기	• 공 던지기 • 평균대에서 걷기
4세	• 앙감질과 스키핑이 모두 가능함 • 공을 튀기거나 잡기 • 새로운 움직임을 파악하여 시도하고 습득함 • 정확하게 지시를 해 주면 한 동작에서 다른 동작으로 전환 가능	• 리듬에 맞추어 흔들기 • 팽이처럼 돌기 • 공 던지고 받기 • 훌라후프 던져서 받기 • 스카프로 다양한 동작 만들기
5세	• 미끄러지기 • 발 바꾸면서 스킵하기(스키핑) • 던진 공 잡기 • 구르는 공도 찰 수 있음 • 간단한 춤 스텝을 배울 수 있음	• 운동 기술 조합하기 • 간단한 체조하기 • 음악에 맞추어 간단한 동작 따라 하기(집단 노래 게임에 참여 가능)
6~8세	• 잘 발달된 대근육 운동 능력을 가짐 • 둘 혹은 그 이상의 기술을 동시에 수행하기(달리면서 공 잡기) • 간단한 민속춤이나 파트너와 함께 춤을 배울 수 있음	• 공 굴리고 장애물 돌아오기 • 짝과 함께 모양 만들기 • 포크 댄스

(2) 갈라휴의 운동 발달 단계

갈라휴(Gallahue)의 운동 발달 단계 중 3단계 '기본적 동작기(만 2세~7세)'이며 비이동 운동, 이동 운동, 조작적 운동으로 제시한다(Gallahue, 1976).

비이동 동작(〈표 3-1〉) 유형은 세 가지 즉, 역동적 균형, 정적 균형, 중축성 동작으로 나눈다. 역동적 균형은 무게 중심의 이동에 따라 몸의 평형을 계속 유지하는 것이며, 정적 균형은 무게 중심을 고정시킨 채 평형을 유지하는 것이다. 중축성 동작은 정적, 즉 고정 자세로 구부리기 뻗기, 꼬기, 돌기 등을 포함하는 동작이다. 이동 동작(〈표 3-2〉) 유형에는 걷기, 달리기, 두 발로 모아 뛰기, 앙감질,

말뛰기, 두발 번갈아 뛰기가 있으며 이를 초기 단계와 성숙 단계로 구분한다. 조작적 동작(〈표 3-3〉) 유형은 던지기, 받기, 차기로 초기 단계와 성숙 단계로 출현 시기를 구분하였다.

비이동 동작, 이동 동작, 조작적 동작은 동작교육 내용 범위 중 '기본 동작'에 속하며 본서 3장에서 상세히 제시하였다.

Chapter 03

영유아 동작교육 내용

1. 동작교육의 기초 영역

영유아 동작교육의 내용 및 범주는 동작 활동 접근 방법에 따라 신체건강과 동작표현 활동으로 이루어 질 수 있다.

가버드(Gabbard, 1988)는 동작교육의 내용 범위를 동작의 기초 영역과 동작의 응용 영역으로 나누고, 영유아가 더 복잡한 동작 과제를 수행하기 전에 동작의 기초 영역에 속하는 동작의 기본 요소에 대한 인식과 기본 동작을 반드시 학습하여야 하며, 이를 토대로 한 응용 영역은 신체표현, 게임, 체조 활동으로 구분하였다.

갈라휴와 오즈문(Gallahue & Ozmun, 2002)은 동작교육의 내용을 '동작을 위한 학습'과 '동작을 통한 학습'으로 나누었다. 동작을 위한 학습은 비이동 운동, 이동 운동, 조작적 운동으로 구분하여 신체운동 기술 및 신체건강 활동으로 보고, 동작을 통한 학습은 지각 운동 학습, 개념 학습, 자아 개념 향상, 긍정적 사회를 위한 활동으로 보고 있다. 김은심(2015)은 동작의 기초 영역과 창의적 신체표현 활동으로 분류하였다.

여러 학자들의 동작교육의 내용 및 범주는 영유아의 발달과 영유아기 발달적 특성에 대한 적합성을 바탕으로 동작교육의 내용과 발달 영역과 활동들 간의 통합성과 계열성, 반복성을 고려하여 조직되어야 한다.

따라서 본서에서는 학자들의 내용 분류에 기초하여 영유아 동작교육 내용을 두 가지로 살펴보고자 한다. 첫째, 인간의 움직임에 수반되는 기본 요소에 대한 인식 및 기본 동작 기술을 배우는 것을 바탕으로 하는 기초 영역과 둘째, 자신의 생각과 느낌을 나타내기 위해 자신의 신체를 도구로 이용하는 리듬 동작 및 표현 동작이 포함된 응용 영역이다.

동작교육의 내용 범위를 그림으로 표현하면 다음 〈그림 3-1〉과 같다.

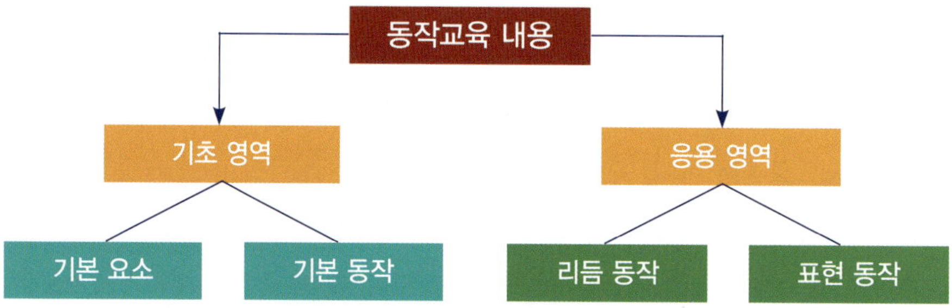

〈그림 3-1〉 동작교육 내용 범위

동작교육의 기초 영역은 영유아가 단순히 즐겁게 몸을 움직이는 것에서 그치는 것이 아니라 자신의 신체를 인식하고 기본 운동 능력 및 창의적 신체표현을 가능하게 한다. 이를 위해서 영유아들이 자신의 움직임이 어떠한 동작의 기본 요소와 기본 동작에 의해 가능한지를 이해하고 인식할 수 있도록 한다. 또한 영유아의 움직임에 대한 욕구를 최대한 존중하여 신체 활동 과정에서 생각하고 느끼며 다양한 동작을 탐색하도록 하는 기회를 의도적으로 제공해 주어야 한다. 이러한 동작교육의 기초 영역인 기본 요소와 기본 동작에 대한 탐색은 다양하고 창의적인 신체표현을 구성하는 데 필수적인 요소이다.

1) 기본 요소

인간의 움직임은 동작의 기초가 되는 기본 요소들로 구성되어 있다. 동작의 기본 요소는 라반(Laban)의 움직임 분석을 통해 처음으로 소개되었으며, 그는 신체(body), 에포트(effort), 공간(space), 형태(shape) 등 네 가지 요소를 사용하여 신체와 정신의 결합으로 드러나는 움직임을 이해하고 분석하고자 하였다. 이후 길리엄(Gilliom, 1970), 라반(Laban, 1971), 퍼셀(Purcell, 1994), 피카(Pica, 1995), 갈라휴(Gallahue, 1996), 갈라휴와 도널리(Gallahue Donneiiy, 2003), 김은심(2004)등의 여러 학자들은 라반(Laban)이 제시한 동작의 기본 요소를 재구성하거나 확대·발전시켰다. 이 이론들을 토대로 동작의 기본 요소를 신체(body), 에포트(effort), 공간(space), 관계(relation)로 제시한다.

(1) 신체(Body) - 무엇을 움직이는가

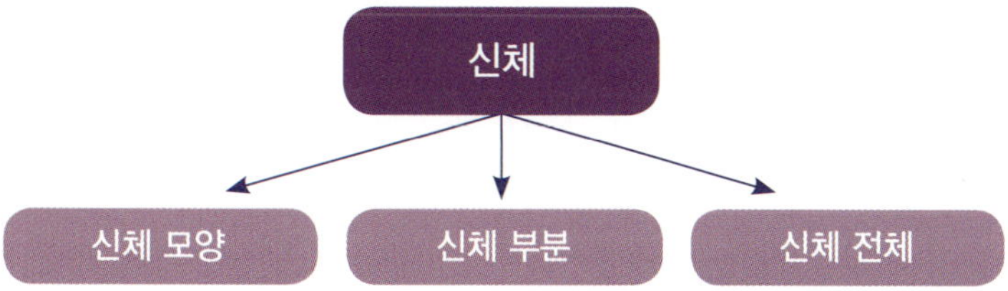

동작의 기본 요소	하위 요소	내용
신체 (Body)	신체 모양	직선 모양, 곡선 모양, 꼬인 모양, 대칭·비대칭 모양
	신체 부분	독립적·주도적 움직임, 무게 지탱하기
	신체 전체	비이동 운동, 이동 운동, 조작적 운동

〈그림 3-2〉 신체의 하위 3요소와 세부 내용

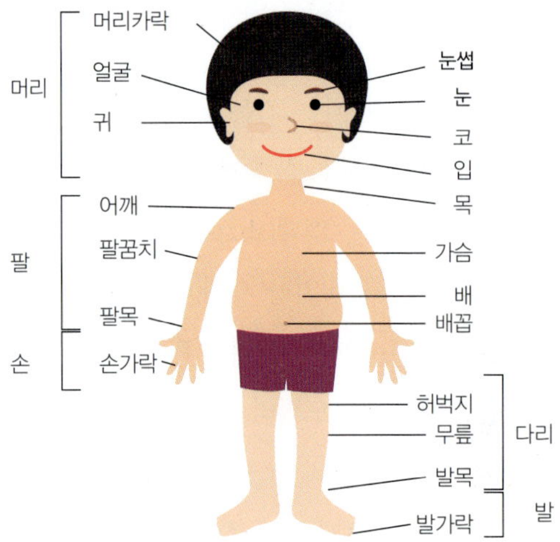

〈그림 3-3〉 신체 부분별 명칭

움직임을 위해서 필요한 것은 신체로서, 몸에 대한 생각과 몸 탐색 경험을 통하여 영유아가 자신이 움직이고자 하는 신체의 명칭을 알고, 그 신체가 어떻게 움직일 수 있는지, 신체의 구조가 어떻게 연결되어 있는지 〈그림 3-3〉을 참고하여 이해한다. 신체 인식 활동으로 머리부터 발까지 순서대로 만져 보거나 짚어 보기, 몸의 한 부분만 사용하여 활동하기, 몸에서 멀리 있는 부분부터 가까이 있는 부분까지 움직이기가 있다. 이를 통해 영유아는 자신의 신체에 대해 많은 정보를 알게 되고, 신체를 조절하는 방법을 배우게 된다. 온몸을 동시에 움직일 수도 있고 신체의 각 부분을 독립적으로 움직이거나 신체의 몇 부분을 순차적으로 움직일 수도 있다. 신체 인식 활동을 통해 영유아는 신체 동작·활동·모양을 조절하는 것을 배우게 된다(Thomas et al., 1998).

따라서 동작교육은 신체 인식에 대한 다양한 활동을 제공하여 영유아가 신체를 통해 자신의 생각, 느낌, 감정을 표현할 수 있게 한다. 신체의 하위 요소로는 신체 모양, 신체 부분, 신체 전체로 〈그림 3-2〉와 같다.

1 신체 모양

영유아는 신체의 일부분이나 전체를 사용하여 각가지 모양을 만들면서 자신의 신체를 다양한 방법으로 움직일 수 있는 경험을 갖게 된다. 때로는 의도적으로 다양한 신체 모양을 표현해 보기도 한다. 이때 만들어질 수 있는 신체 모양은 직선 모양, 곡선 모양, 꼬인 모양, 대칭·비대칭 모양으로 분류할 수 있다. 다양한 신체 모양을 접근하기 전에 영유아의 직선, 곡선, 꼬인 선, 대칭·비대칭에 대한 이해 정도를 체크한다.

① **직선 모양** : 신체의 똑바른 선에는 손가락, 팔, 다리, 허리, 목이 있으며 전신을 바로 세우고 두 팔을 위로 쭉 뻗어 만들 수 있다. 신체의 일부분인 팔꿈치, 무릎, 손목, 손가락, 등뼈 등을 구부림으로써 작은 직선 모양을 만들 수도 있다.

〈그림 3-4〉 신체의 일부나 전신으로 직선 모양 만들기의 예

② **곡선 모양** : 신체의 곡선은 얼굴, 엉덩이, 주먹 쥔 손등이 있으며 척추를 구부리지 않고 두 팔을 머리 위로 들어올려서 동그랗게 모아 보거나 두 다리를 양옆으로 넓혀 곡선 모양을 만들 수 있다. 또는 양팔을 올려 옆구리를 좌우로 구부리거나, 양팔을 올린 상태에서 가슴을 앞으로 내미는 동작으로 곡선 모양을 만들 수 있다.

〈그림 3-5〉 신체의 일부나 전신으로 곡선 모양 만들기의 예

③ **꼬인 모양** : 신체가 동시에 반대되는 방향으로 회전하는 형태를 말한다. 신체에서 꼬아지는 부분은 손목, 팔, 다리, 손가락, 발가락이 있으며 신체의 일부분을 꼬인 모양으로 만들 때는 신체의 나머지 부분과 반대 방향으로 회전시킬 수 있다.

〈그림 3-6〉 신체의 일부나 전신으로 꼬인 모양 만들기의 예

④ **대칭과 비대칭** : 대칭은 신체의 오른쪽과 왼쪽이 정확하게 같은 모양을 취하는 것, 또는 양쪽 팔과 다리를 같은 모양으로 뻗거나 구부림으로써 만들 수 있고, 비대칭은 신체의 오른쪽과 왼쪽이 서로 다른 모양을 취하거나 양쪽 팔과 다리를

서로 다른 방향으로 뻗거나 구부림으로써 만들 수 있다. 오른손의 검지와 왼손의 검지를 옆으로 붙인 상태에서 대칭과 비대칭의 모양을 만들어 보자.

〈그림 3-7〉 신체의 일부나 전신으로 대칭과 비대칭 만들기의 예

상상 · 표현해 보세요
• 양손으로 각각의 눈꼬리를 옆으로 당겨 보기 • 머리카락을 일직선으로 세워 보기 • 척추를 구부려서 앞, 옆, 뒤쪽으로 둥굴게 만들어 보기 • 혼자 또는 친구와 몸으로 숫자 만들어 보기 • 자동차의 와이퍼처럼 움직여 보기

2 신체 부분

영유아는 신체의 한 부분을 움직이면서 신체의 움직임과 기능을 탐색하게 된다. 신체의 부분적 움직임을 세 가지로 나누어 보면, 신체의 한 부분만을 움직이는 독립적 움직임, 신체의 한 부분을 주도적으로 움직여서 나머지 신체 부분이 따라오게 하는 주도적 움직임, 신체의 한 부분이 몸무게를 지탱하는 무게 지탱하기로 분류할 수 있다.

① **독립적 움직임** : 분리된 동작으로 신체의 한 부분만 움직이고 다른 부분은 움직이지 않는 동작이다. 신체 부분별 활동에는 발을 좌우로 흔들기, 머리를 앞

뒤로 흔들기, 손가락으로 동그란 원을 그리며 흔들기, 한쪽 팔을 위아래로 올렸다 내렸다 하기 등의 활동이 있다.

〈그림 3-8〉 독립적 움직임의 예

② **주도적 움직임 :** 신체의 어느 한 부분이 한 가지 동작을 이끌어 내고 나머지 신체 부분은 같은 동작을 하며 뒤를 따르게 된다. 이것은 오른팔을 먼저 위로 올리고, 바로 이어서 왼팔을 위로 올리는 동작을 예로 들 수 있으며, 신체의 일부가 하나의 동작을 먼저 시작함으로써 신체의 다른 부분들이 자연스럽게 따라오도록 하는 동작을 만들어 내는 것을 의미한다.

〈그림 3-9〉 주도적 움직임의 예

③ **무게 지탱하기 :** 신체의 부분, 즉 손과 발, 머리, 배, 등, 무릎, 어깨 등을 이용하여 신체의 무게를 지탱하는 것이다. 발레에서는 한 발로 신체 무게를 지탱하고 브레이크 댄스처럼 양손, 머리, 등, 무릎, 어깨 등으로 지탱하기도 한다.

〈그림 3-10〉 무게 지탱하기의 예

상상 · 표현해 보세요
• 서 있는 상태에서 발가락만 움직여 보기 • 오른팔을 들어올리고 연이어서 왼팔을 위로 올리는 동작 해 보기 • 두 명이 마주 선 상태에서 서로 두 손을 맞잡고 한 사람이 다른 사람의 손을 당겨 보기 • 마루 바닥에 배만 사용하여 엎드려 보기 • 누운 자세에서 두 팔과 다리 또는 무릎으로 신체를 들어올려 보기

3 신체 전체

전신의 움직임은 신체의 모든 부분이 움직임에 사용되는 것을 말하며, 비이동 운동, 이동 운동, 조작적 운동과 제스처를 통해 나타난다. 제스처는 몸짓, 손짓 등으로 표현되며 단순히 몸이나 손의 움직임을 의미하는 것이 아닌, 생각이나 감정을 표현하는 신체 전체의 움직임이다. 제스처 즉, 몸짓은 어떤 한 가지 신체 부분이 독립적으로 사용될 수도 있고 신체의 모든 부분들이 동시에 사용될 수도 있다.

① **기본 운동 :** 공간의 이동 없이 움직이는 비이동 운동과 신체를 공간 속에서 다른 위치로 데리고 가는 이동 운동이 있으며, 공 같은 물체와의 관계에서 힘을 가하거나 힘을 흡수하게 하는 운동인 조작적 운동이 있다. 비이동 운동에는 앉기, 뻗기, 구부리기 등이 있고, 이동 운동에는 걷기, 달리기, 점핑하기 등이 있으며, 조작적 운동에는 던지기, 차기, 치기 등이 있다.

〈그림 3-11〉 비이동 운동의 예

〈그림 3-12〉 이동 운동의 예

〈그림 3-13〉 조작적 운동의 예

② 제스처(gestures) : 영유아가 제스처(몸짓, 손짓)로 생각, 감정, 자신의 의견, 태도를 표현하는 전신 움직임의 경우 표현의 다양성에 대한 제한이 없기 때문에 무수히 많고 다채로운 동작을 만들어 낼 수 있다.

〈그림 3-14〉 다양한 제스처(gestures)

상상 · 표현해 보세요
• 양손을 높이 올려 보기 • 정중하게 인사하기 • 손가락 쫙 펼치기와 손가락 꽉 오무리기, 손가락 천천히 펼쳐 보기 • 개구리처럼 두 발 모아 뛰어 보기 • 군인 아저씨가 되어 씩씩하게 움직여 보기 • 공을 멀리 던져 보기 • 야구공을 힘차게 치기 • 행복한 모습, 화가 난 모습, 생각에 잠긴 모습 등을 표현하기

(2) 에포트(Effort) - 어떻게 움직이는가

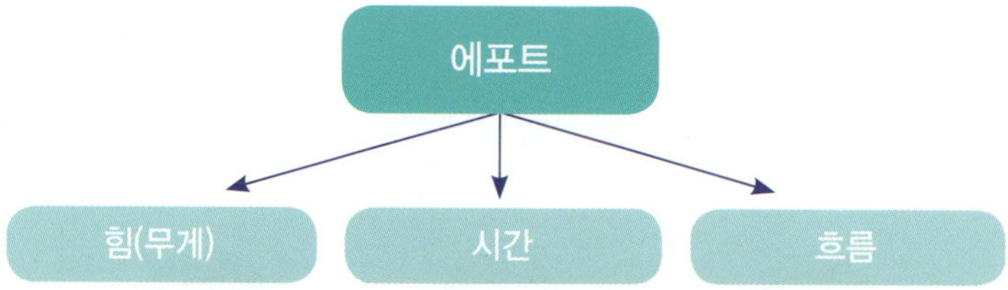

동작의 기본 요소	하위 요소	내용
에포트 (Effort)	힘(무게)	강하게/약하게, 무겁게/가볍게, 긴장/이완, 점점 강하게/점점 약하게
	시간	속도, 지속 시간, 가속과 감속, 리듬
	흐름	연속 흐름, 한정 흐름

〈그림 3-15〉 에포트의 하위 3요소와 세부 내용

에포트는 동작 시 신체 내부에서 외부로 표출되는 그 어떤 힘, 즉 에너지로 볼 수 있다. 라반(Laban)은 인간이 충동적인 동작을 하는 데 있어서 그 동작은 잠재적으로 어떤 내적인 충동을 지니고 있다고 보았고 그 '잠재적인 충동'을 에포트라고 명명하였다(Laban & Lawrence, 1989). 에포트는 '힘이 어떻게 움직이는가'와 관련된 것으로 힘(무게), 시간, 흐름의 3개 하위 요소로 구성되며 같은 동작이라도 에포트의 사용에 따라 움직임이 달라진다.

1 힘(무게)(force)

동작에서의 힘(무게)은 신체의 움직임에 있어서 위치를 이동하거나 균형을 유지할 때 필요한 근육의 수축 정도를 말한다. 강한 힘은 긴장에 의한 단단한 근육으로 나타나며, 가벼운 힘은 이완된 근육으로 부드럽고 섬세한 동작으로 나타난다. 즉, 동작의 의도는 힘의 정도를 결정하게 되며, 표현의 요소에는 강하게, 보통으로, 약하게, 무겁게, 가볍게 그리고 점점 강하게, 점점 약하게 등이 있다.

〈그림 3-16〉 가벼움과 무거움을 표현하기

상상 · 표현해 보세요
• 몸을 가볍게 움직여 눈송이가 날아가는 모습을 표현해 볼까? • 하늘에 떠다니는 구름을 표현해 볼까? • 풍선을 불어 손바닥에 올려놓고 위로 살살 쳐 볼까? • 코끼리의 걸음걸이를 표현해 볼까? • 천둥소리를 표현해 볼까? 나비의 움직임을 표현해 볼까? • 나무가 흔들릴 정도로 거세게 내리는 소나기를 표현해 볼까? 보슬비를 표현해 볼까? • 멀리서 점점 다가오는 기차 소리를 표현해 볼까?

2 시간(Time)

시간은 신체의 움직임에 속도를 부여하는 것으로 얼마나 변화 있게 움직이는가를 의미한다. 구체적 하위 요소에는 속도, 지속 시간, 가속과 감속, 리듬 등이 있다.

① **속도** : 신체가 움직이거나 이동하는 동작의 빠르기이며, 속도에 따라 빠르게, 보통으로, 느리게, 갑작스럽게, 날카롭게 표현할 수 있다.

② **지속 시간** : 동작의 길이를 의미하며 길게 또는 짧게 표현될 수 있다.

③ **가속과 감속** : 신체의 움직임이나 이동 동작의 속도가 증가하거나 감소하는 것으로 점점 빠른 동작 또는 점점 느린 동작으로 나타난다.

④ **리듬** : 박(beat), 박자(meter), 장단(duration), 강세(accent), 리듬 패턴(rhythm pattem)의 결합에 따라 규칙적으로 반복되는 움직임을 말한다(Cambell & Scott Kassner, 1995). 특히 리듬감은 다양한 기본 운동 능력(뛰기, 두 발 번갈아 뛰기-스키핑, 앙감질)을 탐색하는데 가장 많은 영향을 주는 요소이다.

〈그림 3-17〉 빠르거나 느림을 표현하기

상상 · 표현해 보세요
• 치타(달팽이)처럼 움직여 볼까? • 호각 소리가 들리면 아주 빠르게 몸을 작게 움추려 볼까? • 무더운 여름날 얼음이 녹는 모습을 표현해 볼까? • 똑똑 떨어지는 수돗물의 모습을 표현해 볼까? • 쏴아악 쏟아지는 수돗물의 모습을 표현해 볼까? • 북소리에 맞추어(점점 빠르게) 빠르기를 조절하여 움직여 볼까? • 북소리의 강약 크기에 맞추어 걸어 볼까? • 위에서 아래로 내려오는 미끄럼 타기를 표현해 볼까? • 멀리서 점점 빠르게 다가오는 회오리바람을 표현해 볼까? • 일정한 박으로 걷기를 하다 호각 신호에 맞추어 말뛰기 또는 스키핑을 해 볼까?

3 흐름(flow)

흐름은 동작에서 힘이 어떻게 조절되는지를 말한다. 제한하거나 제한하지 않음으로써 변화를 가질 수 있으며, 인간이 어떻게 하면 몸을 더 잘 움직일 수 있는가를 이해하는 데 매우 중요하다. 연속 흐름과 한정 흐름으로 구분할 수 있다.

① **연속 흐름** : 움직임이나 움직임의 부분을 부드럽고 느슨하게 연결시키는 것으로 힘을 크게 들일 필요가 없으며 갑자기 멈추기가 어려운 동작을 의미한다. 자유로운 흐름, 유연하게, 유창하게, 계속적으로 등 다양하게 표현한다.

② **한정 흐름** : 움직임이 딱딱하고 팽팽하고 툭툭 끊어지는 것으로 더 많은 힘이 필요하며 어느 순간 정지하기 쉬운 동작을 의미한다. 정지된 동작, 유연하지 않은 움직임, 제한된 흐름 등으로 표현한다.

〈그림 3-18〉 흐름을 표현하기

상상 · 표현해 보세요
• 얼음 위에서 스케이트를 타 볼까? • 로봇의 움직임을 표현해 볼까? • 교실 끝에서 끝으로 한 동작(이동 동작)으로 멈추지 않고 이동해 볼까? • 여러 동작(손 흔들기+뛰기+앉기)을 연속적으로 움직이다 신호음에 멈추기 해 볼까? • 리듬을 따라 연속으로 움직이다 신호음을 듣고 독특한 동작으로 멈추어 볼까? • '무궁화 꽃이 피었습니다', '그대로 멈춰라', '여우야 뭐하니?' 노래로 흐름을 경험한다. • 리본 막대를 부드럽게(탁탁 끊듯이) 흔들어 볼까?

(3) 공간(Space) - 어디에서 혹은 어디로 움직이는가

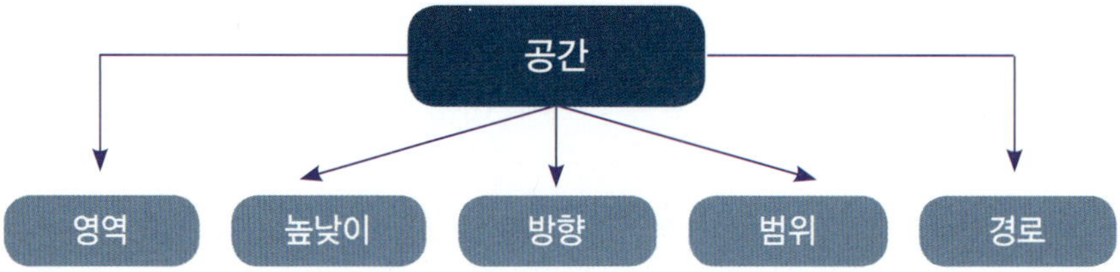

동작의 기본 요소	하위 요소	내용
공간 (Space)	영역	개인 공간, 일반 공간
	높낮이	높은 수준, 중간 수준, 낮은 수준
	방향	앞/뒤, 오른쪽/왼쪽, 위로/아래로, 사선으로
	범위	크게/작게, 멀게/가깝게, 넓게/좁게
	경로	직선, 곡선, 지그재그, 동그라미, 달팽이 모양

〈그림 3-19〉 공간의 하위 요소와 세부 내용

공간은 움직임의 형태가 '어디로 움직일 수 있는가'에 대해 이해하는 것이다. 공간에 대한 이해력이 발달한 영유아는 다른 친구와 충돌하지 않으면서 공간 속에서 움직일 수 있으며, 움직이면서 신속히 높이를 변화시킬 수 있다. 또한 짝과 함께 또는 물체를 가지고 복잡한 공간에서 움직일 수 있을 뿐 아니라 신체 부분을 공간 속에서 섬세하게 변화시킬 수 있다(Hoffman, Yoyng, & Klesius). 동작이란 공간에서 이루어지므로 공간에 대한 개념을 발달시키는 것은 매우 중요하다. 공간의 하위 요소는 영역, 높낮이, 방향, 범위, 경로 등으로 구분할 수 있으며 구체적 내용은 다음과 같다.

1 영역(area)

공간의 영역은 개인 공간과 일반 공간으로 구분된다.

① 개인 공간 : 영유아의 신체와 아주 가까이 있는 공간, 즉 신체의 중심이 움직이지 않는 자세에서 양팔을 벌려 회전할 수 있는 운동 공간을 뜻한다. 영유아가 다른 친구의 공간을 방해하지 않고 자신만이 차지하는 공간이다. 개인 공간을 탐색하기 위해 훌라후프를 바닥에 놓고 그 안에서만 움직여 본다.

② 일반 공간 : 신체가 도달할 수 없는 주변 영역으로 이동하면서 집단이 함께 사용하는 공간을 말한다. 일반 공간을 탐색하기 위해 훌라후프를 두 손으로 잡고 허리 위로 들어올리고 자신이 가고 싶은 곳으로 움직이는 물방울이 되어 보는 활동을 해 본다.

〈그림 3-20〉 영역을 표현하기

상상 · 표현해 보세요
• 훌라후프 안에서 다양한 동물 모양을 만들어 볼까? • 엎드려서 바닥을 돌아볼까? • 음악 소리에 맞추어 새가 되어 날아 볼까? 다른 친구와 부딪히지 않고 자유롭게 날아 볼까? • 공중이나 바닥에 다양한 패턴을 만들어 볼까? • 위, 아래, 앞, 맞은편, 뒤쪽, 반대쪽, 오른쪽, 왼쪽 등의 공간을 탐색해 볼까?

2 높낮이(level)

높낮이는 신체가 움직이거나 이동하려는 수준을 말하며 몸을 어느 정도의 높이에서 움직이는가를 뜻한다. 팔이 놓여 있는 위치에 따라 높은 수준(어깨 위), 중간 수준(어깨 아래), 낮은 수준(무릎 아래)으로 구분할 수 있다. 영유아는 각각의 수준에서 여러 가지 방식으로 움직이는 것을 학습하여 동작의 크기에 따라 달라지는 공간의 높이와 움직임이 이동할 때 생기는 높낮이를 경험한다. 활동하기 전, 그림 자료를 활용하여 높고 낮음에 대한 개념을 확인하고 건반 악기(피아노, 실로폰 등)를 활용하여 소리를 가지고 활동해 볼 수 있다.

① **높은 수준** : 어깨 위쪽의 공간으로 신체를 위로 도약시켜서 바닥으로부터 떨어지게 하는 동작이다. 팔을 위로 높게 뻗어 올리는 동작, 점프 등의 활동이 있다.

② **중간 수준** : 무릎과 어깨까지의 공간으로 높은 수준과 낮은 수준의 사이이다. 걷기, 달리기 흔들기, 미끄러지기 등의 활동이 있다.

③ **낮은 수준** : 지면에서 가장 가까운 무릎 아래의 공간으로 바닥과 가까이서 하는 동작이다. 바닥을 기기, 구르기, 웅크리기, 바닥에서 스트레칭하기 등의 활동이 있다.

〈그림 3-21〉 높낮이 표현하기

상상 · 표현해 보세요

- 뱀(낮은 수준), 개구리(중간 수준), 캥거루(높은 수준) 처럼 움직여 볼까?
- 앉아서(또는 서서) 팔, 다리나 몸 전체를 이용하여 동그라미, 세모, 네모를 만들어 볼까?
- 몸을 가장 낮은 자세로 표현해 볼까?
- 몸을 가장 높은 자세로 표현해 볼까?
- 비행기가 되어 활주로 위를 달려가다가 하늘 높이 날다가 점점 내려와 다시 활주로에 착륙하는 모습을 표현해 볼까?
- 건반 악기에서 '낮은 도', '중간 음 솔', '높은 도' 음을 들려주고 신체로 표현해 볼까?

3 방향(direction)

방향은 신체가 어느 쪽으로 움직이거나 이동하는가를 말한다. 이때, 몸의 오른쪽, 왼쪽, 앞, 뒤, 위, 아래, 사선 등 방향에 대한 개념을 먼저 이해하고 탐색하며 신체를 협응하는 능력을 기른다. 또한 공간 안에서 방향을 사용한 움직임을 학습하도록 하며, 공간과 관계된 언어(위쪽으로, 아래쪽으로, 맞은편으로, 주변으로, 멀리 떨어져서) 등을 사용하는 것을 즐긴다. 3~4세는 위, 아래 구분은 명확하나, 오른쪽, 왼쪽의 구분이 명확하지 않다.

〈그림 3-22〉 방향 표현하기

상상 · 표현해 보세요
• 꽃게처럼 걸어 볼까? • 앞을 향하여 서고 뒤쪽으로 걸어 볼까? • 씩씩하게 걷다가 신호음에 따라 앞으로, 뒤로, 왼쪽으로, 오른쪽으로 방향을 바꿔 볼까? • 손과 팔을 사용하여 씨앗이 점점 태양을 향하는 모습을 표현해 볼까?

4 범위(extention)

범위 혹은 넓이는 신체가 움직이거나 이동하는 동작의 크기 또는 영역을 의미한다. 이는 동작의 크기 혹은 몸이 미치는 한계를 나타내며, 대체로 하나의 동작이 얼마나 큰지, 작은지, 보통인지를 나타낸다. 영유아의 동작을 크게/작게, 멀게/가깝게, 넓게/좁게 만들면서 다양한 동작의 크기를 탐색해 볼 수 있다.

〈그림 3-23〉 범위 표현하기

상상 · 표현해 보세요
• 아빠 곰처럼, 아기 곰처럼 걸어 볼까? • 신체의 부분들을 최대한 서로 멀리 뻗어 떨어져 있는 것처럼 표현해 볼까? • 신체의 부분들을 최대한 서로 구부려 가깝게 있는 것처럼 표현해 볼까? • 엄마 새와 아기 새의 날갯짓을 관찰하고 흉내 내어 볼까? • 예쁜 꽃의 봉우리 진 모습부터 활짝 핀 모습까지 표현해 볼까? • 진흙탕에서(물속에서) 걷는 모습을 상상하여 표현해 볼까? • 우리 몸에서 넓은(좁은) 것은 어디 인지 생각해 볼까?

5 경로(pathways)

경로는 공간에서 몸이 이동할 때 바닥이나 공중에 만들어지는 길의 모양이다. 모든 경로는 직선, 곡선 또는 직선과 곡선의 조합으로 이루어져 있으며, 바닥 경로(Floor pathways)는 걷기, 달리기 등의 이동 동작을 통해 다양한 방식으로 이동함에 따라 만들 수 있다. 또한 신체의 일부나 리본 막대(리본 테이프)와 같은 소도구를 이용하여 공중에 다양한 형태를 만들 수 있다. 공중 경로(Air pathways)의 형태로는 힘 있게 상하로 내리며 만드는 직선과 부드럽게 둥근 원을 그리는 곡선, 좌우로 힘 있게 흔들어 내리는 지그재그, 작은 원에서 점점 커지는 달팽이 모양 등이 있다. 이외에도 구불구불 모양, 꼬인 모양, 네모·세모·마름모형 등 수많은 형태를 만들어 볼 수 있다.

〈그림 3-24〉 경로 표현하기

상상 · 표현해 보세요
• 바닥에 원을 그리며 돌아볼까? • 지그재그로 달려 볼까? • 리본을 가지고 공중에 동그라미, 세모 달팽이 모양, 지그재그 모양을 만들어 볼까? • 음악에 맞추어 바닥에 그려진 여러 모양의 경로를 따라 행진해 볼까? • 공중에 신체의 일부(손가락, 팔꿈치, 팔, 다리)로 다양한 모양을 그려 볼까?

(4) 관계(Relationship) - 누가 혹은 무엇과 함께 움직이는가

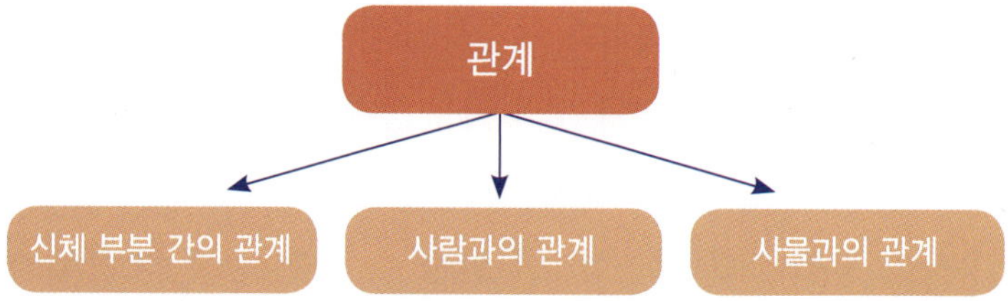

동작의 기본 요소	하위 요소	내용
관계 (Relationship)	신체 부분 간의 관계	가까이, 멀리, 앞으로, 뒤로, 옆으로, 위로, 아래로
	사람과의 관계	개인, 짝, 그룹
	사물과의 관계	~위로, ~아래로, ~넘어로, ~가까이, ~밖으로, ~주변을 따라

〈그림 3-25〉 관계의 하위 3요소와 세부 내용

동작에서 관계란 영유아와 맺거나 관련이 있는 사람 또는 사물과의 관련성을 말한다. 즉 영유아의 신체 부분 간의 관계, 영유아와 영유아 또는 교사와의 관계(사람과의 관계), 영유아와 사물과의 관계를 말한다.

관계는 다른 영유아들과 하나의 공간을 사용하는 것을 알게 할 뿐만 아니라, 다른 영유아들과 하나의 공간을 공유하고 유도하며 따라 해 볼 수 있는 기회를 준다(2020, 김은심). 또한 여러 유형의 그룹과 함께 움직여 봄으로써 관계 속에서의 다양한 상호작용을 통한 개념을 학습할 수 있으며, 사물과의 관계를 통해 사물의 특성 및 사물을 조절하거나 다루는 방법에 대하여 경험할 수 있다. 관계 개념의 하위 요소를 신체 부분 간의 관계, 사람과의 관계, 사물과의 관계로 나누어 살펴본다.

1 신체 부분 간의 관계

신체 부분 간의 관계는 둘 이상의 신체 부분들이 함께 움직이거나 이동하는 관계를 말한다. 영유아가 동작을 잘하기 위해서는 신체의 각 부분을 파악하고 신체의 각 부분이 서로 어떻게 관련되는지 이해할 수 있어야 한다. 이는 신체 협응력과 조절력을 향상시켜 주며, 신체 부분 간에 움직이는 경험으로 관계를 형성시키는 위쪽·아래쪽, 앞·뒤·옆, 멀리·가까이, 나란히·비스듬히 등과 같은 개념을 익힐 수 있다. 또한 이동하는 관계를 통해 주변의 공간과 다른 신체 부분들을 연합시켜 다양한 동작을 만들어 낸다.

〈그림 3-26〉 신체 부분 간의 관계 만들기의 예

상상 · 표현해 보세요
• 가슴과 무릎을 아주 가깝게 붙여 볼까? • 두 팔은 옆으로 뻗어 직선을 만들고 두 다리는 동그랗게 하여 곡선을 만들어 볼까? • 공작새가 날개를 접었다가 활짝 펼치는 모습을 두 다리로 표현해 볼까? • 공작새가 날개를 접었다가 활짝 펼치는 모습을 두 팔로 표현해 볼까? • 땅 속에 작은 꽃씨가 되어 볼까? • 작은 꽃씨가 싹트기 시작하여 예쁜 꽃이 피어나는 모습을 표현해 볼까?

2 사람과의 관계

사람과의 관계는 영유아들이 소집단이나 대집단에서 함께 움직이거나 이동하는 관계를 말한다. 이는 사회적 관계를 경험하고 친사회적 기술을 습득할 기회를 가질 수 있다. 다른 사람과 짝이 되어 혹은 집단의 일원으로 움직일 때, 영유아는 서로 다른 방법으로 관계하게 되는데 다음 세 가지 유형이 있다(심성경 외, 2012).

① **공간 속에서 서로 연결되는 관계** : 한 공간을 함께 사용하는 것으로 서로 마주 보기, 등을 마주 대기, 앞뒤로 일렬로 가기, 옆으로 나란히 서기 활동이 있다.

② **동작의 유사성 관계** : 동작이 서로 비슷한지, 다른지를 알아보는 것으로 서로 똑같은 동작하기, 친구의 동작과 다른 동작 만들기 활동이 있다.

③ **동작이 일어나는 시기에 관한 관계** : 동작이 동시에 일어나는가, 다른 사람에 이어 즉시 일어나는가, 조금 시간을 두고 일어나는가 등을 뜻하며 리드하는 사람이 먼저 시범을 보이고 따라하기, 함께 같은 동작하기 활동이 있다.

〈그림 3-27〉 사람과의 관계 만들기의 예

상상 · 표현해 보세요
• 짝을 지어 거울 놀이를 해 볼까? • 같은 공간에서 손을 잡고 기차 놀이를 해 볼까? • 친구와 짝이 되어 숫자 1~9까지 만들어 볼까? • 동물 그림 카드를 보고 모두 같은 동작을 만들어 볼까? 서로 다른 모습으로 표현해 볼까? • 5명이 한 팀이 되어 '도, 레, 미, 파, 솔'의 계명이 되어 볼까?(〈나비야, 나비야〉 노래의 계이름을 부르면서 해당되는 계이름의 유아가 일어났다가 앉아 본다)

3 사물과의 관계

사물과의 관계는 동작 활동에 사용되는 기구나 소도구와 함께 신체가 움직이거나 이동하는 관계를 말한다. 영유아는 사물을 이용하여 공간 속에서 자신의 몸과 관련시킬 수 있으며, 공간과의 관계에 대한 인식을 탐색하기 위해 사용하는 단어들은 위로, 아래로, 가까이에서, 멀리 떨어져서, 따라서, 통과하여, 주변을 돌며 등의 표현을 쓸 수 있다. 또한 사물을 움직이거나 이동해 보는 경험을 통해 사물을 조절하거나 다루는 방법을 다양하게 탐색해 본다.

〈그림 3-28〉 사물과의 관계 만들기의 예

상상 · 표현해 보세요
• 손을 사용하지 않은 채 신체의 다른 부위로 공을 들고 달려 볼까? • 훌라후프를 가지고 여러 가지 방법으로 움직여 볼까? • 풍선을 가지고 빗방울을 표현해 볼까? • 스카프를 가지고 여러 가지 바람을 표현해 볼까? • 평균대 위에서 나비가 되어 볼까? • 리본 막대로 회오리바람을 표현해 볼까? • 3~5명이 함께 스카프로 꽃 피우기를 표현해 볼까?(순서를 정한 후, 약간의 시간차를 두고 스카프를 활짝 펴보기 활동을 한다)

2) 기본 동작

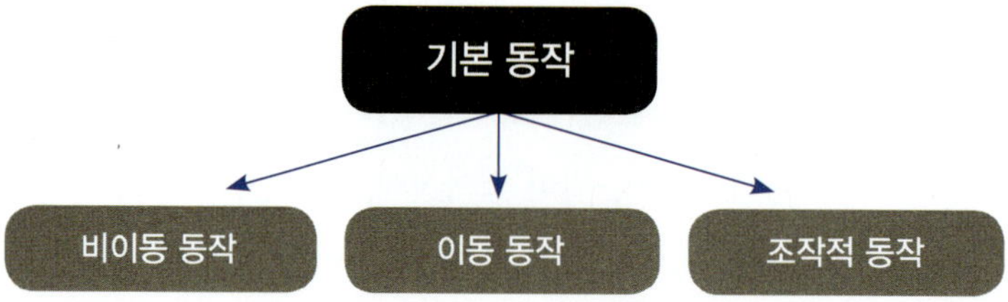

비이동 동작	이동 동작	조작적 동작
뻗기(stretching)	기어가기(crawl, creeping)	던지기(throwing)
	걷기(walking)	
구부리기(bending)	달리기(running)	차기(kicking)
꼬기(twisting)	발끝으로 걷기(tip toeing)	치기(hitting)
회전하기(turning)	한 발 들고 뛰기(hopping)	튀기기(dribbing)
흔들기(shaking)	두 발 번갈아 뛰기(skipping)	굴리기(rolling)
흔들거리기(swing)	점핑(jumping)	잡기(catching)
스웨잉(swaying)	도약하기(leaping)	튀긴 공 잡기(trapping)
앉기(sitting)	미끄러지기(sliding)	공 되받아 치기(volley)
피하기(dodging)	말뛰기(galloping)	들기(lift)(lifting)
균형 잡기(balance)(balancing)	오르기(climbing)	
	구르기(rolling)	

출처 : Gallahue(1995); Pica(1995).

〈그림 3-29〉 기본 동작의 3요소와 요소별 세부 활동

기본 동작(fundamental movement)이란 가장 기초가 되는 신체적 움직임으로 영유아기에 경험해야 할 중요한 운동 기술이다. 영유아기는 기본 동작을 습득하는 시기로 이때 다양한 운동 기술을 학습하여 동작의 기본 요소를 활용한 창의적 신체표현을 위한 기본기를 다지게 한다. 이에 기본 동작을 활용하여 영유아에

게 다양한 활동을 제공해 준다.

기본 동작은 갈라휴(Gallahue, 1996)의 운동 발달 단계 중 3단계인 '기본 운동 단계'에 해당되는 것으로 2단계인 '초보 운동 단계'에 기초를 두고 훈련 없이 나타나는 운동 유형이다. 최근에는 더욱 정교한 동작 기술을 발달시키기 위해서 영유아기부터 기본적인 동작 기술을 경험해 보는 기회를 가져야 한다고 본다(Pica, 1995).

영유아 동작교육에서 사용할 수 있는 기본 동작은 제자리에서 움직이는 비이동 동작(non-locomoter movement), 장소를 옮기면서 움직이는 이동 동작(locomoter movement), 도구를 사용하여 움직이는 조작적 동작(manipulation movement)으로 구분 된다(Gallahue, 1995).

기본 동작의 세 가지 유형별 동작을 살펴보면 다음과 같다.

(1) 비이동 동작(non-locomotor movement)

비이동 동작은 제자리 동작, 또는 안정(stability) 동작이라 부르기도 한다. 안정 동작은 몸과 마음이 편안한 상태로 변하거나 흔들리지 않고 일정한 상태를 유지하는 동작이다. 몸을 축으로 하여 공간의 이동 없이 움직이는 운동으로 축 동작이라고도 한다. 비이동 동작은 개인 공간 내에서는 어떤 방향으로든 몸을 움직이거나 뻗을 수 있으며, 영유아가 제자리에서 몸을 다양하게 움직여 신체 움직임 능력을 탐색해 보는 경험을 통해 신체의 균형감과 안정감 및 유연성을 기르도록 돕는다. 비이동 동작 시 영유아는 동작의 기본 요소를 활용하여 다양한 움직임을 표현할 수 있다. 이에 머레이(Murray, 1975)는 비이동 운동이 단지 연습이나 준비운동으로 간주되어서는 안 되며, 오히려 창의적 표현을 위한 탐색의 시작이자 수단이 된다고 하였다.

비이동 동작에는 뻗기, 구부리기, 꼬기, 회전하기, 흔들기, 흔들거리기, 균형 잡기, 앉기, 피하기 등이 있다.

1 뻗기(stretching)

뻗기는 신체의 일부 또는 전신을 수직이나 수평으로 늘리는 것으로 몸의 중심으로부터 신체의 부분들을 멀리 움직이는 동작이다. 뻗기는 근육의 수축을 막아준다.

〈그림 3-30〉 뻗기 동작의 예

상상 · 표현해 보세요
• 누워서 한쪽 다리는 바닥에 닿게 하고 다른 쪽은 천정을 향해 뻗어 볼까? • 높은 나무에 달린 과일을 따려는 것처럼 몸을 쭉 뻗어 볼까? • 잠에서 깨어나 하품을 하는 고양이를 표현해 볼까? • 아름다운 발레리나가 되어 볼까? • 철봉에 매달린 모습을 표현해 볼까? • 농구골대에 골을 넣는 모습을 표현해 볼까?

[동작의 기본 요소 적용 / 발문]

▶ 높은 나무에 달린 과일을 따기

- 신체 : 팔과 다리를 쭉 뻗어 과일을 따 볼까?(신체〉신체 전체, 비이동 동작〉뻗기)
- 에포트 : 발 끝에 힘을 주고 손을 올려 볼까?(에포트〉힘)
- 공간 : 오른쪽에 열려있는 커다란 과일을 따 볼까?(공간〉방향)
- 관계 : 높은 곳의 과일을 계단을 활용하여 과일을 따 볼까?(관계〉사물과의 관계)

〈그림 3-31〉

2 구부리기(bending)

구부리기는 신체의 두 부분을 잇는 관절을 중심으로 인접해 있는 신체의 두 부분을 맞닿게 하는 동작이다. 목, 팔꿈치, 손목, 발목, 무릎, 허리 등을 구부려 볼 수 있다.

〈그림 3-32〉 구부리기 동작의 예

상상 · 표현해 보세요
• 두 다리를 넓게 벌리고 서서 몸을 앞으로 숙여보자. • 바닥에 동전, 꽃, 과일을 들어올려 볼까? • 조각상이 되어 볼까? • 닭싸움을 해 볼까? • 두 다리를 모으고 서서 몸을 앞으로 숙여 두 손바닥이 바닥에 닿도록 해 볼까? • 할미꽃이 되어 볼까? • 신체에서 구부러질 수 있는 곳을 찾아 구부려 보자.

[동작의 기본 요소 적용 / 발문]

▶ 바닥에 동전, 꽃, 과일을 들어올리기

- 신체 : 땅에 떨어진 동전을 주워 볼까?(신체〉신체 전체, 비이동 동작〉구부리기)
- 에포트 : 동전을 줍는 모습을 계속 표현하다가 신호 소리가 울리면 멈추어 볼까?(에포트〉한정 흐름)
- 공간 : 동전이 있는 곳까지 지그재그로 걸어 이동해 볼까?(공간〉경로, 이동 동작〉걷기)
- 관계 : 동전을 집게로 잡는 모습을 표현해 볼까?(관계〉사물과의 관계)

〈그림 3-33〉

3 꼬기(twisting)

꼬기는 축을 중심으로 신체의 한 부분을 다른 부분으로 돌리는 동작으로 비틀기라고도 한다.

〈그림 3-34〉 꼬기 동작의 예

상상 · 표현해 보세요
• 서서 두 다리를 어깨 간격으로 벌리고 상체를 왼쪽으로, 오른쪽으로 돌려 보기 • 무릎을 접고 앉은 자리에서 왼쪽 다리를 오른쪽 다리 위로 넘기고, 몸은 왼쪽으로 돌려 보기 • 두 팔과 두 다리를 동시에 꼬아 보기 • 모래 위에서 발로 구멍을 파내는 동작을 해 볼까? • 친구와 둘씩 짝지어 나사와 볼트가 되어 볼까? • 세탁기 속에 세탁물이 돌아가는 모습을 표현해 볼까? • 불판 위에 오징어 모습을 표현해 볼까?

[동작의 기본 요소 적용 / 발문]

▶ 세탁기 속에 세탁물이 돌아가는 모습을 표현하기

- 신체 : 세탁기 속에서 수건이 돌아가는 모습을 손가락으로 표현해 볼까?(신체〉신체 부분〉손가락, 비이동 동작〉꼬기)
- 에포트 : 세탁기의 통이 계속 돌아가는 모습을 표현해 볼까?(에포트〉연속 흐름)
- 공간 : 세탁기 속에서 가벼운 손수건과 무거운 청바지가 물에 떠 있는 모습을 표현해 볼까?(공간〉높낮이)
- 관계 : 세탁기 속의 양말과 수건이 꼬인 모습을 친구와 표현해 볼까?(관계〉사람과의 관계)

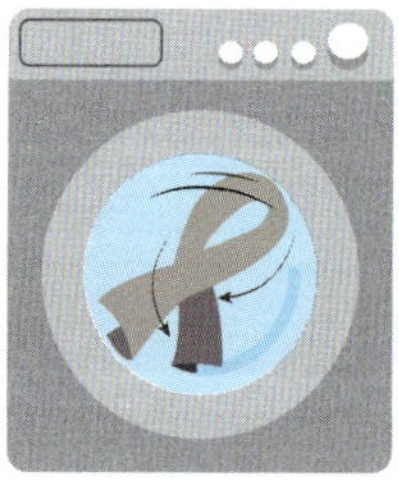

〈그림 3-35〉

4 회전하기(turning)

회전하기는 몸을 축으로 하여 자신의 신체 전체 또는 일부를 수직이나 수평으로 돌리는 동작이다. 신체 균형 감각과 기계와 도구의 회전 원리를 이해할 수 있다.

〈그림 3-36〉 회전하기 동작의 예

상상 · 표현해 보세요
• 손목(발목)을 동그랗게 돌려 보자. • 어깨를 동그랗게 돌려 보자. • 양팔을 벌려 바람개비가 되어 공중을 돌아보는 모습을 표현해 볼까? • 팽이가 도는 것처럼 몸의 한 부분을 축으로 하여 제자리에서 돌아볼까? • 걷다가 몸을 반대쪽 방향으로 돌려 보자.

[동작의 기본 요소 적용 / 발문]

▶ 바람개비가 되어 공중을 날아 보기

- 신체 : 양팔을 벌리고 손끝을 활짝 핀 상태에서 바람개비가 되어 날아 볼까?(신체〉신체 부분〉팔과 손가락, 비이동 동작〉회전하기)
- 에포트 : 빠르게 돌아가는 바람개비를 표현해 볼까?(에포트〉시간〉속도)
- 공간 : 오른쪽으로 돌기 시작하여 땅에서 하늘로 솟아오르는 바람개비를 표현해 볼까?(공간〉방향, 공간〉높낮이)
- 관계 : 리본 막대를 이용하여 빙글빙글 돌아가는 바람개비를 표현해 볼까?(관계〉사물과의 관계)

〈그림 3-37〉

5 흔들기(shaking)

흔들기는 신체의 일부분이나 몸 전체를 진동하는 동작으로 짧고 빠르게 움직이는 것이다. 이는 신체 부분의 기능을 알 수 있으며 긴장과 이완이 함께 되는 동작이다.

〈그림 3-38〉 흔들기 동작의 예

상상 · 표현해 보세요
• 손, 팔, 다리, 엉덩이, 몸통을 흔들어 보자. • 머리(손목)를 흔들어 보자. • 추위에 떨고 있는 모습을 상상하여 표현해 볼까? • 추수할 때, 탈곡기에 있는 벼 이삭의 모습을 상상하여 표현해 볼까? • 플라스틱 컵 안에 우유와 흑설탕을 넣고 섞는 모습을 표현해 볼까? • 바람에 흔들리는 나뭇잎을 표현해 볼까?

[동작의 기본 요소 적용 / 발문]

▶ 컵 안에 우유와 설탕이 되어 섞이는 모습 표현해 보기

- 신체 : 컵 안에 우유와 흑설탕이 섞이는 모습을 온몸으로 표현해 볼까?(신체〉신체 전체, 비이동 동작〉흔들기)
- 에포트 : 플라스틱 컵을 점점 빠르게 흔들어 볼까?(에포트〉시간〉가속과 감속)
- 공간 : 컵을 몸 안쪽에서 흔들기 시작하여 몸 바깥쪽으로 넓혀 흔들어 표현해 볼까?(공간〉범위)
- 관계 : 우유와 흑설탕을 색깔 응원 수술로 표현하여 흔들어 섞이는 모습을 표현해 볼까?(관계〉사물과의 관계)
  짝과 함께 표현해 볼까?(관계〉사람과의 관계〉동작의 유사성 관계)

〈그림 3-39〉

6 흔들거리기(swing)

흔들거리기는 신체의 한쪽 부분 끝을 고정하고 진동에 의해 포물선을 그리며 앞뒤로 자유롭게 움직이는 동작이다. 이때 스윙 동작은 편안하고 유연하게 흔들거릴 수 있도록 몸의 중심을 잘 유지하며 팔·다리를 시계추처럼 움직이는 동작이다.

〈그림 3-40〉 흔들거리기 동작의 예

상상 · 표현해 보세요
• 손팔을 앞뒤로 흔들어 보자. •그네 타는 모습을 표현해 볼까? • 오른쪽(왼쪽) 팔로 포물선 그려 보자. • 야구 방망이를 휘둘러 보자.

[동작의 기본 요소 적용 / 발문]

▶ 그네 타는 모습을 상상하여 표현해 보기

- 신체 : 그네 타는 모습을 표현해 볼까?(비이동 동작>흔들거리기)
  그네 탈 때의 기분을 얼굴로 표현해 볼까?(신체>신체 전체>제스처)
- 에포트 : 그네가 이동하는 거리를 길게 또는 짧게 표현해 볼까?(에포트>시간>지속 시간)
- 공간 : 힘을 주어 그네가 높게 올라갔을 때의 모습을 몸의 크기로 표현해 볼까?(공간>범위)
- 관계 : 짝과 함께 그네 타는 모습을 표현해 볼까?(관계>사람과의 관계>동작의 유사성 관계)

〈그림 3-41〉

7 균형 잡기(balancing)

균형 잡기는 한 발 또는 두 발로 선 상태에서 척추가 몸을 잘 지지하여 주는 것으로 몸의 중심이 한쪽으로 치우치지 않도록 균형을 잡는 동작이다. 정지된 상태에서 균형 잡는 것은 고정적 균형(static balances)이며, 움직이면서 균형 잡는 동작은 역동적 균형(dynamic balances)이라고 한다.

〈그림 3-42〉 균형 잡기 동작의 예

상상 · 표현해 보세요

- 정지된 상태에서 한 발을 들고 두 팔은 양쪽으로 편 상태에서 균형을 잡아 보자.
- 발끝으로 걷다가 신호에 순간 멈추어 볼까?
- 바닥에 색 테이프를 직선으로 붙이고 선을 따라 왼발 오른발을 번갈아 가며 걸어 보자.
- 평균대 위에서 걷다가 한 발로 멈추어 보자.
- 다양한 신체 부분(무릎, 엉덩이, 배, 발꿈치)으로 균형을 잡아 볼까?
- 눈을 감고 발끝으로 균형 잡기를 해 보자.

[동작의 기본 요소 적용 / 발문]

▶ 어두운 밤, 살금살금 걷다가 갑자기 켜진 불빛에 멈추는 모습 표현해 보기

- 신체 : 발끝으로 걷다가 호각 소리에 발끝으로 멈추어 볼까?(신체〉신체 부분, 비이동 동작〉균형 잡기)
- 에포트 : 음악에 맞추어 발꿈치로 빠르게 걷다가 호각 소리에 순간 멈추어 볼까?(에포트〉시간〉빠르기)
- 공간 : 바닥에 모양(직선, 원, 곡선, 지그재그)을 그리며 걸어 볼까?(공간〉경로)
- 관계 : 친구들과 손잡고 원으로 돌다가 교사의 신호를 듣고 활짝 펼쳐진 부채 모양으로 균형 잡기를 해 볼까?(관계〉사람과의 관계〉동작의 유사성 관계)

〈그림 3-43〉

8 앉기(sitting)

앉기는 신체의 무게가 엉덩이와 대퇴부에 놓여지는 상태로 몸을 위로부터 아래로 내려놓는 동작이다. 영유아들은 앉기에 능숙하지만 앉기 위해 다양한 동작을 탐색하는 것은 공간과 신체에 대한 인식을 강화시켜 줄 수 있으며 바른 자세로 앉기를 할 수 있다.

〈그림 3-44〉 앉기 동작의 예

상상 · 표현해 보세요
• 옛날 양반들이 앉는 모습(가부좌)을 상상하며 앉아 볼까? • 벽에 기대어 앉거나 친구와 서로 등을 맞대고 앉아 볼까? • 기대지 말고 바른 자세로 바닥에 앉아 보자. • 다리를 펴고 앉아 보자. • 무릎을 구부려 쪼그려 앉아 보자. • 〈나처럼 해 봐요 요렇게〉 노래를 부르며 여러 가지 앉기 자세를 따라 해 볼까?

[동작의 기본 요소 적용 / 발문]

▶ 친구와 서로 등을 맞대고 앉아 보기

- 신체 : 무릎을 구부려 쪼그리고 앉아 볼까?(신체〉신체 부분, 비이동 동작〉앉기)
- 에포트 : 살짝 또는 아주 세게 앉아 볼까?(에포트〉힘)
- 공간 : 앉은 자리에서 두 다리를 넓게 또는 좁게 벌려 볼까?(공간〉범위)
- 관계 : 친구와 서로 등을 맞대고 앉아 볼까?(관계〉사람과의 관계〉동작의 유사성 관계)

9 피하기(dodging)

피하기는 신체가 사람이나 사물과 충돌하지 않게 하기 위하여 몸 전체를 재빠르게 움직이는 동작이다. 영유아들이 서 있거나 앉아 있는 상태에서 피하는 경우가 많기 때문에 비이동 운동에 포함된다. 역동적인 움직임으로 동적 운동이라고도 하며 흔히 서 있는 상태에서 피하는 동작이 이루어지므로 시·지각 능력이 발달한다.

〈그림 3-45〉 피하기 동작의 예

상상 · 표현해 보세요
• 공이 앞에서 날아온다면 어떻게 피하겠니? 허리를 뒤로 굽혀서 피해 볼까? • 움직이는 풍선을 피해 볼까? • 날아오는 원반을 피하는 모습을 상상하며 표현해 볼까? • 눈싸움을 하듯 피해 볼까? • 사람들이 많이 몰려 있는 전철역에서 이리저리 피하며 걷는 모습을 표현해 볼까? • 떨어지는 나뭇잎을 상상하며 피해 볼까?

[동작의 기본 요소 적용 / 발문]

▶ 날아오는 원반을 피하는 모습을 상상하며 표현해 보기

- 신체 : 날아오는 원반을 머리를 숙여 피해 볼까?(신체〉신체 부분, 비이동 동작〉피하기)
- 에포트 : 날아오는 원반을 빠르게 피해 볼까?(에포트〉시간〉빠르기)
- 공간 : 날아오는 원반을 옆으로 피해 볼까?(공간〉 방향)
- 관계 : 날아오는 공을 피해 볼까?(관계〉사물과의 관계〉공)

〈표 3-1〉 갈라휴의 운동 발달 단계 중 '비이동 동작의 출현 시기'

동작 유형	출현 시기	동작 능력
역동적 균형 (Synamic balance) 무게 중심의 이동에 따라 몸의 평형을 계속 유지하는 것	2세	• 낮은 평균대 위에 서 있기를 한다. • 기본적인 앞구르기를 한다.
	3세	• 2.5cm 정도 폭으로 그려진 두 선을 따라 걷는다. • 10cm 정도 폭의 짧은 평균대 위를 걷는다.
	4세	• 2.5cm 정도 폭으로 그려진 원 모양을 따라 걷는다. • 10cm 정도 폭의 짧은 평균대 위를 발을 바꾸어 걷는다.
	6~7세	• 능숙한 앞구르기를 한다.
정적 균형 (Static balance) 무게 중심을 고정시킨 채 평형을 유지하는 것	10개월	• 잡고 서 있기를 한다.
	11 개월	• 잡지 않고 선다.
	12개월	• 혼자 일어서기를 한다.
	5세	• 한 발로 균형 잡기를 한다.
	6세	• 거꾸로 서 있기를 한다.
중축성 동작 (Axial balance) 정적(고정) 자세로 구부리기 뻗기, 꼬기, 돌기 등을 포함	24~30 개월	• 허리를 쉽게 구부린다.
	4~6세	• 신체의 방향을 바꿀 수 있다(돌기 동작이 가능하다). • 몸을 뻗고 꼬는 동작 등은 신생아 초기에도 나타나며 보다 근육이 세분화되고 성숙하면서 몸의 균형을 잡으며 던지기, 받기, 차기와 같은 동작이 가능해진다.

출처 : Curtis(1982); Gallahue(1976): 이 영(1993). pp. 54-60, 재인용.

(2) 이동 동작(locomoter movement)

이동 동작은 몸을 한 곳에서 다른 곳으로 이동시키는 운동을 말하며 기어가기, 걷기, 달리기 등의 활동이다. 영유아는 이동 동작을 통해 무의식적으로 대근육을 강화시키며, 운동 능력에 대해 알게 되고, 공간 안에서 어떻게 움직여야 하는지 배우게 된다(Gallahue, 1993). 이동 동작은 기본적 움직임인 이동 동작과 동작의 기본 요소에 해당하는 에포트의 하위 개념인 힘과 속도, 공간의 하위 개념인 방향, 경로 등과 같은 요소를 사용하여 다양한 이동 동작을 경험하는 활동으로 제시할 수 있다. 이때 음악을 활용한다면 리듬적 운동 능력과 표현 능력이 발달하여 창의적인 신체표현으로 발달할 수 있다. 이동 동작의 예는 다음과 같다.

1 기어가기(crawling, creeping)

기어가기는 크롤링(crawling)과 크리핑(creeping)이 있다. 크롤링은 배를 바닥에 붙이고 몸을 질질 끌고 가는 행동으로, 이때 다리를 편 상태에서 머리와 어깨는 들어올리고 손, 팔꿈치, 발을 앞으로 밀면서 이동하는 동작이다. 반면 크리핑은 무릎을 구부리고 엎드려서 손바닥과 무릎으로 이동하는 동작이다. 보통 crawl에서 creep의 발달 과정을 거치게 된다.

〈그림 3-46〉 기어가기의 예

상상 · 표현해 보세요

- 배를 바닥에 대고 애벌레처럼 움직여 볼까?
- 벽을 타고 올라가는 넝쿨 식물이 되어 표현해 볼까?
- 물개(뱀)가 되어 몸을 움직여 볼까?
- 거미가 내 몸을 타고 슬금슬금 기어 올라오는 모습을 표현해 볼까?(모두 가능)
- 군인이 다쳐서 몸을 질질 끌고 가는 모습을 표현해 볼까?
- 군인이 적지를 향해 살금살금 포복으로 다가가는 모습을 표현해 볼까?
- 장난감 터널을 통과해 보자.

[동작의 기본 요소 적용 / 발문]

▶ 벽을 타고 올라가는 넝쿨 식물이 되어 표현해 보기

- 신체 : 벽을 타고 올라가는 넝쿨 식물이 되어 표현해 볼까?(신체>신체 전체, 이동 동작>기어가기>crawl)
- 에포트 : 넝클 식물이 자라는 모습을 천천히 신체 전체를 웅크렸다 펼치는 모습으로 표현해 볼까?(신체>신체 전체, 에포트>시간>지속 시간)
- 공간 : 벽을 타고 지그재그로 올라가는 넝쿨 식물을 표현해 볼까?(공간>경로)
- 관계 : 교실 벽에 친구들과 함께 넝클 식물을 표현해 볼까?(관계>사람과의 관계>공간 속에서 서로 연결된 관계)

〈그림 3-47〉

2 걷기(walking)

걷기는 공간 속에서 자신의 신체를 옮기는 동작이다. 균형을 잡기 위해 팔을 들어올리며, 발바닥 전체를 바닥에 닿게 하고 걷다가 성장하면서 발꿈치에서 발가락으로 무게 중심을 옮기면서 이동하는 동작이다. 걷기를 통해 신체 감각과 속도 감각을 익힐 수 있으며 바르게 걷는 방법은 몸을 곧게 세우고 발끝은 모두 앞을 향하여 일직선이 되어야 하며, 몸의 무게가 발가락에 골고루 분배되어야 한다.

〈그림 3-48〉 걷기의 예

상상 · 표현해 보세요
• 거인처럼 쿵쿵 걸어 볼까? • 고양이처럼 사뿐사뿐 걸어 볼까? • 거인(난장이)이 되어 걸어 볼까? • 상상하며 눈 속(모래, 진흙)에서 걸어 볼까?(어떤 점이 다른지 이야기 나누기) • 무거운 물건을 옮기면서 걷는 모습을 표현해 볼까? • 음악에 맞추어 걷다가 음악이 멈추면 독특한 동작을 표현한 후 음악과 함께 다시 걸어 볼까?

[동작의 기본 요소 적용 / 발문 만들기]

▶ ______________________________

- 신체 : ______________________________
- 에포트 : ______________________________
- 공간 : ______________________________
- 관계 : ______________________________

3 달리기(running)

달리기는 몸의 중심을 한 발에서 다른 발로 옮기며 이동하는 것으로 걷기보다 더 빠른 속도와 긴 폭으로 이동하는 동작이다. 심장과 폐, 근육 등에 활발한 기능이 요구된다.

〈그림 3-49〉 달리기의 예

상상 · 표현해 보세요
• 무릎을 구부리지 말고 달리기를 해 볼까? • 치타처럼 빠르게 달려 볼까? 속도를 서서히 늦추어 천천히 달려 볼까? • 굴렁쇠를 굴리며 달리다가 굴렁쇠를 멈추어 볼까? • 무릎을 높이 올리며 달려 볼까? • 친구와 손잡고 옆으로 달려 볼까? • 음악에 맞추어 달리다가 음악의 흐름이 바뀌면 방향을 바꾸어 달려 볼까?

[동작의 기본 요소 적용 / 발문]

▶ 굴렁쇠를 굴리며 달리다가 굴렁쇠를 멈추어 보기

- 신체 : 왼손을 옆으로 벌린 상태에서 굴렁쇠를 굴리며 달려 볼까?(신체〉신체 부분, 이동 동작〉달리기)
- 에포트 : 굴렁쇠를 굴리며 달리다가 굴렁쇠를 멈추어 볼까?(에포트〉흐름〉한정 흐름)
- 공간 : 굴렁쇠를 높은 수준(중간 수준, 낮은 수준)으로 들고 달려 볼까?(공간〉높낮이)
- 관계 : 굴렁쇠를 굴려 달리는 모습을 상상하며 훌라후프로 표현해 볼까?(관계〉사물과의 관계)

〈그림 3-50〉

4 발끝으로 걷기(tip toeing)

발끝으로 걷기는 발꿈치를 들고 발가락으로 걷는 동작이다. 발바닥이 바닥에 닿지 않는 상태를 말하며, '까치발'이라는 용어를 사용하기도 한다.

〈그림 3-51〉 발끝으로 걷기의 예

상상 · 표현해 보세요
• 아기가 잠에서 깨지 않도록 살금살금 걸어 볼까? • 발레를 하는 것처럼 발끝으로 걸어 볼까? • 발끝으로 달리기를 해 보자. • 황새가 되어 친구와 함께 걸어 볼까? • 새처럼 사뿐사뿐 걸어 볼까?

[동작의 기본 요소 적용 / 발문 만들기]

▶ ____________________

- 신체 : ____________________
- 에포트 : ____________________
- 공간 : ____________________
- 관계 : ____________________

5 앙감질(hopping)

앙감질은 호핑 또는 '한 발 들고 뛰기'로 한쪽 발에 몸의 무게를 실어 균형을 유지하며 뛰었다 착지하고, 다시 같은 발로 뛰어 오르고 착지하는 동작이다.

〈그림 3-52〉 앙감질의 예

상상 · 표현해 보세요
• 줄넘기(색 테이프)를 바닥에 놓고 오른쪽으로, 왼쪽으로 번갈아 가며 뛰어 보자. • 바닥에 일정 간격으로 시트지를 붙여 놓고, 징검다리 건너듯이 뛰어 볼까? • 훌라후프를 놓고 안과 밖으로 앙감질을 해 보자. • 다양한 선의 모양(높은음자리표, 곡선, 달팽이 모양의 선)을 따라 앙감질을 해 보자. • 음악에 맞추어 빠르게 혹은 느리게 앙감질을 해 보자.

[동작의 기본 요소 적용 / 발문]

▶ 바닥에 일정 간격으로 시트지를 붙이고, 징검다리 건너듯이 뛰어 보기

- 신체 : 팔 모양을 나비의 날갯짓으로 표현하며 앙감질을 해 볼까?(신체〉신체 부분, 이동 동작〉앙감질)
- 에포트 : 점점 빨라지는(점점 느려지는) 리듬 악기 소리에 맞추어 앙감질을 해 볼까?(에포트〉시간〉가속과 감속)
- 공간 : 친구들이 고무줄(줄넘기)을 양쪽에서 잡고, 높이를 조절한 상태에서 앙감질을 해 볼까?(공간〉 높낮이)
- 관계 : 두 팀으로 나누어 순서를 정하고, 세워 놓은 플라스틱 콘을 터치하고 앙감질하여 돌아오는 놀이를 해 볼까?(관계〉사물과의 관계, 이동 동작〉앙감질)

〈그림 3-53〉

6 스키핑(skipping)

스키핑은 '두 발 번갈아 뛰기'로 걷기와 앙감질(hopping)이 함께 이루어지는 동작이다. 스킵(skip)은 한 발짝 앞으로 걷고(step) 가볍게 빠르게 뛰어오르는(hop) 동작이 함께 일어나는 움직임이다. 홉(hop) 동작보다는 스텝(step) 동작에 더 강조를 두며, 한 발이 순간적으로 바닥 위로 올라가며 가볍게 미끄러지는 듯한 움직임으로 나타난다. 동시에 다른 발로 바꾸어 같은 동작을 반복한다. 영유아가 처음에 한쪽 발로만 계속 스키핑(skipping)하는 것은 정상적인 발달 단계이며 교사의 시범과 모방을 통해 충분한 기회를 제공한다.

〈그림 3-54〉 스키핑의 예

상상 · 표현해 보세요
• 영유아(2~3세) : 천천히 오른발 들고, 왼발 들고 후, 빠르게 연속해서 두 번 반복해 보자. • 유아(3~4세) : 오른발로 시작해 스텝(step)+홉(hop) 후, 바로 왼발로 스텝(step)+홉(hop)을 반복해 보자. • 유아(4~5세) : 스텝(step)과 홉(hop)을 연결해서 반복해 보자. • 음악에 맞춰 '룰루랄라'를 외치며 큰 원으로 스키핑하며 돌다가 북소리가 나면 반대로 스키핑해 보자. • 〈우리 집에 왜 왔니?〉 노래에 맞추어 앞으로 뒤로 스키핑을 해 보자.

[동작의 기본 요소 적용 / 발문 만들기]

▶ ____________________

• 신체 : ____________________
• 에포트 : ____________________
• 공간 : ____________________
• 관계 : ____________________

7 도약하기(leaping)

도약하기는 '뛰어넘기'로 한 발로 멀리 뛰어올랐다가 다른 발로 착지하는 동작이다. 달리기 스텝의 연장으로 더 큰 공간과 힘을 요구하며 보다 멀리, 높이 뛰기 위해 달리기와 함께 이루어지는 동작이다.

〈그림 3-55〉 도약하기의 예

상상 · 표현해 보세요
• 색 테이프를 활용해 여러 간격의 선을 바닥에 붙이고 가까운(더 먼) 간격의 두 선을 뛰어넘어 보자. • 고무줄을 상하로 흔들거나(파도 타기), 좌우로 흔들며(뱀 넘기) 뛰어넘기를 해 보자. • 비가 내린 후 생긴 물웅덩이를 상상하며 도약해 볼까? • 징검다리 건너기를 해 볼까? • 유니바를 뛰어넘어 볼까?

[동작의 기본 요소 적용 / 발문]

▶ 비가 내린 후 생긴 물웅덩이를 상상하며 도약해 보기

- 신체 : 비가 내린 후 생긴 물웅덩이를 뛰어넘어 볼까?(이동 동작〉도약하기)
- 에포트 : 달려오다가 물웅덩이를 힘껏 뛰어넘어 볼까?(에포트〉힘, 시간〉가속과 감속)
- 공간 : 비로 생긴 큰 물웅덩이를 다리 폭을 넓게 벌려 뛰어넘어 볼까?(공간〉범위)
- 관계 : 유아 세 명이 놓여 있는 징검다리를 순서에 따라 연속으로 뛰어넘어 볼까?(관계〉사람과의 관계〉동작이 일어나는 시기에 관한 관계)

〈그림 3-56〉

8 점핑(jumping)

점핑은 한 발 또는 두 발로 바닥을 차며 날아오르듯 몸을 위로 올려 뛰는 것이다. 땅 위에서 튀어 오를 때 바닥과 마지막으로 닿는 부분이 발끝(toe)이며, 바닥에 내려올 때도 발끝이 먼저 닿고 그다음 발바닥 부분, 발꿈치가 닿게 된다. 이때 무릎은 바닥에 닿을 때의 충격을 흡수하기 위해 굽혀서 안전에 유의한다.

〈그림 3-57〉 점핑의 예

상상 · 표현해 보세요
• 토끼, 개구리가 뛰는 모습을 표현해 볼까? • 트램펄린 위에서 뛰기 해 볼까? • 빨랫줄에 매달린 과자를 먹기 위해 높이 뛰어 볼까? • 공이 튀어 오르는 모습을 상상하여 표현해 볼까? • 숲속에서 뛰어다니는 캥거루의 모습을 표현해 볼까? • 큰 소리에 놀라 펄쩍 뛰는 모습을 표현해 볼까?

[동작의 기본 요소 적용 / 발문 만들기]

▶ ______________________________

- 신체 : ______________________________
- 에포트 : ______________________________
- 공간 : ______________________________
- 관계 : ______________________________

9 갤로핑(galloping)

갤로핑은 한쪽 다리를 앞으로 내밀고 다른 쪽 다리는 앞다리를 향해 끌어다 빨리 붙이며 이동하는 동작이다. 동작이다. 어려운 동작이며 마치 말이 달리는 모습과 같아 말뛰기라고도 한다. 말소리로 표현되는 의성어 '따그닥따그닥'의 언어와 함께 활동하면 리듬감 있게 몸을 움직일 수 있는 동작이다

〈그림 3-58〉 갤로핑의 예

상상 · 표현해 보세요
• 리본 막대를 흔들며 언덕을 오르는 말이 되어 표현해 볼까? • 빠르고 경쾌한 음악에 맞추어 말처럼 뛰어 보자. • 말이 뛰는 모습을 머리와 다리로 표현해 볼까? • 한쪽 발등에 토끼 그림을, 다른 쪽에 사냥꾼 그림을 붙이고 사냥꾼이 토끼를 쫓듯이 뛰어 볼까? • 원을 만들어 말뛰기를 하다가 교사의 신호에 방향을 바꾸어 말뛰기를해 볼까?

[동작의 기본 요소 적용 / 발문]

▶ 리본 막대를 흔들며 언덕을 오르는 말이 되어 보기

- 신체 : 고삐를 잡고 언덕을 오르는 말이 되어 뛰어 볼까?(신체〉신체 부분, 이동 동작〉갤로핑)
- 에포트 : 빠르게 언덕을 내려오는 말이 되어 뛰어 볼까?(에포트〉시간〉빠르기)
- 공간 : 직선으로 말뛰기를 하다가 탬버린 소리에 방향을 바꾸어 곡선으로 말뛰기를 해 볼까?(공간〉방향, 경로)
- 관계 : 유아 두 명 중 한 사람은 마부가 되어, 앞뒤로 손을 잡고 말뛰기를 해 볼까?(관계〉사람과의 관계〉공간 속에서 서로 연결되는 관계)

〈그림 3-59〉

10 미끄러지기(sliding)

미끄러지기는 한 발을 먼저 옆으로 나가면 다른 발은 따라잡듯이 이동하는 동작이다. 옆으로 가는 말뛰기 동작과 같다.

〈그림 3-60〉 미끄러지기의 예

상상 · 표현해 보세요
• 왼쪽으로, 오른쪽으로 미끄러지듯이 움직여 보자. • 얼음 위를 걸어가는 모습을 상상하며 표현해 볼까? • 게의 움직이는 모습을 표현해 볼까? • 친구랑 스케이트를 타는 모습을 표현해 볼까? • 눈 위에서 미끄러지는 것처럼 움직여 볼까?

[동작의 기본 요소 적용 / 발문 만들기]

▶ ______________________________

• 신체 : ______________________________

• 에포트 : ______________________________

• 공간 : ______________________________

• 관계 : ______________________________

11 오르기(climbing)

오르기는 팔과 다리를 각각 독립적으로 사용하거나 팔과 다리를 함께 사용할 수 있다. 두 팔과 두 다리를 경사면 또는 사다리와 같은 곳에 올려놓고 위쪽을 향해 몸을 끌어 올리며 이동하는 동작이다.

〈그림 3-61〉 오르기의 예

상상 · 표현해 보세요
• 사다리를 올라간다고 상상하고 표현해 볼까? • 암벽 타기를 상상하여 몸을 움직여 볼까? • 빌딩 청소를 한다면 어떤 모습일지 표현해 볼까? • 나무에 올라가는 모습을 표현해 볼까? • 언덕을 느리게 오르다가 빠르게 기어오르는 모습을 상상하여 표현해 볼까?

[동작의 기본 요소 적용 / 발문]

▶ 언덕을 느리게 오르다가 빠르게 기어오르는 모습을 상상하여 보기

- 신체 : 언덕을 기어오르는 모습을 상상하여 표현해 볼까?(신체>신체 부분, 이동 동작>오르기)
- 에포트 : 언덕을 느리게 오르다가 빠르게 기어오르는 모습을 표현해 볼까?(에포트>시간>빠르기)
- 공간 : 미끄럼틀 꼭대기에 밧줄을 묶어 놓고 줄을 잡고 미끄럼틀을 걸어서 올라가 볼까?(공간>영역>개인 공간)
- 관계 : 서로 줄로 연결하여 등산하는 모습을 상상하여 표현해 볼까?(관계>사람과의 관계>공간 속에서 서로 연결되는 관계)

〈그림 3-62〉

12 구르기(rolling)

구르기는 몸의 중심을 옮기며 이동하는 동작이다. 손은 어깨 넓이로 땅을 짚고 무릎을 구부린 자세로부터 시작하여, 몸을 뒤집을 때 무게는 유아의 손과 어깨에 놓이게 되고 등은 둥글게 된다. 구르기는 몸의 균형 기능과 신체 인식 및 공간 인식을 발달시키는 데 좋은 활동이다(Skinner, 1979). 옆구르기, 앞구르기, 뒤구르기 순으로 난이도가 높아진다.

〈그림 3-63〉 구르기의 예

상상 · 표현해 보세요
• 누워서 두 팔을 쭉 뻗고 통나무가 굴러가듯이 왼쪽-오른쪽으로 움직여 보자. • 매트 위에서 두 팔을 매트 위에 대고 머리부터 발끝까지 앞쪽으로 몸을 굴려 보자. • 다양한 사물(낙엽, 솔방울, 공)이 굴러가는 모습을 표현해 볼까? • 맛있는 김밥이 되어 움직여 볼까?

[동작의 기본 요소 적용 / 발문 만들기]

▶ ____________________

- 신체 : ____________________
- 에포트 : ____________________
- 공간 : ____________________
- 관계 : ____________________

〈표 3-2〉 갈라휴의 운동 발달 단계 중 '이동 동작의 출현 시기'

동작 유형	출현 시기		동작 능력
걷기 (walking)	초기 단계	12개월	• 성인의 도움 없이 앞으로 걷는다. • 발바닥의 평평한 부분이 바닥에 닿으며, 바닥에 닿는 다리의 무릎이 굽혀졌다 곧 펴지는 동작으로 걷는다. • 목이 약간 앞으로 경사진 자세이며 걸음의 폭이 짧다. • 팔꿈치가 굽혀진 채 넓어지지 않으려는 듯 팔을 들어올린다.
	성숙 단계	17~24개월	• 옆으로, 뒤로 걷는다. • 발의 뒤꿈치(heel) 부분이 바닥에 닿으면서 몸의 중심이 옮겨지며 바닥 위에서 들어올려지는 다리의 무릎이 굽혀진다. • 앞으로 경사진 몸의 자세는 없어지며 걸음의 폭도 길어진다. • 팔은 곧게 편 자세로 신체의 양옆에서 가볍게 흔들린다.
		24~25개월	• 20개월 정도에는 성인의 도움으로 계단을 올라갈 수 있다. • 계단을 위아래로 오르내린다. 그러나 한 발씩 교대로 오르내리지는 못하고, 한 계단에 두 발을 모두 모았다가 그다음 계단으로 올라간다.
		3~4.5세	• 계단을 오를 때 한 밥에 한 계단씩 서로 다른 발을 교대로 올려놓으며 올라간다. • 계단을 내려올 때도 한 계단씩 발을 교대로 내려온다.
달리기 (running)	초기 단계	18개월	• 빠른 걸음으로 달리는 듯하나 진정한 의미의 달리기는 아니다.
		24개월~3세	• 달릴 수는 있으나 유연하지 않은 뻣뻣한 자세로 달린다. • 달리는 걸음의 폭이 짧으며 팔이 펴진 상태에서 균형을 유지하는 정도여서 팔의 움직임이 아주 적다. • 24개월까지는 달리다가 멈춰 서고 또다시 달리기 시작할 수 있으나 이 동작을 재빨리 변화시키기 어렵다. • 앞으로 내딛는 다리가 굽혀지는 정도가 아직은 낮은 수준에 머물며 무릎은 앞을 향하기보다는 양옆 바깥으로 향해 보인다.
	성숙 단계	4~5세	• 몸은 걸음으로 달리는 듯하나 진정한 의미의 달리기는 아니다. • 몸을 약간 앞으로 경사지게 하여 달릴 수 있다. • 달리는 걸음의 폭이 길어지며 팔의 동작이 달라진다. 즉, 다리와 반대 쪽의 팔이 함께 움직여지며 팔을 굽혀 팔 뒤꿈치를 어깨 정도의 높이로 올려 달릴 수 있다. • 앞으로 내딛는 다리의 무릎도 높이 올라가고 그 발의 뒤꿈치는 거의 둔부까지 올라간다. • 속도를 증가시키며 달리게 된다.

동작 유형	출현 시기		동작 능력
두 발로 모아 뛰기 (jumping)	초기 단계	18~24 개월	• 두 발로 모아 뛰기 동작이 가능하지만 자주 넘어진다.
	성숙 단계	30~36 개월	• 뛰어내리는 동작을 보면 몸을 앞으로 약간 내밀고 팔을 뒤로 했다가 뛰어오르며 두 팔을 위로 올리지만 몸은 쭉 펴지지 않는 상태에서 무릎은 약간 굽히고 한 발을 먼저 바닥에 착지한다. • 높이 뛰는 동작을 할 때도 팔을 올리며 두 발 모아 뛰기를 하지만 곧게 펴지지 않고 둔부와 무릎도 굽혀지며 약간 앞으로 경사진 상태로 한 발 먼저 착지하며 내려온다. • 위와 유사한 자세로 약 30cm 정도 앞으로 멀리뛰기를 한다.
		4~5세	• 뛰어내리는 동작을 준비하기 위해 몸을 웅크리고 팔을 앞뒤로 흔든다. 팔을 힘껏 흔들고 두 발을 모아 뛰어오르고 공중에서 몸을 쭉 편 채 굽혔던 무릎을 펴서 앞으로 뛰어내리는데 두 발을 모아 착지할 수 있다. • 높이 뛰는 동작에서도 더 높이 뛰려는 준비 자세로 무릎, 엉덩이를 굽혀 발목 가까이 웅크린 채 있다가 모든 신체를 위로 힘껏 편 자세로 몸을 올렸다가 두 발을 모아 착지할 수 있게 된다.
앙감질 (hopping)	초기 단계	3세	• 편한 발로 아주 짧게 3번 정도 앙감질한다.
		4세	• 같은 발로 4~6번 앙감질한다. 익숙하지 않은 발로도 앙감질이 가능하다.
	성숙 단계	5세	• 같은 발로 8~10번 앙감질한다. • 약 11초 동안 15cm 거리를 앙감질한다.
		6세	• 리듬의 변형에 맞추어 능숙하게 앙감질한다.
말뛰기 (galloping)	초기 단계	3세	• 성인의 말뛰기 동작을 유사하게 모방한다.
		4세	• 기초적이고 서투른 말뛰기 동작을 한다.
	성숙 단계	6세	• 말뛰기 같은 규칙적 리듬의 동작을 보다 성숙된 동작으로 할 수 있다.
두 발 번갈아 뛰기 (skipping)	초기 단계	4세	• 한 발로 두 발 번갈아 뛰기를 한다. • 한쪽 옆으로만 두 발 번갈아 뛰기를 하게 된다.
	성숙 단계	5세	• 서로 발이 엇갈리게 두 발 번갈아 뛰기를 할 수 있으나 성숙된 동작을 나타내는 유아들의 수가 적다.
		6세	• 두 발 번갈아 뛰기 동작을 지속할 수 있다.

출처 : Curtis(1982); Gallahue(1976): 이 영(1993). pp. 54-60, 재인용.

(3) 조작적 동작(manipulative movement)

조작적 동작은 신체의 대근육 활동과 물체와의 관계에서 일어나는 동작을 말한다. 즉, 손과 발을 이용하여 물체를 이동시키는 활동을 말한다. 조작적 동작은 물체와의 관계에서 힘을 가하는 추진 동작과 물체로부터 힘을 흡수하는 흡수 동작으로 구분한다. 추진 동작으로는 던지기, 차기, 치기, 공 튀기기, 굴리기, 공 되받아 치기가 속하며, 흡수 동작으로는 잡기, 튀긴 공 잡기, 들기 등이 있다. 조작적 동작은 눈과 눈, 눈과 발의 협응력을 향상시킨다(Brown, Sutterby, Therrell & Thornton, 2001). 또한 신체와 사물과의 관계 이해와 사물이 움직이는 경로에 대한 이해를 돕는다. 조작적 동작이 효율적으로 이루어지기 위해서는 이동 동작과 비이동 동작이 기초가 되어야 하며 추진 동작과 흡수 동작으로 구분하여 살펴본다.

■ 추진 동작

1 던지기(throwing)

던지기는 팔과 손을 이용하여 물체를 공중으로 멀리 날려 보내는 동작이다. 정확성보다는 던지는 동작에 익숙해지는 것에 초점을 가지며, 던지기는 사물을 신체 부분으로 조절하면서 협응력을 기른다.

〈그림 3-64〉 던지기의 예

상상 · 표현해 보세요
• 앉아서(서서) 두 손으로 공을 던져 큰 바구니에 넣어 보자. • 콩 주머니를 던져 벽을 맞혀 볼까? • 가벼운(무거운) 돌멩이를 연못에 던져 보자. • 손바닥(손가락)으로 사물을 던져 보자. • 스카프를 높이 던져 볼까? 부메랑을 멀리 던져 볼까? • 친구와 짝이 되어 공을 던지고 받아 보자.

[동작의 기본 요소 적용 / 발문]

▶ 사물을 던져 보기

- 신체 : 손바닥으로 공을 던져 볼까?(신체〉신체 부분, 조작적 동작〉던지기)
- 에포트: 무거운 물건을 던지는 모습을 표현해 볼까?(에포트〉힘)
- 공간 : 스카프를 훌라후프 안에서 높이 던져 볼까?(에포트〉높낮이〉개인 공간)
- 관계 : 친구와 짝이 되어 공을 던지고 받아 볼까?(관계〉사람과의 관계〉 동작의 유사성 관계, 사물과의 관계〉공)

〈그림 3-65〉

2 차기(kicking)

차기는 발과 다리로 물체에 힘을 가하는 동작이다. 이 동작은 눈과 발의 협응, 신체조절, 다리에 힘과 균형 감각 및 방향의 정확성이 요구되는 동작이다. 초보 단계인 멈춰 선 상태에서 발로 차기를 시작으로, 힘을 가하기 위해 몸을 약간 뒤로 젖히는 동작으로 발전하고, 그런 다음 힘을 가하기 위해 차지 않는 쪽 다리의 무릎을 굽히며 차는 다리를 뒤로 굽혔다 앞으로 뻗는 능숙한 동작이 발달된다.

〈그림 3-66〉 차기의 예

상상 · 표현해 보세요
• 강하게(약하게) 공을 차 보자. • 가볍고 말랑말랑한 공으로부터 점차 무게 있고 딱딱한 공을 차 보자. • 무릎을 굽히지 말고 공을 차 보자. • 무릎을 굽히고 공을 차 보자. • 공을 차서 표적을 맞추거나 골대에 공이 들어가도록 차 볼까? • 축구장이라고 상상하고 달려와서 공을 발로 차 볼까?

[동작의 기본 요소 적용 / 발문 만들기]

▶ ______________________

• 신체 : ______________________

• 에포트 : ______________________

• 공간 : ______________________

• 관계 : ______________________

3 치기(hitting)

치기는 도구를 사용하여 물체를 부딪히게 하는 동작으로 눈과 손의 협응력이 필요하다. 또한 힘과 속도 조절이 요구된다. 야구, 테니스, 배드민턴, 골프 등과 같은 활동에서 특별한 기술로 발달될 수 있다.

〈그림 3-67〉 치기의 예

상상 · 표현해 보세요
• 매달려 있는 풍선을 쳐 보자. • 움직이는 풍선을 손으로 받아쳐 보자. • 도구를 이용하여 굴러오는 스폰지 공을 쳐 볼까? • 유아용 라켓 위에 소프트 공을 올려놓고 공이 위로 튀어 오르도록 쳐 볼까? • 신문지 막대를 야구 방망이라고 생각하고 날아오는 공을 쳐 볼까?

[동작의 기본 요소 적용 / 발문]

▶ 움직이는 풍선을 손으로 받아치기

- 신체 : 움직이는 풍선을 손바닥으로 받아치기 해 볼까?(신체>신체 부분, 조작적 동작>치기)
- 에포트 : 매달려 있는 풍선을 힘껏 쳐 볼까?(에포트>힘)
- 공간 : 앉아서(무릎을 꿇은 채로) 던져 준 풍선을 두 팔로 쳐 볼까?(공간>높낮이>개인 공간)
- 관계 : 유아용 라켓으로 풍선을 위로 튀어 오르도록 쳐 볼까?(관계>사물과의 관계>풍선)

〈그림 3-68〉

4 튀기기(bouncing)

튀기기는 한 손이나 양손을 이용하여 공과 같은 물체를 아래쪽(바닥)으로 향해 반복적으로 미는 동작이다. 배구에서 사용되는 기술인 드리블링(dribbling)으로 발전한다.

〈그림 3-69〉 튀기기의 예

상상 · 표현해 보세요
• 두 손으로 공을 바닥에 튀겼다가 잡아 보자. • 오른손으로 공을 바닥에 튀겨 보자. 손을 바꾸어 왼손으로 공을 바닥에 튀겨 보자. • 친구와 함께 공을 튀겨 받아 볼까? • 걸으면서 공을 튀겨 볼까?

[동작의 기본 요소 적용 / 발문 만들기]

▶ ____________________

• 신체 : ____________________
• 에포트 : ____________________
• 공간 : ____________________
• 관계 : ____________________

5 굴리기(rolling)

굴리기는 던지기와 유사하게 손을 사용하여 멀리 보내는 동작이다. 다만, 던지기와 다른 점은 공중으로 사물을 보내는 것이 아니라, 바닥 위에서 공에 힘을 가하여 멀리 보내는 동작이다. 영유아에 따라 공의 크기를 조절한다.

〈그림 3-70〉 굴리기의 예

상상 · 표현해 보세요
• 벽을 향해 다양한 크기의 공을 굴려 보자. • 두 다리를 펴고 앉아서 공을 앞으로 굴려 보자. • 눈사람을 만들기 위해 눈을 굴리는 모습을 표현해 볼까? • 바닥에 다리를 뻗고 앉아서 몸 둘레로 공을 굴려 볼까? • 공을 굴려서 볼링핀을 맞춰 보자. • 경사면에서 공을 아래로 굴려 보자. • 큰 공을 두 명이 함께 굴려 보자.

[동작의 기본 요소 적용 / 발문]

▶ 친구와 마주 앉아 공을 친구에게 굴려 보기

- 신체 : 친구와 마주 앉아 공을 친구에게 굴려 볼까?(신체〉조작적 동작〉굴리기)
- 에포트: 친구와 마주 앉아 빠르게, 느리게 공을 굴려 볼까?(에포트〉시간〉빠르기)
- 공간 : 친구와 가깝게 마주 앉아 또는 멀리 마주 앉아 공을 친구에게 굴려 볼까?(공간〉범위)
- 관계 : 친구와 마주 앉아 다양한 공을 친구에게 굴려 볼까?(관계〉사물과의 관계〉공)

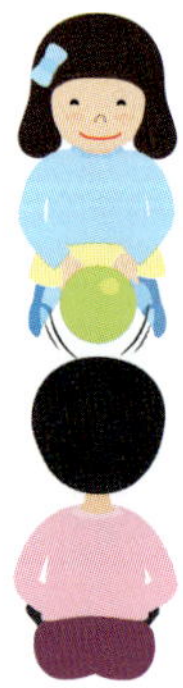

〈그림 3-71〉

6 공 되받아 치기(volleying)

공 되받아 치기는 손을 어깨 위로 올려서 치는 쳐내기(striking)의 한 형태로서 농구나 배구에서 사용되는 동작이다. 공이 지면 위에 떨어지기 전에 받아치는 것으로 시각적으로 공을 계속 추적하는 기술이 필요하다. 영유아는 풍선이나 비치볼로 사용해 보도록 한다.

〈그림 3-72〉 공 되받아 치기의 예

상상 · 표현해 보세요

- 공중에 떠있는 풍선을 두 손으로 위를 향하여 계속 쳐 볼까?
- 유아가 다른 유아에게 공을 두 손으로 던지면 두 손으로 되받아 쳐서 상대 유아에게 보내기
- 긴 고무줄을 매어 놓고, 중간에 풍선을 매달아 놓은 후, 두 명의 유아가 마주 앉아 풍선을 교대로 쳐 보기
- 배구 네트를 낮게 조정해 주어 풍선을 상대편 네트로 넘기면 상대편 유아가 되받아 쳐서 다시 넘겨 보기

[동작의 기본 요소 적용 / 발문 만들기]

▶ ______________________________

- 신체 : ______________________________
- 에포트 : ______________________________
- 공간 : ______________________________
- 관계 : ______________________________

7 밀기(pushing)

밀기는 자신의 몸으로부터 사람이나 물체를 멀리 떨어지도록 한 곳에서 다른 곳으로 움직이게 하는 동작이다. 당기기에 반대되는 동작으로 팔을 구부려 힘을 주었다가 뻗는 것이다. 걸을 수 있는 영유아들은 걸으면서 물체를 밀거나 당기는 동작을 즐긴다. 걸음마기 영아들에게 밀거나 당기는 놀잇감을 제공해 주면, 밀고 당기기 동작뿐만 아니라 걷기 연습을 할 수 있는 기회를 제공해 줄 수 있다.

〈그림 3-73〉 밀기의 예

상상 · 표현해 보세요
•그네를 밀어주는 것처럼 표현해 볼까? •유모차를 밀 듯 표현해 볼까? •진흙에 빠진 차를 밀 듯 표현해 볼까? •마트에서 카트를 미는 것을 표현해 볼까? •친구들과 몸으로 밀어 볼까?

[동작의 기본 요소 적용 / 발문]

▶ 진흙에 빠진 차를 밀 듯 표현해 보기

- 신체 : 양손으로 진흙에 빠진 차를 밀 듯 표현해 볼까?(신체〉신체 부분, 조작적 동작〉밀기)
- 에포트 : 진흙에 빠진 차가 순간 빠져나가는 모습을 표현해 볼까?(에포트〉리듬)
- 공간 : 진흙에 빠진 차가 움직이지 못하고, 바퀴만 돌아가는 모습을 표현해 볼까?(공간〉흐름)
- 관계 : 친구와 진흙에 빠진 차를 견인차가 도와주는 모습을 상상하며 훌라후프로 표현해 볼까?(관계〉사람과의 관계, 사물과의 관계〉훌라후프)

■ 흡수 동작

1 잡기(catching)

잡기는 손을 이용해서 날아가거나 굴러가는 움직이는 물체를 받아 내는 동작이다. 잡기는 사물의 움직임을 관찰하고, 시·지각의 능력이 요구되기에 영유아들은 잡기 능력보다 던지기 능력이 더 일찍 발달하게 된다. 잡기는 밑에서 잡기(underhand)와 위에서 잡기(overhand)로 구분한다.

〈그림 3-74〉 잡기의 예

상상 · 표현해 보세요
• 스카프를 공중으로 높이 던지고 받기를 해 보자. • 바닥에서 튀어 오르는 공을 잡아 보자. • 서서 또는 달려가면서 공을 잡아 보자. • 튀어 오르는 공을 잡아 볼까? • 야구에서 던진 야구공을 포수가 잡는 모습을 표현해 볼까? • 축구에서 오른쪽으로 날아오는 축구공을 골키퍼가 잡는 모습을 표현해 볼까?

[동작의 기본 요소 적용 / 발문]

▶ 튀어 오르는 공을 잡아 보기

- 신체 : 공중으로 올려 친 풍선을 잡아 볼까?(신체〉신체 부분, 조작적 동작〉잡기)
- 에포트 : 가볍게 땅에 떨어지는 풍선의 모습을 몸으로 표현해 볼까?(에포트〉힘)
- 공간 : 친구와 가깝게 또는 멀리 마주 앉아 공을 친구에게 굴려 잡아 볼까?(공간〉범위)
- 관계 : 하늘에 떠다니는 비눗방울을 잡는 모습을 풍선으로 표현해 볼까?(관계〉사물과의 관계〉풍선)

〈그림 3-75〉

2 들어올리기(lifting)

들어올리기는 물체를 낮은 수준에서 높은 수준으로(무릎 사용) 또는 한 장소에서 다른 장소로 옮기는 동작이다. 들어올리기가 물체의 운반까지 요구하는 경우에는 이동 동작이 될 수 있다.

〈그림 3-76〉 들어올리기의 예

상상 · 표현해 보세요
•가벼운 물건을 두 손(한 손)으로 들어올려 보는 모습을 표현해 볼까? •큰 공을 들어올리는 모습을 표현해 볼까? •친구들과 함께 아주 무거운 물건을 힘주어 들어올리는 모습을 표현해 볼까? •음률 영역에 놓여있는 북을 역할 영역으로 옮겨 놓는 모습을 표현해 볼까?

[동작의 기본 요소 적용 / 발문 만들기]

▶ ______________________________

• 신체 : ______________________________

• 에포트 : ______________________________

• 공간 : ______________________________

• 관계 : ______________________________

3 당기기(pulling)

당기기는 자신의 몸을 향해 사람이나 물체를 끌어 움직이는 동작이다. 팔을 쭉 뻗었다가 팔꿈치를 구부리며 끌어 움직이는 동작이다.

〈그림 3-77〉 당기기의 예

상상 · 표현해 보세요
• 한 손(양 손)으로 줄을 당겨 보자. • 굵은 밧줄을 당기는 것처럼 표현해 볼까? • 훌라후프(수건)를 당겨 볼까? • 경쾌한 음악에 맞추어 줄을 빠르게 당겨 볼까? • 일정한 신호에 맞추어 줄을 세게 잡아당기는 모습을 표현해 볼까?

[동작의 기본 요소 적용 / 발문]

▶ 일정한 신호에 맞추어 줄을 세게 잡아 당기는 모습 표현하기

- 신체 : 줄다리기를 하는 모습을 표현해 볼까?(신체〉조작적 동작〉 당기기)
- 에포트 : 일정한 신호에 맞추어 줄을 세게 잡아 당기는 모습을 표현해 볼까?(에포트〉힘〉세게, 시간〉리듬)
- 공간 : 줄다리기 운동에서 앞으로 허리를 굽혔다가 줄을 당길 때 허리를 활짝 펴는 동작을 표현해 볼까?(공간〉범위)
- 관계 : 친구와 함께 밧줄을 마주 잡고 당겨 줄다리기를 표현해 볼까?(관계〉사물과의 관계〉 밧줄)

〈그림 3-78〉

〈표 3-3〉 갈라휴의 운동 발달 단계 중 '조작적 동작의 출현 시기'

동작 유형	출현 시기		동작 능력
던지기 (throwing)	초기 단계	2~3세	• 발을 고정시키고 손에 든 공을 귀 가까이에 올려 팔을 뻗친 자세로 내던진다. 이때는 한 발을 내딛지 않으며 몸통이 돌려지지 않는다.
		3~5세	• 공 든 손을 머리 뒤까지 젖혔다가 던지는데, 이때에도 발을 내놓지는 못하지만 던지는 팔과 반대 측면으로 몸통을 돌린다.
		5~6세	• 팔 동작과 몸통 회전은 윗 단계(3~5세)와 같고 공을 던지는 팔과 같은 쪽의 다리를 앞으로 내디디며 던진다.
	성숙 단계	6세	• 던지는 동작이 시작되면서 몸의 무게는 공을 든 쪽으로 옮겨진다. • 팔을 들어 머리 뒤로 올린다. • 던지는 팔과 반대편 쪽의 다리를 앞으로 내디디며 몸무게를 옮긴다. • 몸통은 던지는 쪽과 반대쪽으로 돌려진다. • 팔과 손목을 사용하여 낚싯줄 던지듯 공을 멀리 던질 수 있다.

<table>
<tr><th>동작 유형</th><th colspan="2">출현 시기</th><th>동작 능력</th></tr>
<tr><td rowspan="6">받기
(catching)</td><td rowspan="2">초기
단계</td><td>2~3
세</td><td>• 공중에서 날아오는 공에 반응을 못하고 팔 동작의 반응이 늦다.
• 손바닥을 위로 향한 채 몸의 바로 앞에 떨어지는 공을 팔을 쭉 편 상태에서 잡으려 한다.
• 공이 팔에 닿은 팔꿈치를 굽힌다.
• 가슴으로 껴안듯이 공을 받으려 하며 공이 날아오면 두려움의 반응으로 머리를 돌리거나 뒤로 젖힌다.
• 팔꿈치를 가볍게 굽히고 팔을 앞으로 한다.</td></tr>
<tr><td>4세</td><td>• 공이 다가오면 가슴 쪽으로 두 팔을 둥글게 하여 잡을 수 있으나 마치 로봇 동작 같다.</td></tr>
<tr><td rowspan="4">성숙
단계</td><td>5세</td><td>• 가슴에 의지하지 않고 손으로 공을 받으려 한다.</td></tr>
<tr><td>6세</td><td>• 날아온 공을 가로채려는 듯한 손 동작을 한다.
• 손을 움직여 날아오는 공을 통제하여 잡을 수 있다. 이때 날아오는 공의 힘을 제어하기 위해 엉덩이와 무릎을 굽힌다.</td></tr>
<tr><td>7세</td><td>• 공이 오는 방향 쪽으로 몸을 움직이며 공을 잡게 된다.</td></tr>
<tr><td>8세</td><td>• 달려가며 공을 잡을 수 있다.</td></tr>
<tr><td rowspan="4">차기
(kicking)</td><td rowspan="3">초기
단계</td><td>2~3
세</td><td>• 다리를 곧게 펴고 앞을 향해 공을 차지만 다른 신체 부분이 함께 움직이지 않는다.</td></tr>
<tr><td>3~4
세</td><td>• 공을 차기 위한 준비 자세로 공을 차는 다리를 낮게 들어올리고 뒤로 가져간다.</td></tr>
<tr><td>4~5
세</td><td>• 무릎을 굽혀 보다 높게 다리를 올리고 뒤로 가져간다.
• 흔들리는(swing) 폭이 더욱 커지고 팔은 반대 방향으로 움직이며 균형을 잡는다.</td></tr>
<tr><td>성숙
단계</td><td>5세</td><td>• 다리는 보다 더 큰 폭으로 움직인다.
• 공이 닿는 다리를 흔들다 무릎을 곧게 편다.
• 팔도 함께 뒤로 가져간다거나 몸통을 굽히는 등 다른 신체 부위의 동작도 함께 따른다.
• 공을 차기 위해 공 뒤로 약간 멀리 서며 공을 찬다.
• 구르는 공을 찰 수 있다.</td></tr>
</table>

출처 : Curtis(1982); Gallahue(1976): 이 영(1993). pp. 54-60, 재인용.

3) 동작 관찰일기

'관찰'이란 어떤 대상이나 현상을 자세히 살펴보는 것을 의미하며, '일기'란 개인이 일상에서 체험하는 경험, 생각, 감상 등을 기록하는 것이다. 동작 관찰일기는 동작 활동을 이끄는 동작교육의 기본 요소와 기본 동작을 영유아의 끊임없는 움직임에서 발견하여 기록한다. 동작 관찰기록을 위해 동작교육에 대한 교사의 지식 수준은 동작교육 활동에 대한 자기 효능감에서 중요한 변인이다. 특히 영유아의 발달 수준과 흥미에 따라 무엇을 어떻게 지도해야 할지와 같은 동작교육에 대한 내용과 교수법에 관한 지식은 자율성이 보장되고 통합교육을 지향하는 영유아교육에서 필히 요구된다. '움직임'을 교육 내용으로 삼아 영유아가 스스로 자신의 신체를 인식하게 하고, 움직임에 영향을 주는 에포트, 공간, 관계와 같은 동작교육의 기본 요소와 기본 동작에 대한 교사의 지식은 영유아의 운동 능력과 창의적 신체표현력을 향상시킬 수 있다. 이를 통해 신체조절 능력을 발달시키고 나아가 긍정적 자아 개념과 의사 전달 능력을 향상시키는 중요한 계기가 된다.

동작 관찰일기는 영유아의 연령과 환경에 따라 관찰 시간은 다르지만, 최소한 3~5분으로 움직임을 상세히 기록한다. 이때, 동작교육의 기본 요소와 기본 동작이 발견될 것이다. 이러한 관찰을 시작으로 영유아의 움직임을 탐색·파악하고, 교사는 단순한 움직임에 대해 동작교육의 기본 요소를 활용한 다양한 발문을 영유아에게 제시하여 창의적 신체표현을 통한 창의성 발달을 이끌어 낼 수 있다. 또한 동작 관찰일기는 반성적 자기 성찰(저널)의 시간을 가지게 한다. 반성적 자기 성찰은 예비 영유아교사가 동작교육에 대한 자신의 생각, 관점의 변화, 새롭게 알게 된 점, 문제 해결 과정에서의 반성 등을 자유로운 방법으로 기술한다. 이러한 과정을 통해 예비 영유아교사로서 동작교육에 대한 지식 인식에 의한 자기 효능감을 갖고, 영유아의 신체 발달·건강뿐만 아니라 관찰 시 나타나는 움직임의 특성, 영유아의 말, 다양한 몸짓, 표정 등에서 영유아의 특성과 변화 정도를 분석하여 삶을 존중하여 전인적인 발달을 도모할 수 있다.

〈표 3-4〉 영유아 동작 관찰일기

<table>
<tr><td>대상자 이름</td><td></td><td>성별</td><td></td><td>생년월일(개월)</td><td></td></tr>
<tr><td>기록자</td><td colspan="2"></td><td>관찰일</td><td colspan="2"></td></tr>
<tr><td>관찰 장소</td><td colspan="2"></td><td>관찰 시간</td><td colspan="2"></td></tr>
<tr><td></td><td colspan="5">관찰 내용</td></tr>
<tr><td>동작 활동 기록 및 분석 (동작의 기본 요소 및 기본 동작)</td><td colspan="5"></td></tr>
<tr><td>자기 성찰 (저널 작성)</td><td colspan="5"></td></tr>
</table>

무엇을 관찰해야 할지, 어떻게 기록해야 하는지 예시(〈표 3-5〉, 〈표 3-6〉, 〈표 3-7〉)를 살펴보면 다음과 같다.

〈표 3-5〉 관찰 및 기록 예시①

	관찰 내용
동작 활동 기록 및 분석	…… 지안이가 바닥에 붙어 있는 테이프를 보고 선을 따라서 걷기 시작했다.(공간〉 경로〉 직선, 이동 동작〉 걷기) 테이프를 끝까지 걸은 후 그 앞에 있는 테이프까지 거북이처럼 기어갔다.(에포트〉 시간〉 속도, 이동 동작〉 기어가기) 앞에 있던 친구와 원래 있던 곳까지 누가 먼저 가나 달리기 시합을 했다.(에포트〉 시간〉 속도, 이동 동작〉 달리기) 달리기가 끝난 후에는 서로 기대어 앉아서 쉬었다.(관계〉 사람과의 관계〉 동작의 유사성 관계, 비이동 동작〉 앉기) …… (중략)
자기 성찰	평소에는 그냥 지나갔던 유아들의 행동들이 동작의 기본 요소, 기본 동작과 관련이 있다는 것을 새롭게 알게 되었다. 또한 유아들을 유심히 관찰해 보니 유아들은 스스로 다양하게 신체를 활용하여 동작을 표현하고 있으며 스스로 신체를 조절하는 능력을 발달시키고 있었다. 이번 관찰일기를 통해 유아들 스스로 동작을 발견하고 응용하는 것도 좋지만 교사의 발산적 발문이 함께 주어진다면 유아들의 창의적이고 더욱더 다양한 움직임을 표현하는 것에 있어 도움이 될 것 같다는 생각이 들었다.

출처 : 2학년 조○○.

〈표 3-6〉 관찰 및 기록 예시②

	관찰 내용
동작 활동 기록 및 분석	…… 앉은 자세로 친구들과 함께 코퍼밴드를 잡고 머리 위로 팔을 쭉 뻗어 올렸다가 내리기를 반복한다.(기본 요소〉 관계〉 사람과의 관계〉 공간 속에서 서로 연결되는 관계, 기본 요소〉 관계〉 사물과의 관계〉 코퍼밴드, 기본 동작〉 비이동 동작〉 뻗기, 구부리기, 앉기) 그 이후 팔을 위아래로 흔들거리면서 파도 모양을 만든다.(기본 요소〉 공간〉 방향〉 위아래, 기본 동작〉 비이동 동작〉 흔들기) 다음엔 코퍼밴드를 자신의 앞뒤로 밀고 당기며 그 동작을 반복한다.(기본 동작〉 조작적 동작〉 당기기) 하나, 둘, 셋 구령에 맞춰 동시에 모두 뒤로 누워 꽃이 활짝 피어난 모양을 만든다.(기본 요소〉 공간〉 높낮이〉 낮은 수준) 그 상태에서 코퍼밴드를 발목에 걸치고 다리를 위로 올려서 조금 더 큰 꽃 모양을 만든다.(공간〉 높낮이〉 중간 수준) 선 자세로 친구들과 함께 코퍼밴드를 잡고 뒤로 물러났다가 앞으로 다가가는 동작을 반복한다.(기본 동작〉 이동 동작〉 걷기) 그 이후에 모두 코퍼밴드 안으로 들어가서 안쪽에서 코퍼밴드를 잡고 친구들과 최대한 멀리 떨어졌다가 다시 뒷걸음을 통해 가까이 다가간다.(기본 동작〉 이동 동작〉 걷기) 다음에는 코퍼밴드 안쪽에서 한 줄 기차 모양을 만들어서 앞쪽으로 이동한다.(기본 요소〉 관계〉 사람과의 관계〉 공간 속에서 서로 연결되는 관계, 기본 동작〉 이동 동작〉 걷기) 서서 친구와 함께 코퍼밴드의 양쪽 끝을 마주 잡고 각자 자신이 있는 쪽으로 팔을 쭉 뻗어 당긴다.(기본 동작〉 비이동 동작〉 뻗기) …… (중략)

자기 성찰 (저널 작성)	동작의 기본 요소와 기본 동작을 정확히 인식한 후에 유아 동작 활동을 관찰하면서 그동안 제가 해 왔던 동작 관찰을 되돌아 볼 수 있었습니다. 동작교육 내용이 이렇게나 다양하다는 것을 처음 알았고, 앞으로는 다양한 동작 요소를 수업에 적극적으로 활용하여 더 의미 있는 동작 활동이 될 수 있도록 해야겠다고 다짐할 수 있었습니다. 유아들이 흥미롭게 신체 표현 활동을 하기 위해서는 교사의 창의적인 발문 제시가 중요하다고 느꼈으며 평소에 주위 자연에서 느껴지는 움직임에 관심을 갖고 관찰하여 수업에 어떻게 적용할 수 있을지에 대해 고민하는 시간을 가지면 좋을 것 같습니다.

출처 : 2학년 김○○.

〈표 3-7〉 관찰 및 기록 예시③

	관찰 내용
동작 활동 기록 및 분석	…… 담이는 놀이터에 들어가자 마자 달려가 정글짐 놀이 기구가 있는 곳으로 빠르게 달려간다.(에포트〉 시간, 이동 동작〉 달리기) 놀이기구에 도착하자 담이는 놀이기구에 달려 있는 손잡이를 잡고 대롱대롱 매달려서 앞, 뒤로 움직인다.(관계〉 사물과의 관계, 비이동 동작〉 뻗기, 흔들거리기, 조작적 동작〉 당기기) 다리를 쭉 펴고 놀이터를 바라본 후에 아래를 보며 손잡이를 잡고 계단에서 내려온다.(비이동 동작〉 구부리기) 이어 신나는 듯 스키핑 동작을 하며 미끄럼틀을 향해 달려간다.(이동동작〉 스키핑, 달리기) 미끄럼틀에서 내려와 몸을 숙여 출구를 빠져나와 몸을 펴서 스키핑 동작을 하며 그물 계단이 있는 곳으로 달려간다.(신체〉 신체 모양, 이동 동작〉 스키핑, 달리기) 그물 계단에 도착하여 줄을 잡고 다리를 꼬아 줄에 매달린다.(비이동 동작〉 꼬기) 중심을 잡고 오른발을 반대쪽으로 넘겨 다리를 발 놓는 곳에 올린 후 앞, 뒤로 흔들며 말 모형 놀이 기구를 탄다.(관계〉 사물과의 관계〉 놀이 기구, 비이동 동작〉 균형 잡기, 흔들거리기) 이후 왼발을 바닥에 내려놓고 손잡이를 잡고 오른발을 위로 올려 놀이 기구에서 일어난다.(비이동 동작〉 균형 잡기) 일어난 후 잠시 걷다가 다시 스키핑 동작으로 달려간다.(이동 동작〉 걷기, 스키핑) 놀이터 옆의 공간으로 들어가서 창틀 같은 곳에 몸을 기댄 뒤 발을 꼬고 오른발을 까치발로 든다.(공간〉 개인 공간, 비이동 동작〉 꼬기, 발끝으로 걷기) 이후 위, 아래로 뛰며 "오~"라는 소리를 낸다. 다시 그물 계단이 있는 곳으로 이동하여 그물 줄을 손으로 잡고 밀고 당기며 "예에에~"라고 말한다.(이동 동작〉 점핑, 걷기, 조작적 동작〉 밀기, 당기기) …… (중략)

자기 성찰 (저널 작성)	저는 동작교육을 배우면서 우리가 행동하는 동작 속에는 많은 기본 요소와 동작이 들어 있다는 것을 알게 되었습니다. 동작 관찰일기를 쓰면서 유아의 동작을 관찰하였고 많은 동작들에서 하나의 요소만이 나오는 것이 아닌 다양한 기본 요소와 동작이 표현되는 것을 보고 신기했습니다. 예전에 동작교육을 배우기 전에는 동작이 단순한 하나의 행동으로만 생각했었는데 동작교육을 배우고 난 후에는 동작 하나 하나가 다양한 기본 요소와 동작이 합쳐져 있다고 생각하고 보니 동작에 대해서 더 관찰을 세세하게 잘 할 수 있을 것 같다고 생각했습니다. 저는 동작교육이 단순히 영유아의 신체 발달을 위한 신체표현을 넘어서 유아의 전인적 발달과 창의성 증진에도 도움을 주는 교육이라고 생각합니다. 동작을 영유아가 해 보면서 다양한 신체를 스스로 움직이고 조작하며 신체 발달을 이룰 수 있고, 친구들과 함께 다양한 동작을 함께 의사소통을 하다 보면 언어 발달을 이룰 수 있고, 친구의 의견을 존중하고 상호작용하며 사회성 발달에도 도움을 줄 수 있을 것이라고 생각하였습니다. 또한 자신이 직접 생각하고 움직여 만든 동작은 영유아에게 자기 효능감과 자신감을 줄 수 있다고 생각합니다. 이를 통해 정서에도 긍정적 영향을 미칠 것이라고 생각합니다. 창의성 또한 고정관념, 편견 등이 성인에 비해 적은 영유아기에 발달할 수 있는 적절한 시기라고 생각합니다. 그러기 위해서는 영유아에게 동작을 지시하는 것이 아닌 영유아의 생각대로 자유롭고 다양하게 표현할 수 있도록 환경을 제공해 주고 영유아가 만든 동작에 칭찬과 격려를 해 주는 지지자 역할이 유아교사가 해야 할 역할이라고 생각합니다. 저는 동작교육에서 동작의 기본 요소와 기본 동작을 배웠고 동작교육이 영유아에게 전인적 발달과 창의성 증진이라는 긍정적 영향을 미친다는 사실을 알게 되었기에 현장에서도 영유아에게 이에 맞는 자유롭고 다양하게 신체로 자신이 생각한 것을 표현할 수 있도록 교육하여 영유아가 틀에 갇힌 생각을 하는 것이 아닌 창의적으로 생각할 수 있도록 교육해야겠다고 느꼈습니다. 따라서 동작교육의 이론을 배우고 동작 관찰일기를 통해 영유아의 동작을 관찰하고 이를 분석해 봄으로써 동작교육이 영유아기에 왜 필요한지 필요성과 중요성에 대해 새롭게 느꼈고 알게 되어서 의미있는 경험이었다고 생각합니다.

출처 : 2학년 박○○.

2. 동작교육의 응용 영역

동작교육의 응용 영역은 리듬 동작과 표현 동작으로 나누어 볼 수 있다. 리듬 동작에는 리듬 놀이(손유희), 리듬 운동(율동), 리듬 체조 등이 속하며, 표현 동작에는 창의적 신체표현, 동극, 무용(전통 무용, 창작 무용) 등이 포함된다. 유아가 리듬 동작과 표현 동작과 같은 조직화되고 전문화된 동작을 수행하기 위해서는 동작교육의 기초 영역에 해당하는 기본 요소와 기본 동작이 적절히 결합할 수 있는 능력이 필요하며 이때 사용되는 교사의 다양한 발문은 유아의 창의적 사고를 돕는 방법이 될 수 있다. 동작교육의 응용 영역의 내용을 정리하면 다음 〈그림 3-79〉와 같다.

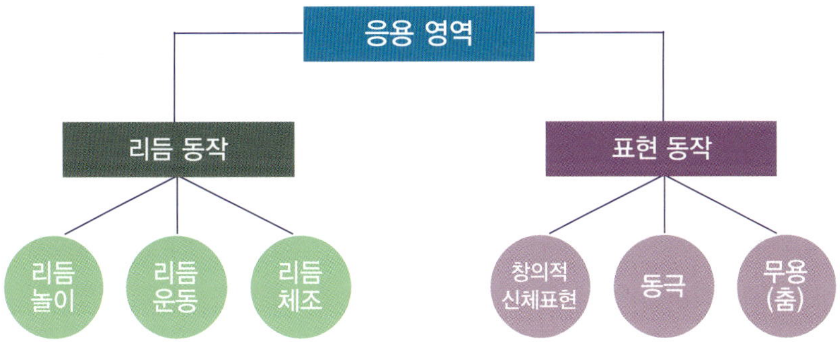

〈그림 3-79〉 동작교육 응용 영역 범위

1) 리듬 동작

리듬 동작이란 음악 리듬과 신체 리듬이 함께 이루어지는 활동이다. 리듬은 멜로디, 화성과 함께 음악의 3요소로 음악의 맥을 이룬다. 모든 인간은 태내기 때 겪었던 심장 박동의 경험을 토대로 자신만의 고유한 리듬 감각을 갖게 되는데, 이러한 리듬은 개인의 삶 전체의 영향을 미치며 자신만의 개성을 표현할 수 있는 기초가 된다(Conell & McCarthy, 2012/2015). 리듬의 구체적인 음악적 개념은 박(beat), 박자(meter), 장단(duration), 리듬 패턴(rhythm patten), 빠르기(tempo)(Haines & Gerber, 1996)로 구성되며 리듬은 멜로디나 하모니보다 감각적이므로 영유아들에게 흥미를 줄 수 있다. 이러한 리듬은 동작의 기본 요소 중 에포트(effort)의 하위 요소 '시간'과 관련이 있다. 그러므로 리듬을 활용한 동작 활동은 일상생활의 많은 시간을 기관에서 보내며 스트레스를 겪는 영유아가 즐겁게 움직임을 경험하도록 하는 매우 적합한 활동이라 할 수 있다. 또한 리듬은 음악에 맞추어 동작을 표현하는 즉, 보이지 않는 소리를 보이는 소리로 나타내므로 새로운 동작을 창조하게 하는 달크로즈(Dalcroze)의 유리드믹스(Eurythmic)와도 밀접한 관련이 있다. 크게 구조화와 신체의 활용 범위 정도에 따라 리듬 놀이, 리듬 운동, 리듬 체조로 나뉜다.

(1) 리듬 놀이-손유희(Finger plays)

리듬 놀이의 대표적 활동은 '손유희'이다. 손유희는 영유아가 노랫말에 맞춰 적합한 손동작을 하는 리듬 동작 활동으로 주로 교사의 시범이나 지시에 따라 정해진 동작표현을 한다. 창의적인 표현을 이끌어 낼 수는 없으나 전이 활동과 주의집중을 위해서 많이 활용된다.

손유희는 정형적인 구조적 리듬 동작으로 교육적 효과는 다음과 같다. 첫째, 모방하는 행동을 즐기는 영유아에게 동작에 대한 관심과 흥미를 갖게 해 주고, 둘째, 일련의 순서를 알게 해 주어 암기하는 능력을 길러 주며, 셋째, 협동심과 전체에 대한 소속감을 도모하며, 넷째, 단어의 의미를 쉽게 이해할 수 있도록 하고, 다섯째, 리듬 감각으로 움직일 수 있는 능력을 기르게 한다.

활동의 예로 '엄마별, 아빠별', '참새 다섯 마리', '주전자', '머리·어깨·무릎·발', '둘이 살짝', '거미가 줄을 타고 올라갑니다' 등이 있다.

(2) 리듬 운동-율동(Rhythmic movement)

리듬 운동은 '율동'으로 음악 리듬과 노래 가사에 적합한 동작을 만들어 노래와 함께 움직이는 리듬 동작 활동이다. 리듬 운동은 모방 율동과 창작 율동으로 나눈다. 모방 율동이란 물체나 사물을 모방해서 음악 리듬에 맞추어 교사나 친구, 부모의 신체 동작을 모방해서 동작으로 표현하는 획일적인 동작으로 구조적 리듬 동작이다. 반면에 창작 율동이란 지시된 기본 동작을 음악 연주에 맞추어 좀 더 창의적으로 자유롭게 동작으로 표현해 보는 반구조적 리듬 동작이다. 반구조적 리듬 동작은 교사가 일정한 소절을 부분적으로 제시해 주고 다른 부분을 영유아가 창의적으로 자유롭게 표현해 보는 활동이다. 처음부터 창의적인 것을 요구하지 않고 부분적으로 노랫말의 지시에 따라 창의적으로 할 수 있어 쉽게 전개가 가능한 장점이 있다. 반구조적 리듬 동작인 창작 율동의 예로 '그대로 멈춰라', '호키 포키', '둥글게 둥글게', '남생아 놀아라' 등이 있다.

① 노래 게임(Singing game)

스텝이나 동작 순서가 정해진 율동들 중에는 노래에 맞춰 게임을 하는 율동들도 있다. 간혹 단순히 노래에 맞춰 율동하는 것을 즐거워하지 않는 유아도 있으나, 이런 영유아들도 노래 게임을 통한 율동에는 적극적인 참여를 하기도 한다. 2세 가량의 영아들은 간단한 노래 게임을 배울 수 있다. 이러한 노래 게임은 반구조적 동작으로 영유아에게 친숙한 동작을 사용하는 것이 좋다(오연주 외, 2020). 활동의 예로 '런던 다리', '새앙쥐와 고양이' 등이 있다.

② 포크 댄스(Folk dance)

포크 댄스란 민속 무용, 향토 무용을 말한다. 포크(folk)란 말은 동족으로 형성된 민족이란 의미이고, 댄스(Dance)는 음악과 동작이 일치하는 조화 있는 율동을 뜻한다. 예로부터 각 민족이나 지방에 전해져 내려오는 민족의 독특한 춤을 말하나 오늘날에는 단체에서 운동이나 오락으로 즐기는 춤을 일컫는 용어로 쓰이기도 한다. 포크 댄스는 율동 게임으로 두 사람 이상이 함께 서로 어울려서 하는 활동이다. 자신 이외에 관심을 갖고 특히 친구와 함께 같은 동작을 하거나 조화를 이루면서 동작하기를 좋아하는 영유아들에게 즐거움을 주고 동작을 잘할 수 있도록 함으로써 교육 현장에서 유용하게 이용될 수 있다(이 영, 1993). 반구조적 동작에 속한다.

(3) 리듬 체조

리듬 체조란 리본, 공, 훌라후프, 곤봉, 링 따위의 소도구를 들고 반주 음악의 리듬에 맞추어 연기하는 체조 경기이다. 유아교육 현장에서는 주로 신체만을 활용하거나 공 또는 리본 같은 동작 매체를 활용하여 기능적인 체조를 하는 반구조적 동작을 의미하며, 영유아들의 체력을 증진시켜 줄 수 있다.

2) 표현 동작

표현 동작이란 자신이 느낀 것이나 생각한 것을 신체 움직임으로 표현한 것이다. 창의적인 표현력과 심미감을 개발시키는 표현 동작은 노랫말이 없는 표제 음악이나 동작의 특징을 잘 나타내는 묘사 음악에 맞추어 춤을 추거나 떠오르는 이미지를 상상하면서 춤추는 것으로 영유아의 창의적 표현력을 강조하는 동작 활동이다(김지영, 2015).

따라서 표현 동작 활동은 영유아가 탐색 과정을 통해 나름대로 독특한 표현을 할 수 있는 활동으로 창의성을 촉진해 주며, '~인 체하기', 또는 '~처럼 되어 보기'와 같은 상상적이고 창의적인 가작 행동이 일어나는 극적 접근 방법을 사용하여 신체를 다양한 방법으로 움직여 보는 창의적 신체표현 활동이 경험되도록 한다.

(1) 창의적 신체표현

창의적 신체표현은 영유아가 자신의 내면에 잠재된 창의적 능력과 풍부한 상상력을 발휘하여 즉흥적으로 또는 상상의 산물로써 드러내는 고유한 표현적 움직임을 말한다(공진희, 2014). 이러한 움직임은 영유아가 속한 환경 내에서 신체와 공간 및 기타 요소들을 새롭게 배열하고 상호 관계를 설정하는 데 초점을 맞추게 된다(김은심, 2015; Pica, 1995). 이처럼 영유아는 움직임의 기본 요소를 다각도로 탐색해 보는 신체표현 활동을 통해 심미적 경험, 감각적 경험 등을 축적하게 되고, 이는 영유아의 예술성, 창의성, 감수성을 계발하는 데 큰 효과를 발휘하게 된다(Zimmer, 2010). 이를 통해 유아는 자신의 생각이나 친숙한 사건, 일상생활에서 경험한 이들에 대한 주관적 느낌 등을 신체 동작으로 표출하는 능력을 점진적으로 배양할 수 있게 된다. 이 과정에서 영유아가 경험하는 신체표현은 '즉흥적 표현'과 '상상적 표현'으로 구분될 수 있다.

① 즉흥표현

즉흥(impromptu)은 외부의 특정 자극에 대해 깊이 생각하지 않고 자발적, 즉각적으로 반응을 일으키는 과정에서 저절로, 혹은 무의식적으로 표출되는 감정이나 감흥 또는 표현을 말한다. 즉흥표현은 특정한 주제나 목표를 가지고 미리 계획하거나 사전에 준비하는 과정 없이 순간적인 감흥과 예술적 아이디어(또는 영감)에 의해 그 자리에서 즉시 참신한 동작이나 움직임을 고안하는 동시에 외부로 표출하는 것을 말한다(윤지은, 2020).

즉흥표현은 창의성을 계발하는 데 도움이 되는 요소인 동시에 높은 창의성을 지닌 사람은 즉흥표현 능력이 뛰어난 것으로 알려져 있다(홍애령, 2017). 즉흥표현은 프로그램 참여자 또는 학습자들의 흥미와 관심을 유발하고 보다 자유로운 분위기 속에서 표현 활동에 자율적으로 참여할 수 있는 환경적 조건을 마련하게 된다. 따라서 영유아들에게 신체를 활용한 즉흥표현의 기회를 제공하고 유도하는 것은 활동에 능동적으로 참여하고자 동기를 부여하는 동시에 측정 형식이나 포맷, 계획에 얽매이지 않는 자유롭고 다양한 표현 기법이나 참신한 동작 및 개성적인 신체 어휘를 개발하는 데 도움이 될 수 있다.

② 상상표현

상상표현은 '과거에 경험하고 지각한 대상을 적절히 변용하여 재구성하는 심상적 경험'을 의미한다(김태훈, 정희정, 2014). 상상은 주관적, 비현실적이라는 점에서 객관성, 현실성, 논리성 등을 중시하는 사고와 구분되며 따라서 상상은 이성적 사고와 함께 인간이 수행하는 모든 행동들의 중요한 토대를 이룬다. 상상적 능력은 인간이라면 누구나 보유하고 있으며, 다만 개인에 따라 정도의 차이가 있을 뿐이다. 상상력은 인간이 지닌 가장 귀중한 잠재 능력 중 하나로서 새로운 세계를 창출하는 원동력이 되며 모든 정신생활의 기초가 된다.

유아의 호기심과 몰입을 유발하는 다양한 상상적 재료를 제공함으로써 유아의 순수한 상상력을 자극하고 그를 통해 보다 참신하고 개성적, 창의적 표현을 이끌어 낼 수 있는 것이다(Frostig, 1987). 유아의 상상표현을 위한 주제로는 ① 자연에 대한 상상, ② 동물에 의한 상상, ③ 기계에 의한 상상, ④ 역할 놀이에 의한 상상, ⑤ 이야기 주제에 의한 상상 등이 있다. 이때, 교사는 영유아에게 주제에 대한 움직임의 표현을 다양하게 해 보도록 하고 자신만의 표현을 찾을 수 있도록 해야 하는데, 동작의 기본 요소와 기본 동작을 활용한 교사의 발문도 매우 중요하다. 발산적인 발문은 영유아가 상상을 통해 창의적이고 다양한 움직임을 하도록 유도하는 데 중요한 역할을 할 수 있다.

이와 같은 즉흥표현이나 상상표현은 동작의 세련됨이나 기술적 난도보다는 창의적 표현, 개성적 표현, 유아 내면의 고유한 생각과 느낌, 경험 등을 독자적으로 표출하고 풀어내는 방식과 과정 자체에 중점을 두고 있다.

(2) 동극

동극이란, 노래나 이야기, 동화의 내용을 행동으로 표현하는 활동으로서 문학 작품 속의 동작적 요소와 극적인 요소를 표현하도록 하는 통합 활동이다. 따라서 동극은 영유아의 상상력을 풍부하게 만들어 주고, 동극 내용을 선정할 때는 반복적인 대사가 많고 재미있는 것을 선정하는 것이 좋다. 동화 속의 내용과 흐름에 영향을 받는 동극은 반구조적 리듬 동작에 속한다. 유의할 점으로는 동극은 기본 동작 능력, 즉 본서의 4장 내용인 동작의 기본 요소와 기본 동작에 대한 이해를 갖추고 있어야 하므로 기본 동작 활동보다 늦게 시작되어야 한다.

(3) 무용(춤)

무용이란, 음악적 요소와 춤의 요소를 함께 표현한 것으로 랑거(Langer)는 춤은 몸짓의 원시적인 탐색에서 발전된 것이지만, 무용(Dance)은 무용수가 자기의 공간, 시간, 신체 등을 이용하여 발달시키는 이미지라 정의하였다. 무용은 각 나라의 민속 무용을 기초로 한 '전통 무용'과 현대 감각으로 새로 만든 '창작 무용'으로 나눌 수 있다.

전통 무용은 민족 고유의 움직임이 전승된 춤으로 춤 동작인 기본 동작을 제시한 후, 노랫말이 없는 전래 동요나 민요 등의 민속 음악을 듣고 신체의 리듬을 음악의 리듬에 맞추어 춤 동작으로 표현하는 활동을 말한다. 반면에 음악의 특성에 맞추어 창의적 표현과 심미감을 중요시하는 창작 무용인 현대 무용은 음악을 듣고 영유아들이 상상력을 최대한 발휘하여 창의적인 무용 동작으로 표현하는 활동을 의미한다(김지영 외, 2015). 전통 음악 리듬의 영향을 받는 전통 무용은 반구조적 동작에 속하며, 현대 무용은 비구조적 동작에 속한다(전인옥 외, 2018).

랑거(Langer)와 베틀하임(Bettelheim)은 영유아는 무용이나 창작 율동을 통해 상상적인 세계 속에서 시간과 공간 및 부여받은 역할의 움직임에 대해 구상할 수 있고 실제 자신들이 겪은 감각적 경험에 의미를 부여할 수 있다고 보았다(이희자 외, 2015).

Chapter 04

영유아 동작교육의 교수 방법

1. 동작교육의 교수-학습 원리

교육현장에서 적용·실행되는 다양한 교수법과 학습법은 효과적인 영유아 교육을 위한 교수-학습 방법으로 교수-학습 과정에서 교사와 유아, 유아와 유아, 유아와 교재·교구가 상호작용하는 것은 매우 중요하다. 영유아 동작교육의 교수-학습 원리에는 놀이 학습의 원리, 개별화의 원리, 탐구 학습의 원리, 다감각적 표현 활동의 원리가 있다(전인옥 외, 2018).

1) 놀이 학습의 원리

영유아는 발달적인 특성상 자신의 흥미와 욕구에 의해 결정하고 직접적이고 구체적인 탐색을 하였을 때 학습이 가장 잘 이루어지는데 이에 가장 적절한 방법이 놀이이다. 영유아의 흥미를 고려하고 동작 경험의 즐거움이 내포되어 있는 동작 활동을 선정하여 동작 활동을 통해 즐거움이 확대되고 지속될 수 있도록 놀이를 통하여 학습하도록 하는 것이 '놀이 학습의 원리'이다. 이러한 놀이 중심의 원리를 영유아 동작 활동에 적용할 때, 영유아 스스로 동작표현을 만들어 내도록 교사가 융통성 있게 운영해야 하므로 이를 '융통성의 원리'라고도 한다.

예 – 풍선·공 놀이 시 영유아가 흥미로움을 느끼면 동작 활동 시간을 연장하기
– 동작 활동을 위한 도입 부분에서도 놀이로 접근하기

2) 개별화의 원리

영유아의 동작 능력 및 운동 능력의 수준이나 동작 경험의 수준이 다양한 점을 고려하여 영유아 개개인의 개인차를 인정하고 영유아의 동작 능력과 발달 속도에 따라 동작 활동을 경험하도록 하는 것을 '개별화의 원리'라고 한다.

예 – 다양한 거리의 던지기 활동하기(난이도 조절)
– 무게에 따른 다양한 종류의 공으로 활동 후(발달 수준), 다양한 공이 되어 움직임을 표현해 보기

3) 탐구 학습의 원리

영유아들의 학습은 주변의 여러 가지 사물이나 현상을 실제로 경험함으로써 효과적으로 성취된다. 영유아 개개인이 자발적으로 자신의 신체, 힘, 흐름, 시간, 공간, 방향과 같은 동작의 기본 요소를 탐색해 신체 활동의 가능성과 한계를 발견하면서 학습하도록 하는 것이 '탐구 학습의 원리'이다.

예 – 여러 종류의 낙엽 탐색·탐구 : 가볍고 큰 낙엽, 가볍고 작은 낙엽, 무겁고 큰 낙엽, 무겁고 작은 낙엽, 길쭉한 낙엽, 동그란 낙엽, 또로록 말려 있는 낙엽 등
– 떨어지는 낙엽 모습 표현하기 : 바람의 세기에 따라 살랑살랑 떨어지기, 툭 떨어지기, 비행기가 착륙하듯이 떨어지기, 휘몰아치며 떨어지기
– 장소와 공간을 구별하여 표현하기 : 숲속에 떨어지는 낙엽, 하늘을 날아다니는 낙엽, 물 위에 떠다니는 낙엽, 나뭇가지에 걸려 있는 낙엽
– 관찰한 낙엽을 신체로 표현하기 : 동작의 기본 요소 중 '신체'를 활용하여 낙엽이 되어보기(온몸, 손가락 하나, 한쪽 팔, 양쪽 팔, 다리, 엉덩이 등)

영유아가 다양한 모양의 나뭇잎을 탐구해 본 뒤에 동작의 기본 요소들을 사용하여 창의적인 신체표현 활동이 이루어지며, 그 외에 물의 운동 법칙을 물과 모래놀이를 통해 이해하고 이를 동작의 기본 요소들을 사용하여 신체표현으로 활동하게 한다.

4) 다감각적 표현 활동의 원리

다감각·다상징적 표현 활동의 원리란 동작교육과 영유아의 전인 발달적 상호관계를 고려하여 다섯 감각과 지각 운동 감각, 언어와 인지적 개념을 다감각적으로 통합한 동작표현 활동을 중시하는 것이다. 영유아의 각 발달적 특성의 통합적인 측면을 분리하지 않고 교수-학습 방법에 적용해서 다감각 접근법에 의한 표현 활동을 통하여 영유아의 인지, 정서, 심리운동적 발달의 연계성을 강조하면서 영유아에게 동작 활동 경험을 학습시키는 것이다(전인옥 외, 2018). 즉, 호기심이 많은 영유아들에게 주변의 관심 있는 상황을 구체적으로 관찰하고 표상하고, 재방문하고, 재표상(re-representation)하는 과정을 동작으로 표현하여 지적인 발달을 도모할 수 있다. 이러한 다감각적 표현 활동의 원리는 시각적인 조형(미술), 청각적인 음악, 공간적인 무용(춤)과 같은 예술 영역의 표현 활동을 다감각적으로 통합하여 동극, 음악극, 인형극 등으로 다양하게 통합된 표현 동작 활동을 진행하는 것이다.

예 – 물질의 변화 : 팝콘 이야기 동화 듣기(토의), 옥수수 알갱이 관찰하기(탐색), 팝콘 모양 그리기(그림), 팝콘 되어 보기, 팝콘 요리하기, 팝콘 동요 부르기

2. 동작교육의 교수-학습 방법

교수 방법이란 설정된 교육 목표를 성공적으로 달성하기 위하여 선정한 교육 내용을 학습자에게 구체적으로 실천하는 방식으로서 '어떻게 가르칠 것인가'에 대한 개념이다(서울대학교사범대학교육연구소, 1981). 영유아를 위한 효과적인 동작교육 교수-학습 방법은 '영유아가 스스로 탐색하고, 익힌 동작을 자신만의 독창적인 방법으로 표현할 수 있게 하는 것'(지성애, 오세경, 2012)으로 이는 영유아 동작교육에서 탐색의 중요성을 강조하며, 동작교육이 반복적인 훈련에 치우치거나 혹은 자유로운 신체표현 활동으로만 그치는 것이 아니라, 동작의 탐색 단계를 거쳐 자신만의 새로운 동작표현으로 창조해 나가는 것이 중요함을 강조하는 것이다(손미애, 2015). 동작교육의 교수 방법은 다양하므로 영유아의 동작 활동에 따라 적절한 교수 방법을 적용해야 한다. '가장 좋은 교수 방법이 어떤 것인가'보다는 영유아의 연령과 학습 내용에 따라 그 주제를 가르치기에 어떤 교수 방법을 사용할 것인가를 고려해야 한다.

영유아 동작교육의 교수 방법은 크게 직접적 교수 방법과 간접적 교수 방법으로 구분된다(Pica, 1995). 직접적 교수 방법에는 지시적 교수 방법과 과제 제시 교수 방법이 있으며, 간접적 교수 방법에는 안내-발견적 교수 방법과 탐색적 교수 방법이 있다. 이 장에서는 직접적 교수 방법, 안내-발견적 교수 방법, 탐색적 교수 방법의 세 가지 교수법을 살펴본다.

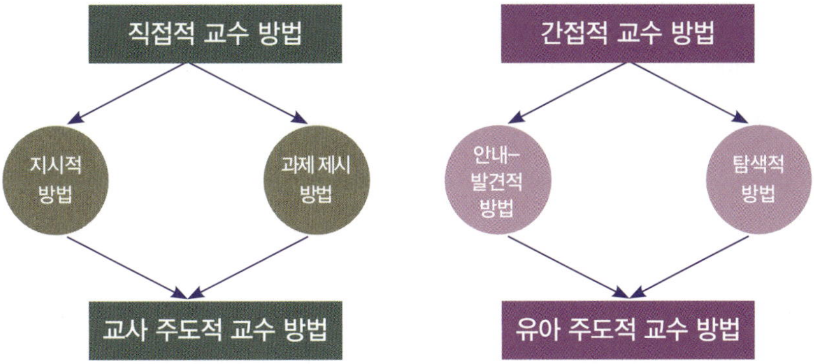

〈그림 4-1〉 영유아 동작교육의 교수-학습 방법

1) 직접적 교수 방법(Direct Teaching Method)

직접적 교수 방법은 영유아가 학습해야 할 교육 주제와 교수 방법을 교사가 주도적으로 결정하는 방법이다. 이에 속하는 지시적 방법은 학습자가 무엇을, 어떻게, 언제 수행할 것인가에 관한 모든 것 혹은 대부분을 교사가 결정하며(Gallahue & Cleland-Donnelly, 2003), 과제 제시 방법은 교사가 학습자들에게 기대되는 것이 무엇인가에 대해 간단한 설명과 시범을 함께 제시한 후, 학습자들은 시범을 그대로 따라 한다(Pica, 2004). 이는 활동이 이루어지는 과정이 중요한 것이 아니라 어떠한 기술이나 능력을 익히기 위한 것에 초점을 맞추고 있으며 정확한 동작을 가장 빠르고 효과적으로 수행하도록 하는 결과를 중시하는 교수 방법이다(김현경, 2015). 전통적 체육이나 게임, 발레, 체조 등에 적합한 교수 방법으로 탐색보다는 시범과 모방 그리고 반복하면서 익숙해지는 학습이 주로 이루어진다. 연령이 어린 영유아에게 적합하며, 교사는 미리 계획된 교육 목표와 내용을 효과적으로 수행해야 한다. 이를 위해 수행 방법을 미리 계획하고 이 계획을 효과적으로 실행하기 위해 교사의 언어적·비언어적 지시를 통한 과제 수행의 결과를 중시한다. 직접적 교수 방법은 교사가 학급의 조직, 운동의 선택, 운동 참여와 활동 방법 등을 결정할 때 이용되며 특수한 운동 기술이나 지식, 규칙 등을 여러 학생이 동시에 학습하거나 연습할 때 유리하다(Kirchner & Graham, 1995). 직접적 교수방법의 목표는 동일한 동작을 똑같이 동시에 실시함으로써 일치와 균일성을 획득하는 것(Mosston & Ashworth, 1990)으로 이를 통해 소속감을 갖게 하고, 교사가 보여 주는 시범과 설명은 동작의 정확성과 반복적 모방을 강조함으로써 연령이 낮은 영유아에게 기본 동작의 학습 효과를 높인다.

활동 예시

– 흉내 내기, 그대로 지시에 따르기, 반복하기, 모방하기, 리더 따라 하기, 사이먼 가라사대, 거울 놀이

직접적 교수 방법은 다음 〈표 4–1〉과 같은 장점과 단점을 갖는다.

〈표 4–1〉 직접적 교수 방법의 장점과 단점

장점	단점
• 동작 수행의 결과를 즉각 확인할 수 있다. • 교육 활동 시간을 효율적으로 활용할 수 있다. • 균일한 동작을 만든다. • 유아에게 동작을 되풀이할 수 있도록 가르친다. • 유아에게 지시를 따르도록 가르친다. • 통제가 용이하다. • 유아 개인이나 대그룹에 적용이 적합하다.	• 자기표현을 허용하지 않는다. • 창의성을 충분히 고려하지 못한다. • 발달과 능력에 개인차가 있다는 점을 인정하지 못한다. • 학습 과정 그 자체를 인정하기 어렵다. • 과정보다는 결과에 초점을 맞춘다.

출처 : Pica(2010); 김은심(2004), 재구성.

2) 안내–발견적 교수 방법(Guided–Discovery Method)

안내–발견적 교수 방법은 교사가 사전에 결정된 학습 목표에 맞추어 적절한 질문을 던짐으로써 유아가 표현하고 실험할 수 있는 기회를 주고, 이를 통해 점차 사전에 결정된 학습 목표에 접근하도록 이끌면서 '정답'으로 초점이 모아지도록 안내하는 방법이다(Pica, 2004). 이때 유아로 하여금 발견이 일어나도록 이끄는 것

은 교사의 발문이 중요하다. 교사는 문제를 해결하기 위한 발견이 일어나는 언어 유형을 사용하며 수업 진행 시 항상 유아가 스스로 문제해결을 하는 것에 대해 흥미를 갖도록 한다. 이런 방법을 통하여 유아들은 자신의 반응에 대한 주도권을 가질 수 있고 궁극적으로 문제를 발견하고 해결하는 자신의 능력을 발달시킨다(Gallahue, 1993). 만약 수업 시작부터 정답이 주어진다면 발견의 과정은 더 이상 가능하지 않으므로 교사가 결코 정답을 제공해서는 안 되는 것이다(Graham, 1992). 그레이엄(Graham, 1992)은 "궁금함과 호기심은 정신적 과정에 가치가 있다."라고 보기 때문에 유아가 해답을 못 찾은 채 수업을 끝내도 아무런 해가 없다고 주장한다. 이는 안내-발견적 교수 방법은 간접적 교수 방법으로 직접적 교수 방법보다 더 많은 시간을 필요로 하지만 유아들은 기술과 학습 방법을 배우게 되므로 동작 학습을 효과적으로 지원할 수 있다.

안내-발견적 교수 방법을 정리하면 다음과 같다.
첫째, 유아에게 답을 제공하지 않아야 한다.
둘째, 문제해결을 위한 적절한 시범과 언어화가 필요하다.
셋째, 유아의 모든 반응을 수용해야 한다.
넷째, 적절한 발문과 과제를 제시해야 한다.

활동 예시

스텝-홉(step-hop)

- 짧고 빠른 걸음으로 제자리에서 걷기를 해 볼까?
- 앞으로 걷기를 해 볼까?
- 한 발로 뛰기를 해 볼 수 있니?
- 걷기와 이어서 한 발 뛰기를 할 수 있겠니? 발 바꾸어 할 수 있니?
- 걷기와 한 발 뛰기의 조합 등을 연습하는 동안에 유아 스스로 스텝-홉을 발견하도록 한다.

앞구르기

- 체중을 손과 발에 두고 머리를 바닥에 댄 모양을 만들 수 있니?
- 엉덩이를 공중으로 들어올릴 수 있니?
- 그 자세에서 뒤쪽을 보자.
- 다리 사이로 천장을 보자. 천장을 더 많이 보려고 해 볼까?
- 그 자세에서 몸을 굴려 볼 수 있니? 한 번 이상 할 수 있겠니?

3) 탐색적 교수 방법(Exploratory Method)

탐색은 영유아기의 발달에 적합한 동작 프로그램에서 가장 많이 사용되는 방법이다. '탐색'이란 드러나지 않은 사물이나 현상 따위를 찾아내거나 밝히기 위하여 살피어 찾는 것을 말한다. 탐색적 교수 방법은 신체를 사용하는 다양한 방법을 격려함으로써 유아가 자신의 동작의 가능성을 발견하도록 하고, 느낌이나 생각을 표현해 보도록 자극하는 것이다(Spodek, 1985). 이 탐색적 교수 방법은 유아 주도적 교수 방법으로 제시된 각각의 과제에 따라 영유아 개개인이 적절한 해답을 찾기 때문에 동작도 다양한 반응을 가져올 수 있으므로 발산적 문제해결법(divergent problem solving)이라고도 부른다.

교사는 시범, 모방, 최상의 해답을 요구하지 않으며, 주어진 주제에 대해 유아들이 자유롭게 원하는 것을 표현하도록 하여 유아 스스로의 실험과 문제해결, 자기 발견을 통해 학습이 일어나는 과정을 강조한다. 또한 학급 분위기를 자유롭게 상상할 수 있도록 형성해 주어 다양한 활동을 할 수 있도록 한다.

동작 활동에서 탐색적 방법의 과정

첫째, 신체 활동 과제를 설정하기
둘째, 유아 스스로 실험하기
셋째, 관찰과 평가 과정을 갖기
넷째, 평가를 통해 얻게 된 특성을 또다시 적용하며 활동하기

출처 : Halsey & Porter(1970).

이러한 과정에서 중요한 것은 문제에 대한 해답을 찾아 신체의 움직임으로 표현해야 하는 것이다. 해답은 유아의 수만큼 다양한 반응으로 실험하고, 관찰·평가하는 동안 탐색이 일어나게 되며, 서로 다른 독특함을 창안하게 된다. 이때, 교사는 유아가 자유롭게 동작을 탐색하는 과정에서 개인의 독특함을 인정해 주고, 스스로 실험하고 문제를 해결하는 활동을 장려해 줌으로써 유아 자신의 효능감을 갖게 한다.

활동 예시

고양이처럼 움직여 보기

- 고양이처럼 움직여 보기(과제 설정)
  - 몸을 쭉 뻗는 모습, 조용히 걸어가는 모습, 세수하는 모습, 하품하는 모습
- 경계하는 모습 등 동작으로 움직여 보기(스스로 실험하기)
- 교사와 유아들이 다른 유아의 움직임 관찰하며 평가하기(관찰 및 평가)
- 평가의 과정에서 자신의 움직임을 수정 후 다시 표현 시도하기(교사는 탐색과 동작표현 확장과 동작 정교화를 위해 추후 질문이나 과제 제시)

> **안내-발견적 교수 방법과 탐색적 교수 방법의 차이**
>
> 안내-발견적 교수 방법과 탐색적 교수 방법은 간접적 교수 방법이며, 유아 자신의 흥미에 따라 탐색과 문제해결, 자기 발견을 통한 교수 방법으로 과정을 중시하는 비지시적 활동을 의미한다(Gallahue & Donnelly, 2003). 교사는 환경을 적절히 준비해 주고, 유아가 자유롭게 선택하고 요구를 표현하도록 격려하며 학습 현장을 유아 중심의 시각으로 전환할 필요가 있다.

안내-발견적 교수 방법과 탐색적 교수 방법을 그림으로 제시하면 다음과 같다.

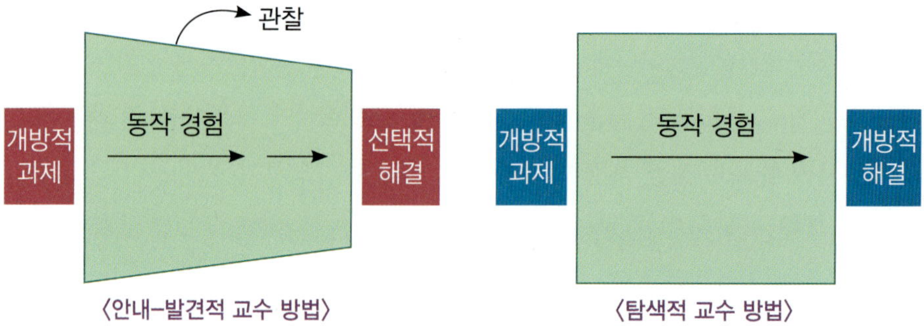

출처 : Gallahue(1991): 김은심(2004), 재인용.

〈그림 4-2〉 안내-발견적 교수 방법과 탐색적 교수 방법의 차이

> ※ 관찰 : 사물이나 현상을 주의 깊게 조직적으로 파악하는 행위
> 탐색 : 드러나지 않은 사물이나 현상 따위를 찾아내거나 밝히기 위하여 살피어 찾음

안내-발견적 교수 방법은 개방된 과제를 제시하거나 또래나 교사의 동작을 보도록 하는 관찰 단계를 통해 선택적 해결에 이르게 하는 것이며, 탐색적 교수 방법은 교사가 의미 있는 과제를 제시하고 유아는 자신의 신체 동작 가능성을 탐색하여 창의적인 방법으로 자신을 표현해 보도록 하는 것이다.

> **Q** **〈풍선이 되어 움직여 보자〉 활동을 진행하고자 한다. 안내-발견적 교수 방법과 탐색적 교수 방법으로 접근해 본다면?**

직접적 교수 방법과 간접적 교수 방법의 장단점을 정리하면 다음과 같다.

〈표 4-2〉 직접적 교수 방법과 간접적 교수 방법의 장단점

	장점	단점
직접적 교수 방법	• 시간 사용이 효율적이다. • 결과를 즉시 확인할 수 있다. • 함께 똑같은 동작을 만들 수 있다. • 모방적인 동작 경험을 제공한다. • 지시에 따르는 경험을 제공한다. • 즉각적인 평가가 이루어진다.	• 창의성과 자기표현력을 허용하지 않는다. • 발달 및 능력에서의 개인차를 허용하지 않는다. • 과정보다는 결과에 초점을 맞춘다.
간접적 교수 방법	• 인지적 과정을 자극하여 비판적인 사고를 증진시킨다. • 책임감을 발달시킨다. • 동작 관련 어휘를 확장시킨다. • 실패에 대한 두려움을 감소시키고 안정감을 증진한다. • 개인차를 인정한다. • 자신감을 발달시킨다. • 독립심을 증진한다. • 자기 자신과 또래에 대해 참을성을 가진다. • 다른 사람의 생각을 수용하게 한다.	• 시간이 많이 소요된다. • 교사에게 인내와 경험이 필요하다.

출처 : 김은심(2004).

Q 3세 유아를 대상으로 <평균대 활동>을 진행하고자 한다. 직접적 교수 방법과 안내-발견적 교수 방법, 탐색적 교수 방법으로 접근해 본다면?

3. 동작교육의 접근 방법

1) 문제해결식 접근

Gilliom 동작교수법

교육학자 길리엄(Gilliom)은 발견 학습을 통한 문제해결식 접근 방법을 제시하였다. 라반(Laban)의 이론에 기초해 기본 동작교육의 주제를 4가지인 '공간, 신체 인식, 힘·무게, 시간·흐름'으로 정하고 학습에서 기본적인 과정을 발견으로 보고,

가장 효과적인 방법으로 유아 스스로 창의적인 해결 방법을 찾아 도전해 보도록 하는 문제해결식 접근 방법을 강조, 제시하였다(전인옥 외, 2018).

첫째, 문제해결을 통한 프로그램에서 공간, 신체 인식, 힘·무게, 시간·흐름의 주제와 내용 선정하기

둘째, 해결해야 할 문제나 문제 상황을 제시하기(하위 개념을 언어화하기)

셋째, 문제를 해결하는 기술을 유도하기

문제를 접한 영유아가 스스로 창의적인 대안적 해결 방법을 찾아 도전해 보도록 하는 접근 방법을 강조하였다. 신체를 이용하여 스스로 자기 신체와 동작을 탐색하게 하는 방법으로서, 라반(Laban)의 움직임 요소를 중심으로 기본 동작을 탐색하고 실험해 보게 하는 신체적 접근 동작교수법이다. 이를 통해 유아는 지식, 기술, 태도의 세 가지 영역에서의 학습 목표를 성취할 수 있다.

문제해결식 접근 방법에서 교사의 역할은 다음과 같다.

문제를 해결하거나 발견할 때는 탐색해야 할 개념을 설명하고 언어화하며, 쉬운 단계에서 어려운 단계의 순으로 탐색하고, 교사가 유아와 함께 움직이며 유아의 활동을 잘 관찰할 수 있도록 가능하면 원형으로 활동한다. 특히 활동 중간에 가끔씩 정지시켜 영유아들이 서로의 움직임을 관찰하게 한다.

활동 예시

주제 : 힘·무게

탐색해야 할 개념 : 힘의 세기-세계/ 보통으로/ 약하게
힘의 질-갑자기 딱딱하게/ 천천히 부드럽게/ 계속적으로
무게-점차적으로 사라지게/ 무겁게/ 가볍게

목표 : 근육을 긴장시켜 몸으로 힘을 만들어 내기
몸을 이용하여 다양한 힘의 질을 만들어 보기
몸의 여러 부분과 넓은 범위로 점차 힘을 옮겨 가기
공을 던지고 받음으로써 힘을 흡수하기
다양한 동작으로 균형 잡기

예시는 힘·무게라는 주제를 이해시키기 위해 무거운 돌, 가벼운 구름 등을 예로 하면서 신체에 얼마만큼의 힘과 무게를 주어야 하는지 인식을 해 나가는 활동의 내용이다. 영유아들은 몸에 힘을 주는 동작으로 무거운 물건을 들어올리거나 무거운 짐을 등에 올려놓고 옮기는 동작 등을 다양하게 표현하며 힘의 개념을 이해해 나간다.

2) 극적 접근

Ritson 동작교수법

극적 접근 방법은 유아의 상상력과 창의성을 중심으로 다양한 동작을 유도하고 촉진하는 동작교육의 지도 방법이다. '~하는 척하기(pretending)'나 '~처럼 되어 보기' 등 상상력을 이용한 방법으로 교사가 유아에게 시범을 보이고 지시를 하거나 획일적으로 따라 하게 하기보다는 각 유아의 느낌과 신체적 표현을 세심하게 관찰하고 새로운 시도를 하는 유아를 적극적으로 격려하는 것을 중요시하며 창의적인 사고와 표현을 장려하는 것을 강조하는 교수법이다. 극적 동작교수법은 창작 율동, 교육 무용, 창작표현 활동 등의 용어를 사용하여 유아의 창의성을 발휘시키고 더 나아가 증진시킬 수 있다고 보아 유아 동작교육에서 많이 강조하는 방법이다(전인옥 외, 2018). 교사는 유아가 단순히 흉내 내기 활동으로 그치는 것이 아니라 대상의 움직임을 보거나 혹은 상상하며 자기 몸을 이용하여 실험해 볼 수 있도록 다양한 동작표현을 촉진하는 과제를 제시하고 소재를 제공해야 한다.

리츤(Ritson)은 동작교수법의 교육 내용으로 창작 무용을 위한 체계적 교수법을 제안, 이론과 실제의 거리를 좁히려는 시도로서 다양한 동작의 경험과 표현의 두 측면이 모두 포함되어야 한다고 보았다. 다양한 경험과 표현의 측면을 포함하기 위하여 동작 주제(movement themes)와 문화 주제(cultural themes)라는 두 가지 주제를 동작교육의 기본 틀로 삼을 것을 제안하였다.

동작 주제(movement themes)는 나라나 민족과 관계없이 세계적으로 거의 공통된 내용인 신체 부분, 무게와 시간, 공간, 흐름, 짝과 소집단, 에포트(노력)로 영유아가 참여하는 본질은 동작의 질이나 동작 능력을 증진하려는 노력을 하게 된다. 따라서 창의적 무용을 실시하여 동작 주제가 핵심 내용이 되어야 한다.

동작 주제의 5단계 교수-학습 과정은 ① 지시 따르기, ② 모방하기, ③ 상황 구성하기, ④ 연합시키기, ⑤ 창조하기 등이다.

활동 예시

창작 무용(수영 동작을 창작한 무용)

영유아들이 흥미를 갖고 수영하는 동작을 교사의 지시에 따라 표현해 본다. 이때 교사는 지시를 명료하고 간결하게 하며 영유아는 재빠르고 조용히 따른다. 모방하기는 서로에게 시각적 모델이 될 수 있는 기회를 제공한다. 상황 구성하기 학습 경험의 목적은 영유아의 사고와 움직이는 방식을 연결하는 것으로 영유아가 따라 할 어떤 동작을 제시하는 것이 아니라, 영유아의 머릿속에 상상을 불러일으켜 영유아가 그 상상을 나름대로 해석하여 움직이도록 한다. 연합시키기에서는 교사는 유아에게 수영과 일치되는 상황이나 문제를 제시하고 유아는 자신이 생각해 낸 동작들을 형상화하여 연속적으로 수행해 나간다. 창조하기는 영유아가 동작들을 시작, 중간, 종결 부분으로 구성된 하나의 연속적인 동작으로 조직했을 때 무용을 창조했다고 할 수 있다.

문화 주제(cultural themes)는 동물, 악기, 교통 기관, 자연환경, 기계, 도구 등으로 각각의 시대와 사회 및 환경에 따라 다르게 나타나며 문화 주제가 내용이 될 때는 주로 반응을 모방하고 사물이나 사건을 극화하며 감정을 표현하는 동작이 되어 무용의 다양성과 풍부한 자원을 제공할 수 있다.

문화 주제의 5단계 교수-학습 과정은 ① 지시 따라하기, ② 흉내 내기, ③ 극화하기, ④ 즉흥적 극화하기, ⑤ 창작 구성하기 등이다.

활동 예시

바닷속 나라

문화 주제를 내용으로 교사의 지시를 따르며 바닷속 나라의 다양한 생물의 움직임을 흉내 내기, 극화하기, 즉흥적 극화하기와 창작구성하기 등의 단계가 순차적으로 진행된다.

3) 통합적 접근

Slater 동작교수법

통합적 접근 방법은 유아의 전인적 발달을 위해 여러 학문 간 혹은 발달 영역 간, 그리고 활동 간의 내용을 통합하여 교육적 경험을 갖게 하는 것이다.

슬레이터(Slater, 1993)의 통합교수법은 동작의 기초 영역(기본 요소와 기본 동작)과 응용 영역(신체표현 활동, 게임 활동, 체조 활동)을 통합하여 내용을 구성하고, 교사와 유아 모두 활동의 주도성을 갖는 동작교수법이다. 슬레이터(Slater)의 동작 교수 모형은 도입 단계, 움직임 익히기 단계, 창의적 표현 단계, 평가 단계의 4단계로 활동이 진행된다.

단계	내용
도입 (3~5분 소요)	기본 동작을 중심으로 활동에 대한 흥미와 준비 운동을 겸할 수 있는 단계
▼	
움직임 익히기 (10~15분 소요)	기본 요소를 중심으로 전개하는 단계
▼	
창의적 표현 (8~10분 소요)	적절한 교재·교구를 활용하여 탐색하고 경험한 동작들을 표현에 적극 활용해 볼 수 있는 단계(동작 속에 감정이나 전달 내용을 포함)
▼	
평가 (3~5분 소요)	창의적 표현을 중심으로 동작 주제를 표현에 얼마나 적용, 이해하였는지 유아 스스로 평가를 내리는 단계

출처 : Slater(1993), p. 3.

〈그림 4-3〉 교사-유아 상호 주도적 동작 교수 모형의 단계

활동 예시

앤더슨의 '고장난 시계(The Syncopated Clock)'

앤더슨의 '고장난 시계' 음악을 들으며 기본 동작으로 탐색해 보는 신체적 접근 방법을 사용하여 동작 활동을 진행한 후, 음악에서 표현되는 고장 난 시계의 모습들을 창의적 신체 표현 활동으로 해 본다.

① 도입 단계

- 교사가 메트로놈으로 일정하게 소리를 들려 주고, 유아는 일정한 소리에 맞추어 기본 동작 중 걷기(Walking) 활동을 시작한다.
- 메트로놈 소리에 일정하게 반응하며 걷기 활동이 자연스러워지면 이동 동작 중 발끝으로 걷기(tip toeing), 점핑(jumping) 또는 비이동 동작 중 구부리기(bending) 활동을 한다.(이동 동작> 걷기, 점핑, 발끝으로 걷기/ 비이동 동작> 구부리기)

② 움직임 익히기 단계

- 앤더슨의 '고장난 시계' 음악에서 들리는 똑딱거리는 소리에 맞추어 몸을 양옆으로 흔들거리면서 표현해 본다.(신체> 신체 전체/ 비이동 동작> 흔들거리기)
- 음악을 듣다가 따르릉 소리가 나면 몸을 빠르게 움직여 본다.(에포트> 시간> 속도)
  음악을 듣다가 따르릉 소리가 나면 높이 뛰어 본다.(공간> 높낮이)
  음악을 듣다가 따르릉 소리가 나면 탬버린을 흔들어 표현해 본다.(관계> 사물과의 관계)
- 앤더슨의 '고장난 시계' 음악에서 똑딱거리는 소리(짧은소리)에는 아기 발걸음으로(또는 유아가 걷기), 똑딱거리는 소리가 들리지 않는 즉, 긴소리로 연주될 때는 아빠 발걸음으로(교사가 걷기) 표현해 본다.(공간> 범위)

③ 창의적 표현 단계

- 앤더슨의 '고장난 시계' 음악에 맞추어 지휘자가 되어 본다.
- 음악에 맞추어 시계(메트로놈)가 되어 표현해 본다.
- 음악 감상 중 똑딱거리는 짧은소리와 긴소리로 표현되는 소리에 창의적 신체표현 활동을 해 본다.
- 음악에 맞추어 교사와 유아가 리본 막대를 사용하여 표현해 본다.
- 음악에 맞추어 교사와 유아가 또는 친구 간에 짝이 되어 창작 율동을 진행해 본다.

④ 평가 단계

- 교사와 유아, 친구 간에 짝을 이뤄 진행한 창작 율동은 어떠했는지, 어떤 동작이 어려웠는지, 더 표현해 보고 싶은 동작은 무엇이 있는지 등에 대해 언어적으로 평가를 한다.

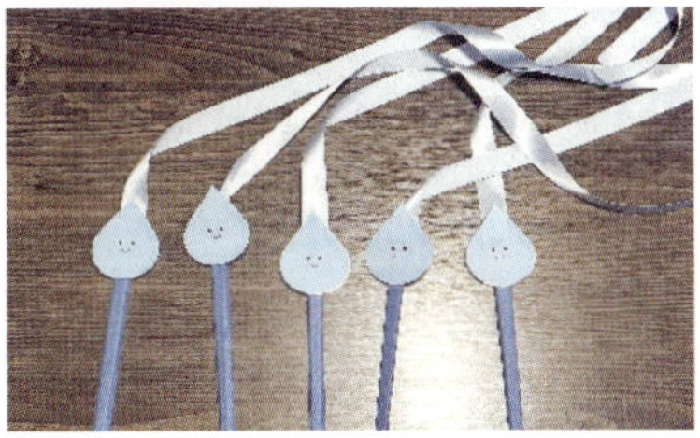

Chapter 05

영유아 동작교육 활동의 계획과 평가

1. 영유아 동작교육 수업 계획

교육적인 프로그램의 기본적인 요소는 계획이다. 교사의 친밀한 사전 계획이 없으면 바람직한 교육의 효과는 얻을 수 없다. 동작교육을 위한 수업 계획에는 영유아의 동작 활동을 지원하기 위해 필요한 사항을 준비하는 전 과정이 포함된다. 2019 개정 누리과정에서 강조하는 놀이 중심 동작교육은 영유아의 놀이를 통한 움직임 자체가 신체 인식이 되며, 자신의 신체가 할 수 있는 것을 학습하는 것이 동작교육 활동이다. 이러한 놀이 중심 동작교육 수업 계획은 목적과 목표를 가지고 놀이를 하는 것보다 놀이가 진행되는 과정에서 즐거움을 느끼고 흥미가 확장되어 영유아 스스로 놀이의 의미를 찾아가며 전인적인 발달을 도모한다. 놀이 중심 동작교육 수업 계획안은 영유아가 실제 놀이한 내용 및 동작 놀이를 지원하는 내용을 포함하되 다양한 형식과 방법으로 바꿀 수 있게 했다. 이는 영유아가 실제 경험한 놀이 내용과 그에 따른 교사의 놀이 지원 계획을 기술하는 형식이다. 기존 방식에 비해 사전 계획을 최소화하여 계획을 수립한다는 특징이 있다. 또한 교사는 필요에 따라 안전과 관련된 사항과 영유아 특성에 따라 개별적으로 지원해야 하는 상항 등을 계획할 수 있으며, 영유아가 주도하는 동작 놀이를 적극적으로 지원할 수 있다(교육부, 보건복지부, 2019b). 기존에 활용하였던 연간, 월간, 주간, 일일 계획안 중 그 필요에 따라 적합한 계획안을 선정하고 통합하여 영유아들의 흥미와 놀이 발전 방향에 따라 유동적으로 교육 과정을 재구성하여 교사와 영유아가 함께 만들어 가는 놀이 중심 동작교육 과정이 되도록 하여야 한다. 이를 위해 교사는 신체와 동작교육에 대한 이해가 선행되어야 하며 교사는 유연한 사고를 가지고 영유아의 의견을 수용하여 흥미를 반영한 놀이를 유아와 함께 동작 활동으로 연계하여 계획해 나아가야 한다.

2. 영유아 동작교육 수업 계획안 구성 요소

동작교육 수업 계획안은 활동에 대한 전체적인 흐름을 작성하고 발생할 수 있는 문제를 예측하고 대처할 수 있게 한다. 전체적인 수업 계획안은 활동 개요, 활동 과정, 활동 평가로 보고, 교사는 동작 활동 경험을 제공하기 위해 영유아가 시작한 놀이에서 놀이와 관련된 하나의 주제를 선택한 후, 어떻게 주제에 의해 선정된 동작 활동을 소개할 것인지, 또한 어떻게 이 생각을 발전시켜 나갈 것인지에 대한 구체적인 수업 과정을 미리 계획하는 것이 필수이다.

제시한 동작 계획안은 교육 과정에서의 연, 월, 주, 일일 계획안과 같은 구제적인 문서 양식이며, 실제 현장에서 일어나는 놀이 중심의 누리과정을 '자율적 계획안'으로 제시하여 유아의 놀이와 배움에 주목하는 계획안을 구상할 수 있도록 짧은 안내를 하였다. 새롭게 시작되는 유아의 놀이를 살피고 이를 지원하는 '자율적 동작 계획안'을 실행할 수 있다(임부연 외, 2020). 단 교사는 자율적인 계획 수립의 의미를 계획안을 작성하지 않아도 된다거나 단순히 업무를 줄이는 방식으로 이해하지 않도록 유의해야 한다(교육부, 보건복지부, 2019b). 교사는 영유아가 놀이하며 배운다는 믿음으로 유아가 중심이 되고 놀이가 살아나는 누리과정을 유아와 함께 실천하기 위한 책임감을 가져야 할 것이다.

1) 동작의 활동 개요 및 작성

주제, 대상 연령, 활동 일시, 활동 장소, 활동명, 활동 자료, 활동 시간, 활동 형태, 활동 대형, 누리과정 요소, 활동 목표, 동작의 구성 요소, 사전 활동을 알아본다.

구성 요소	활동 개요 및 작성
주제	• 주제는 영유아들의 관심과 경험, 흥미에 따라 다를 수 있으며, 활동과 관련된 주제를 기록한다. • 자율적 계획안 → 계절, 유아의 경험, 기관행사 등으로 통합하고, 기존의 생활 주제를 놀이의 흐름에 따라 작성한다. 예) 기존 계획안 – 3월 : 유치원과 친구/ 입학식/ 유치원의 하루 자율적 계회안 – 3~4월 : 유치원에 왔어요/ 유치원 환경 탐색하기/ 유치원에서 만난 친구와 함께 놀이하기(유아 주도 자유놀이)
대상 연령	• 영아기(0~2세)와 유아기(3~5세)로 표준보육과정과 누리과정으로 나누고, 활동을 수행할 영유아의 연령을 만으로 기록한다.
활동 일시	• 활동을 실시하는 날짜를 기록한다.
활동 장소	• 동작 움직임의 크기에 따라 공간을 확보하고 장소를 선택하여 기록한다. – 대근육 사용시 체육관, 대강당, 다용도 큰 교실, 실외 잔디밭, 넓은 마당을 선택한다. – 소근육 사용시 교실의 한쪽을 넓혀 만든 공간을 선택한다.
활동명	• 계획하는 동작 활동의 내용과 관련한 제목으로 기록한다. • 자율적 계획안 → 놀이로 접근하는 놀이 주제에 따른 활동명을 기록한다.
활동 자료	• 영유아의 연령별 발달 수준에 적합한 도구와 기구 및 자료 사진과 준비물을 기록한다.
활동 시간	• 동작 활동의 시간은 영유아의 연령이나 상황에 따라 융통성 있게 진행한다. – 소집단 활동 : 10~15분, 대집단 활동 : 15~20분 정도로 계획 – 3세 유아 : 15분, 4~5세 유아 : 20분 정도로 계획 • 자율적 계획안 → 유아 주도의 놀이를 통한 동작활동으로 시간은 유동적이다.
활동 형태	• 동작교육의 내용에 따라 대·중·소집단으로 구성한다. 학급 전체를 대상으로 할 경우 대집단, 6~10명인 유아의 경우는 소집단으로 기록, 2세 미만 영아의 경우 집단 활동보다 자유선택 활동으로 계획하여 소집단 활동으로 기록한다. • 자율적 계획안 →자유놀이, 영유아 주도 놀이, 선생님과 함께 하는 놀이로 기록한다.
활동 대형	• 활동의 특성과 영유아의 수에 따라 반원형, 원형, 자유 대형, 편대형 등으로 기록한다. • 자율적 계획안 → 자유놀이 형태로 기록한다.

누리과정 요소	• 활동의 목표와 내용이 표준보육과정과 누리과정의 어느 부분과 관련된 내용인지 내용 범주를 기록한다. • 자율적 계획안 → 유아가 놀이하며 자연스럽게 배우는 경험이 되도록 기록한다.
활동 목표	• 활동 목표는 연령과 발달에 따라 어떤 내용들을 가르쳐야 하는가에 대하여 구체적으로 서술하며, 활동 목표 기술 시 영유아 중심으로 기술하며 아래와 같이 완성된 문장으로 기록한다. 이때, 여러가지 목표를 한 문장에 기술하지 않는다. • 자율적 계획안 → 영유아의 놀이에서 기대하는 배움으로 기록하되, 놀이의 주제가 아닌, 놀이의 내용에서 동작 활동으로 연계된 배움으로 기록(교육적 가치)한다.
	• 지식(인지적 요소) '~를 안다', '~를 이해한다', '~를 추론한다' • 기술(행동적 요소) '~를 조작한다', '~를 찾아낸다', '~를 지적한다', '~를 할 수 있다' • 태도(정의적 요소) '~를 감사히 여긴다', '~의 태도를 갖는다', '~를 느낀다' (Heinich, Modenda, & Russel, 1985)
동작의 구성 요소	• 동작교육 내용의 기본 요소인 신체(신체 부분·신체 명칭·신체 전체), 에포트(흐름·힘·시간), 공간(영역·높낮이·방향·경로·범위), 관계(신체와의 관계·사람과의 관계·사물과의 관계)의 내용과 기본 동작인 비이동 동작, 이동 동작, 조작적 동작으로 각각의 내용에 하위 요소를 포함하여 기록한다. • 자율적 계획안 → 놀이에서 연계한 동작의 기초 영역과 응용 영역을 기록한다.
사전 활동	• 본 활동 실시 전, 계획한 활동과 관련된 과거의 학습 경험과 실시한 활동을 기록한다. • 자율적 계획안 → 사전 지원 활동(놀이 중 지원)을 기록한다.

2) 동작의 활동 과정 및 작성

도입, 전개, 마무리, 전이 활동을 알아본다.

구성 요소	활동 과정 및 작성
도입	• 주제와 관련된 활동을 소개하며, 학습할 동작 활동을 영유아가 탐색, 발견하도록 서술한다. 도입은 동기 유발, 주제 소개, 규칙 설정으로 정리해 볼 수 있으며, 3~5분을 활용한다. 주 활동인 동작 활동의 소개와 주의 집중을 위한 활동으로 손유희, 수수께끼, 간단한 게임, 율동으로 진행, 기록한다. • 자율적 계획안 → 자유 놀이, 바깥 놀이로 진행, 기록한다.

<table>
<tr><td rowspan="7">전개</td><td colspan="2">• 활동 목표를 이루기 위한 구체적인 전개 과정으로 영유아가 동작 활동이 충분히 경험되도록 하며, 전개는 활동 계획안의 약 65~70%를 차지하도록 한다. 10~12분을 활용하며, 영유아와 교사 간의 언어적 상호작용을 상세히 기록한다.</td></tr>
<tr><td>동작 탐색</td><td>• 영유아가 교사의 동작을 보고 어떻게 움직였는지 발견하고 동작에 대해 묘사하도록 하는 발문을 사용하여 동작의 이해도를 높인다. 동작의 기본 요소와 기본 동작과 관련지어 표현의 기회를 제공하며, 활동 주제와 관련하여 영유아가 신체를 어떻게 움직일 수 있는지 자유로운 신체 탐색을 하도록 상상력을 자극하는 확산적 발문을 언어로 표현하여 기록한다.</td></tr>
<tr><td>내용 제시</td><td>• 내용을 제시하는 순서는 영유아의 연령 및 발달 수준을 인식한 후, 생활 주제에 따라 내용을 선정한다. 단순한 신체 놀이(physical play)를 시작으로 손유희, 율동과 같은 구조적 동작과 노래 게임, 포크 댄스, 리듬 체조와 같은 반구조적 동작을 통해 창의적 신체표현을 할 수 있도록 한다.</td></tr>
<tr><td>동작 활동 제시</td><td>• 동작 활동을 제시하는 방법에는 시범, 설명, 지도의 세 가지가 있으며, 동작을 제시할 때는 한 번에 한 가지 방법만을 사용한다[출처: 오연주, 이경실, 조신희, 김수진(2020)].
– 시범 : "내 팔이 어떻게 되는지 잘 지켜보세요."라는 말로 시작하라고 한 다음, 말하지 않으면서 동작만을 보여 준다.
– 설명 : "잘 듣고 나를 따라 하세요."라고 말한다. 그리고 나서 시범을 보이지 않고 활동을 설명한다. 방법을 설명한 다음, 영유아들이 실제로 활동을 시작하기 전에 첫 번째, 두 번째 계속해서 무엇을 해야 하는지 말하게 한다.
– 지도 : "이제 내가 너의 팔을 들어서 구부릴 거예요."라고 말한 후, 말 없이 유아의 팔을 들어 구부린다.</td></tr>
<tr><td>자료 제시</td><td>• 자료는 동작 활동을 효과적으로 진행하는 데 필요한 환경을 조성하고, 표현력을 높이며 실제 동작 활동에 필요한 매체(이미지 자료, 시청각 자료, 동영상 등)를 의미한다.</td></tr>
<tr><td>수업 기법 사용</td><td>• 수업 기법은 가르칠 수업 목표, 수업 상황, 수업 자료의 특성, 영유아의 수준 등에 따라서 다양한 교수 기법이 요구된다. 본서 앞부분에서 제시된 직접적 교수 방법, 안내-발견적 교수 방법, 탐색적 교수 방법 등의 다양한 수업 방법에 따라 언어적인 계획이 달라진다. 영유아가 신체 탐색을 충분히 경험할 수 있도록 효과적인 교수 방법이 전개되도록 계획하여 기록한다.</td></tr>
<tr><td colspan="2"></td></tr>
<tr><td>마무리</td><td colspan="2">• 활동에 대한 영유아들의 생각과 느낌, 좋았던 점과 어려웠던 점, 기억에 남는 것 등을 나누는 과정을 기록한다.
• 자율적 계획안 → 놀이를 통한 배움 읽기로 기록한다.
예) 놀이 과정에서 친구와의 관계로 기차의 모형을 만들어 놀이할 수 있었다.
친구의 소중함을 느끼고 함께하는 다양한 놀이를 경험할 수 있었다.
(기본 요소〉 관계〉 사람과의 관계)</td></tr>
<tr><td>전이 활동</td><td colspan="2">• 한 활동에서 다른 활동으로 이동할 수 있도록 동기를 부여받고, 준비하는 활동을 기록한다.</td></tr>
</table>

3) 동작의 활동 평가 및 작성

평가, 확장 활동을 알아본다.

구성 요소	활동 평가 및 작성
평가	• 제시한 활동 목표에 대해 영유아가 이루어야 할 내용과 교사가 관찰할 내용을 질문형으로 기록한다. 예) 겨울철 놀이의 방법을 알고 있나? 자율적 계획안 → 유아가 주도하는 놀이가 잘 이루어졌고, 유아들이 즐거워하였다.
확장 활동	• 본 활동과 관련된 내용을 다른 영역과의 활동 또는 바깥 놀이로 연계, 진행할 수 있는 사후 활동을 기록한다.

3. 영유아 동작교육 수업 계획안

1) 표준보육과정-영아 동작교육 수업 계획안

선 따라 걸어요

<table>
<tr><td>생활 주제</td><td>모양을 즐기기</td><td>대상 연령</td><td>만 2세</td><td>활동 일시</td><td>2022. oo. oo</td><td>활동 장소</td><td>교실</td></tr>
<tr><td>활동명</td><td colspan="2">선 따라 걸어요</td><td>활동 자료</td><td colspan="4">• 교수용 : 동그라미, 네모, 세모 도형 카드, 바닥에 긴 직선, 동그란 선, 구불구불한 선, 행진곡, 생상스의 〈동물의 사육제〉 중 거북이 CD, 트라이앵글, 리본</td></tr>
<tr><td>소요 시간</td><td colspan="2">15~20분</td><td>활동 형태</td><td colspan="4">대·소집단</td></tr>
<tr><td>누리과정 관련 요소</td><td colspan="7">• 신체운동〉 감각과 신체 인식하기〉 감각 능력을 활용한다.
• 신체운동〉 감각과 신체 인식하기〉 신체를 인식하고 움직인다.
• 신체운동〉 신체 활동 즐기기〉 대·소근육을 조절한다. 기본 운동을 즐긴다.
• 예술경험〉 창의적으로 표현하기〉 익숙한 노래와 리듬을 표현한다.
• 예술경험〉 창의적으로 표현하기〉 움직임과 춤으로 자유롭게 표현한다.</td></tr>
<tr><td>활동 목표</td><td colspan="7">• 신체 각 부분과 전체 움직임의 특성을 이해한다.
• 도형을 따라 걸으며 차이를 자연스럽게 인식한다.
• 다양한 신체 움직임으로 즐거움을 느끼고, 창의적인 표현력을 기른다.</td></tr>
</table>

동작교육 내용 기본 요소	• 신체 : 신체 부분〉 신체 전체 • 에포트 : 힘(무게), 느리게, 빠르게 표현해 본다. • 공간 : 일반 공간〉 방향, 범위에 변화를 주며 움직인다. • 관계 : 다른 사람과의 관계에서 부딪히지 않고 움직인다.
기본 동작	• 비이동 운동〉 균형 잡기 • 이동 운동〉 걷기, 달리기 • 조작적 운동〉 리본
사전 활동	• 공간과 도형에 대한 그림책 보기 • 주변사물의 모양에 관심을 가진다.
활동 방법 및 내용	
도입	• 도형 그림 카드 제시하기 – 무슨 모양일까? – ㅇㅇ 모양과 같은 것을 교실에서 찾아볼 수 있을까? – ㅇㅇ 같은 리듬 악기를 찾아볼 수 있을까? – ㅇㅇ 모양을 손으로 표현해 볼까?
전개	• 교실 바닥에 그려진 긴 직선, 커다란 동그라미의 곡선, 구불구불한 선을 탐색한다. – 바닥에 선이 그려져 있네? – 무슨 모양일까? – 사과처럼 동그란 선도 있고 이 트라이앵글 악기처럼 세모난 선도 있고, 자동차처럼 네모난 선도 있구나. – 국수처럼 긴 선도 있구나. – 어떤 선을 걸어 볼까? • 다양한 모양의 선 위를 걸어 본다(영아의 선택을 격려한다). – ㅇㅇ이는 긴 선을 선택했구나. 앞으로 앞으로 가는구나. – ㅇㅇ이는 옆으로 옆으로 가는구나. • 속도, 높낮이, 방향, 범위에 변화를 주며 선 따라 걷기를 발문한다. – ㅇㅇ이는 꽃게처럼 옆으로 가는구나. – ㅇㅇ이는 코끼리처럼 쿵쿵 힘을 주며 걷는구나. – ㅇㅇ이는 캥거루처럼 깡총깡총 뛰는구나. • 교사는 신체의 한 부분을 이야기하여 걷기 움직임에 함께 활동하도록 유도한다(영아의 움직이는 모습을 구체적인 언어로 표현해 주어, 다양한 방법을 격려한다). – 두 손을 위로 흔들며 선을 따라 걸어 볼까? – 두 손을 양쪽으로 벌리고 걸어 볼까? • 준비한 리본을 나누어 주고, 조용하고 느린 음악과 행진곡풍의 음악에 맞추어 선 따라 걷기를 한다. – ㅇㅇ이는 거북이처럼 느릿느릿 걷는구나. – ㅇㅇ이는 아주 빠른 자동차처럼 달리는구나. – ㅇㅇ이는 군인 아저씨처럼 씩씩하게 걷는구나. • 친구와 손잡고 선 따라 걷기를 한다.

마무리	• 오늘 활동에 대한 느낌, 소감을 이야기 나누어 본다. – 활동을 하면서 재미 있었니? – 무엇이 재미 있었니?
평가	• 영아가 부딪히지 않도록 공간을 충분히 확보하였는가? • 음악에 맞추어 선을 잘 걸었는가? • 선을 따라 잘 걷지 못하더라도 즐거운 활동이 될 수 있도록 영아의 행동을 긍정적으로 지지해 준다. • 영아들이 걷기뿐만 아니라 뛰기, 점프하기, 앙감질 등 다양한 표현을 해 볼 수 있다.

2) 누리과정–만 3세 동작교육 수업 계획안

나비의 봄 산책

생활 주제	봄	대상 연령	만 3세	활동 일시	2022. ㅇㅇ. ㅇㅇ	활동 장소	강당
활동명	나비의 봄 산책		활동 자료	• 교수용 : 궁금이 상자, 나비 모형, 나비 동영상, 배경 음악 • 활동용 : 나비 모양 머리띠, (어깨에 멜 수 있는) 나비 날개			
소요 시간	15분		활동 형태	대집단			
누리과정 관련 요소	• 신체운동·건강〉 신체 활동 즐기기〉 신체를 인식하고 움직인다. 신체 움직임을 조절한다. 기초적인 이동 운동, 제자리 운동, 도구를 이용한 운동을 한다. 실내외 신체 활동에 자발적으로 참여한다.						
활동 목표	• 신체의 부분과 전체를 움직이며 기본 동작을 습득한다. • 움직임의 강약과 속도 조절을 통해 신체조절 능력을 기른다. • 신체를 움직이는 활동에 즐거움을 느끼며 적극적으로 참여한다.						
동작교육 내용 기본 요소	• 신체 : 신체의 부분과 전신을 이용하여 나비의 움직임을 표현한다. • 에포트 : 힘(무게), 시간의 변화를 주어 나비의 움직임을 표현한다. • 공간 : 개인 공간에서 일반 공간으로 이동하며 나비의 움직임을 표현한다. • 관계 : 신체 부분들을 함께 움직이며 나비의 움직임을 표현한다.						
기본 동작	• 비이동 운동, 이동 운동						
사전 활동	• 이야기 나누기 시간에 나비의 성장 과정을 알아보았다. • 동화 시간에 나비와 관련된 책을 소개하고 읽어 보았다.						

<table>
<tr><th colspan="2">활동 방법 및 내용</th></tr>
<tr><td>도입</td><td>• 궁금이 상자를 제시하고, 상자 안에 무엇이 있을지 알아본다.
– 선생님이 궁금이 상자를 가져왔어. 이 안에 무엇이 들어 있을까?
– ㅇㅇ이가 나와서 궁금이 상자 안에 손을 넣어 볼까? 무슨 모양이니?
– 또 ㅇㅇ이가 나와서 손을 넣어 만져 볼까? 무엇이 있는 것 같니?
• 궁금이 상자에서 나비 모형을 꺼낸다.
– (나비 모형을 움직이며) 안녕, 친구들! 나는 호랑나비야. 봄을 찾아 ㅇㅇ반에 날아왔단다. 내가 날아다니는 모습을 보여 줄게.
• 나비가 날아다니는 모습이 담긴 동영상을 시청한다.
– 나비의 모습이 어땠니?
– 나비가 어떻게 날아다녔니? 어디를 날아다녔지?</td></tr>
<tr><td>전개</td><td>• 오늘 표현할 동작 활동을 소개하고, 나비 모양 머리띠와 날개를 착용한다.
– 이제부터 우리도 나비가 되어 볼 거야.
– 차례차례 나와서 머리띠와 날개를 해 볼까?
• 개인 공간에서 신체를 이용하여 나비의 모습을 표현한다.
– (앉은 자세에서) 팔을 쭉 뻗어서 나비의 날개를 표현해 볼까?
– 손과 팔을 위 아래로 흔들어 보자.
– 꽃잎에 앉아서 쉬고 있는 나비를 표현해 볼까?
• 일반 공간에서 신체를 이용하여 나비의 모습을 표현한다.
– 이번에는 우리가 봤던 호랑나비처럼 봄을 찾아 이곳저곳 날아다녀 보자.
– ㅇㅇ이는 어디로 날아가고 싶니?
– (경쾌한 배경 음악 사용) 음악 소리에 맞추어 자유롭게 날아 볼까?
– 꽃잎에 잠깐 앉아서 쉬었다가, 나뭇가지 위를 걸어 볼까?
– 더 높은 곳으로 날아가기 위해 높이 뛰어 볼까?
• 움직임의 강약과 속도를 조절하며 나비의 모습을 표현한다.
– (바람 소리 효과음 사용) 어디선가 강한 바람이 불어오고 있어.
– 바람에 날아가지 않도록 힘차게/빠르게 날개를 움직여 볼까?
– (다시 경쾌한 배경 음악 사용) 바람이 다시 잔잔해졌어.
– 약하게/천천히 날고 있는 나비를 표현해 볼까?
• 빠른/느린 배경 음악에 따라 나비의 모습을 자유롭게 표현한다.
– ㅇㅇ나비는 어디로 가고 있니?
– 나비의 모습을 어떻게 표현하고 있니?
– 우리 모두 ㅇㅇ나비의 모습을 따라해 보자.</td></tr>
<tr><td>마무리</td><td>• 활동을 마친 후 느낀 점에 대해 이야기 나눈다.
– 나비를 표현하면서 어려운 점이 있었니?
– 가장 재미있었던 것은 무엇이었니?
– 오늘은 나비를 표현하였는데, 다음 시간에는 무엇을 표현해 보고 싶니?</td></tr>
<tr><td>전이 활동</td><td>– 바람을 타고 날아가는 작은 나비의 모습으로 바깥 놀이터로 나가 볼까?</td></tr>
</table>

평가	– 유아가 다양한 기본 동작을 습득하였는가? – 유아가 움직임의 강약과 속도를 조절하며 표현하였는가? – 유아가 동작 활동에 즐거움을 느끼며 적극적으로 참여하였는가?
활동 시 유의점	– 유아가 움직이며 부딪히지 않도록 충분한 공간을 확보한다. – 유아의 다양한 표현을 촉진하기 위한 상호작용을 한다. – 배경 음악 재생이 원활하도록 미리 점검한다.
확장 활동	– 나비의 성장 과정을 알아보고 동작으로 표현해 본다.

3) 누리과정–만 4세 동작교육 수업 계획안

비 오는 날, 빗방울

생활 주제	여름	대상 연령	만 4세	활동 일시	2022. ㅇㅇ. ㅇㅇ	활동 장소	강당
활동명	비 오는 날, 빗방울		활동 자료	• 교수용 : 다양한 빗소리 음원 및 동영상(보슬비, 소나기, 천둥 번개 등) • 유아용 : 리본 막대, 스카프			
소요 시간	20분		활동 형태	대집단			
누리과정 관련 요소	• 신체운동·건강〉 신체활동 즐기기〉 신체 움직임을 조절한다. 기초적인 이동운동, 제자리 운동, 도구를 이용한 운동을 한다. 실내외 신체 활동에 자발적으로 참여한다. • 예술경험〉 창의적으로 표현하기〉 신체나 도구를 활용하여 움직임과 춤으로 자유롭게 표현한다.						
활동 목표	• 신체의 각 부분과 전체 움직임의 특성을 이해한다. • 친구와 같은 공간에서 함께 움직이며 사회적 관계를 경험한다. • 도구를 이용한 신체 활동을 즐기며 창의적 표현력을 기른다.						
동작교육 내용 기본 요소	• 신체 : 신체의 부분과 전신을 이용하여 빗방울의 움직임을 표현한다. • 에포트 : 힘(무게), 시간의 변화를 주어 빗방울의 움직임을 표현한다. • 공간 : 공간 속에서 도구를 움직이며 빗방울의 움직임을 표현한다. • 관계 : 다른 사람과 함께 움직이며 사회적 관계를 경험한다.						
기본 동작	• 비이동 운동, 이동 운동, 조작적 운동						
사전 활동	• 동화 시간에 『빗방울아, 어디 가니?』라는 책을 소개하고 읽어 본다. • 비 오는 날, 우비를 입고 원 주변을 산책한다.						

<table>
<tr><th colspan="2">활동 방법 및 내용</th></tr>
<tr><td>도입</td><td>• 비가 내리는 소리(소나기)를 듣고, 수수께끼를 풀어 본다.
– 무슨 소리인 것 같니?
– 빗소리 중에 어떤 빗소리인지 좀 더 들어 볼까?
– 이 빗소리는 '소나기'라고 해. 소나기는 갑자기 세게 쏟아지는 비를 말하는데, 특히 여름에 많이 내린단다.
• 비 오는 날과 관련된 경험을 이야기 나눈다.
– 비 오는 것을 본 적이 있니?
– 어떤 느낌이 들었니? 빗방울의 모양은 어땠니?
– 빗방울이 떨어지는 것을 보고 어떤 생각이 들었니?</td></tr>
<tr><td>전개</td><td>• 보슬비, 소나기, 천둥 번개 등 다양한 빗소리 동영상을 시청한다.
– 비 오는 모습을 차례대로 보도록 하자.
– (각각의 영상을 보며) 비가 어떻게 내리고 있니?
• 개인 공간에서 신체를 사용하여 빗방울의 모습을 표현한다.
– 팔, 손, 손가락을 사용해서 비가 내리는 모습을 표현해 보자.
– (보슬비 영상을 보며) 보슬비는 어떻게 표현하면 좋을까?
– (소나기 영상을 보며) 소나기는 어떻게 표현하면 좋을까?
– (천둥번개 영상을 보며) 천둥 번개와 함께 내리는 비는 어떻게 표현하면 좋을까?
– 커다란 빗방울의 모양을 만들어 보자.
– 커다란 빗방울이 떨어지는 모습은 어떻게 표현할까?
– 작은 빗방울의 모양을 만들어보자.
– 작은 빗방울이 떨어지는 모습은 어떻게 표현할까?
• 일반 공간에서 도구를 사용하여 빗방울을 표현할 준비를 한다.
– 이제 일어나서 움직이며 빗방울을 표현해 볼 거야.
– 리본 막대와 스카프를 가지고 표현하는데, 자신이 하고 싶은 도구를 하나씩 가져가면 된단다.(반반씩 제공하고 이후 번갈아 가며 사용)
• (각각의 빗소리를 들으며) 도구를 사용하여 빗방울의 모습을 표현한다.
– (보슬비 소리를 들으며) 보슬비는 리본 막대로/스카프로 어떻게 표현할까?
– 바닥으로 천천히 떨어지는 빗방울을 표현해 보자.
– (소나기 소리를 들으며) 소나기는 리본 막대로/스카프로 어떻게 표현할까?
– 바닥으로 빠르게 떨어지는 빗방울을 표현해 보자.
– (천둥 번개 소리를 들으며) 천둥 번개와 함께 내리는 비는 리본 막대로/스카프로 어떻게 표현할까?
– 이곳저곳으로 강하게 떨어지는 빗방울을 표현해 보자.
• 도구를 사용하여 높낮이, 속도, 방향에 변화를 주며 빗방울을 표현한다.
– 낮은 곳에서 똑똑 떨어지는 작은 빗방울을 표현해 볼까?
– 높은 곳에서 뚝뚝 떨어지는 큰 빗방울을 표현해 볼까?</td></tr>
</table>

전개	– 소나기가 점점 보슬비로 바뀌고 있어. 빠르게 떨어지다가 점점 느려지는 빗방울을 표현해 보자. – 보슬비가 천둥 번개를 만났어. 천천히 떨어지다가 바람에 이리저리 날아다니는 빗방울을 표현해 보자. • 다양한 활동 내용 중 몇 가지 표현을 친구와 짝을 지어 다시 활동해 본다. • 친구와 함께 리본 막대와 스카프를 바꾸어 가며 표현해 본다.
마무리	• 활동을 마친 후 느낀 점에 대해 이야기 나눈다. – 빗방울을 표현하면서 어려운 점이 있었니? – 가장 재미있었던 것은 무엇이었니? – 오늘은 빗방울을 표현하였는데, 다음 시간에는 무엇을 표현해 보고 싶니?
전이 활동	– 자 이제 교실로 들어가 '빗방울' 동시를 들어보도록 할까?
평가	– 유아가 신체의 각 부분과 전체를 활발히 움직이며 활동하였는가? – 유아가 움직임의 강약과 속도를 조절하며 표현하였는가? – 유아가 동작 활동에 즐거움을 느끼며 창의적인 표현을 하였는가? – 친구와 같은 공간에서 함께 움직이며 사회적 상호작용을 하였는가?
활동 시 유의점	– 유아가 움직이며 부딪히지 않도록 충분한 공간을 확보한다. – 유아의 다양한 표현을 촉진하기 위한 상호작용을 한다. – 배경 음악과 영상 재생이 원활하도록 미리 점검한다.
확장 활동	– 소그룹으로 비가 생성되는 과정을 표현해 본다. – 동화 『빗방울아, 어디 가니?』의 주요 내용에 어울리는 표현을 만들어 본다.

4) 누리과정–만 5세 동작교육 수업 계획안

하늘로 높이, 더 높이

생활 주제	겨울	대상 연령	만 5세	활동 일시	2022. OO. OO	활동 장소	강당
활동명	하늘로 높이, 더 높이		활동 자료	• 교수용 : 동요 '눈' 음원, 눈 내리는 동영상 • 유아용 : 공			
소요 시간	20분		활동 형태	대·소집단			
누리과정 관련 요소	• 신체운동·건강〉 신체 활동 즐기기〉 신체 움직임을 조절한다. 기초적인 이동 운동, 제자리 운동, 도구를 이용한 운동을 한다. 실내외 신체 활동에 자발적으로 참여한다. • 예술경험〉 창의적으로 표현하기〉 신체나 도구를 활용하여 움직임과 춤으로 자유롭게 표현한다.						

활동 목표	• 신체의 각 부분과 전체 움직임의 특성을 이해한다. • 도구를 활용하여 움직이며 신체조절 능력을 기른다. • 자신의 생각과 느낌을 움직임으로 자유롭게 표현한다.
동작교육 내용 기본 요소	• 신체 : 신체의 부분과 전신을 이용하여 눈의 움직임을 표현한다. • 에포트 : 힘(무게), 시간의 변화를 주어 눈의 움직임을 표현한다. • 공간 : 높낮이, 경로에 변화를 주어 눈의 움직임을 표현한다. • 관계 : 소그룹 안에서 함께 움직이며 사회적 관계를 경험한다.
기본 동작	• 비이동 운동, 이동 운동, 조작적 운동
사전 활동	• 동요 '눈'을 배워 보았다. • 몇 일 전 눈이 내려서 그 모습을 관찰하였다.
활동 방법 및 내용	
도입	• 지난 시간에 배웠던 동요 '눈'을 부른다. – (가사판을 제시하며) 지난 시간에 배웠던 이 동요를 기억하니? – 피아노 반주에 맞춰 다 함께 불러 보자. • 몇 일전 내렸던 눈에 대해 이야기 나눈다. – 지난번에 눈이 내려서 우리 모두 함께 보았던 것 기억 나니? – 눈 내리는 모습이 어땠니? 눈은 어떤 모양이었니? – 눈이 내리는 모습을 보고 어떤 생각이 들었니?
전개	• 눈 내리는 모습의 동영상을 시청한다. – 그 날을 생각하며 누 내리는 모습을 시청해 보자. – (영상을 보며) 눈 내리는 모습이 어떠니? 어떻게 내리고 있니? • 신체의 전체 및 부분을 이용하여 눈의 모습을 표현한다. – 우리 몸 전체를 사용해서 눈의 모양을 표현해 보자. 어떻게 표현할 수 있을까?(척추를 앞으로 구부려 몸을 동그랗게 만들기, 다리와 팔을 최대한 벌려 몸을 커다랗게 만들기 등) – 우리 몸 부분을 사용해서 눈의 모양을 표현해 보자. 어떻게 표현할 수 있을까?(손가락을 모아 동그라미 만들기, 양손을 머리 위로 올려 동그라미 만들기 등) – 친구와 함께 눈을 만들어 볼까? 두 명씩 짝을 지어서 표현해 보자.(두 명이 마주 선 상태에서 서로 두 손을 맞잡고 동그라미 만들기 등) • 도구(공)를 사용하여 눈을 표현할 준비를 하고, 약속을 정한다. – 이제, 이 공간에서 공을 가지고 움직이면서 눈을 표현해 볼 거야. – (공을 제시하며) 공을 사용하기 전에, 먼저 약속을 정해 볼까?(세게 던지지 않기, 친구의 얼굴에 맞지 않도록 조심하기 등)('눈'과 관련된 동요를 배경 음악으로 사용한다.) • 일반 공간에서 공을 사용하여 눈의 모습을 표현한다. – 우리가 가지고 있는 공을 '눈'이라고 생각해 보자. – 하늘에서 땅으로 천천히 떨어지는 눈을 표현해 보자. – 바닥에 떨어져서 소복소복 쌓여 가는 눈을 표현해 보자. – 바람을 타고 천천히 날아다니는 눈을 표현해 보자.

전개	• 공을 사용하여 힘(무게), 시간의 변화를 주어 눈의 움직임을 표현한다. – 몸을 가볍게 움직이며 눈이 날아가는 모습을 표현해 볼까? – 눈송이가 커져서 무거워진다면, 어떻게 될까? – 점점 무거워져서 땅으로 떨어지는 눈을 표현해 보자. • 공을 사용하여 높낮이, 경로에 변화를 주어 눈의 움직임을 표현한다. – 점프를 해서 좀 더 높은 곳에서 떨어지는 눈을 표현해 볼까? – 어깨 높이에서 무릎까지 떨어지는 눈을 표현해 볼까? – 바닥에서 떼구르르 굴러가는 눈을 표현해 보자. – 멀리서 회오리바람이 다가오고 있어! – 선생님이 회오리바람을 표현해 볼게. 눈송이들은 어떻게 될까? – 회오리바람을 따라서 원을 그리며 돌아 볼까? 지그재그로 달려 볼까? • 소그룹(분단) 안에서 친구와 함께 움직이며 눈의 움직임을 표현한다. – 분단별로 앉아서 어떤 눈을 표현할 것인지 상의해 보자. – 한 분단씩 돌아가며 눈을 표현하고, 다른 친구들은 그 모습을 감상해 보자. – 무엇을 표현한 것인지 친구들에게 이야기해 볼까?
마무리	• 활동을 마친 후 느낀 점에 대해 이야기 나눈다. – 눈을 표현하면서 어려운 점이 있었니? – 눈을 표현하면서 가장 재미있었던 점은 무엇이었니? – 다음 시간에는 무엇을 표현해 보고 싶니?
평가	– 유아가 신체의 각 부분과 전체를 활발히 움직이며 활동하였는가? – 유아가 움직임의 강약, 속도, 높낮이, 경로 등을 조절하며 표현하였는가? – 유아가 움직임에 즐거움을 느끼며 창의적인 표현을 하였는가? – 친구와 같은 공간에서 함께 움직이며 사회적 상호작용을 하였는가?
활동 시 유의점	– 유아가 움직이며 부딪히지 않도록 충분한 공간을 확보한다. – 유아의 다양한 표현을 촉진하기 위한 상호작용을 한다. – 배경 음악과 영상 재생이 원활하도록 미리 점검한다.
확장 활동	– 다른 도구(리본 막대, 스카프 등)를 사용하여 표현해 본다. – 눈으로 만들 수 있는 것들을 표현해 본다.

4. 영유아 동작교육 수업 평가

학습을 입증하는 것은 평가이며, 이는 영유아가 배운 내용을 실제 상황에서 이해하고 활용할 수 있는지를 확인하는 것을 의미한다(Donnelly et al., 2016). 평가의 주된 목적은 교사에게 학습 목표 및 내용에 따른 지식뿐 아니라, 기술의 발달을 위한 영유아의 정보를 제공하는 것이며(Donnelly et al., 2016), 학습 목표가 얼마나 잘 이루어지고 있는가를 점검하는 지속적인 과정으로서 중요한 부분이 된다. 이를 위해 교사는 개별 영유아의 발달 수준에 적절한 과제를 제공한 뒤, 진행 상황을 모니터링하며, 피드백을 제공하고 더불어 학습 과정에서 영유아의 요구를 충족시키는 지원을 할 수 있다. 교사는 수업을 운영함에 있어 영유아들이 무엇을 알아야 하며, 수업이 끝난 후 무엇을 할 수 있어야 하는지를 분명히 하고, 이에 대해 영유아들과 상호작용할 수 있어야 한다. 평가란 단순히 기억한 사실을 재생할 수 있는 능력을 평가하는 것이 아니라 이해한 정도의 깊이, 배웠던 것을 적용할 수 있는 능력과 궁극적인 성숙을 살펴보는 것을 의미한다(김은심, 2020). 유념해야 할 점은 영유아의 능력은 다른 또래의 능력과 비교하여 측정되는 것이 아니라, 학습 목표를 얼마나 잘 충족했는가에 따라 영유아가 어떤 능력이 향상되었는지 판단하고, 영유아 자신이 얼마나 발전했는지를 느낄 수 있는 교사의 충분한 지지와 피드백의 기회를 제공한다. 그러므로 영유아의 성장과 발달을 돕는 성장 중심 평가로 측정되어야 한다.

퍼셀(Purcell, 1994)은 동작 활동 평가를 프로그램에 대한 평가, 영유아 개개인에 대한 평가, 또래 평가, 자기 평가의 네 가지로 구분하였다. 그중 프로그램에 대한 교사의 평가(〈표 5-1〉)와 유아의 자기 평가(〈표 5-2〉)는 다음과 같다.

1) 동작 활동에 대한 교사의 평가

동작 활동에 대한 교사의 평가는 계획한 수업 활동이 유아의 활동에 어떠한 영향을 주었는지를 판단하기 위한 평가로 동작 활동에 대한 피드백을 제공하고 다음 활동에 반영하게 된다. 평가 문항을 수업 계획안에 포함시킬 수도 있고, 따로 평가지를 마련해서 평가할 수도 있다.

〈표 5-1〉 프로그램에 대한 교사의 평가

활동명 :	이름 :		
평가 문항	아주 그렇다	그렇다	전혀 그렇지 않다
연령에 적합한 활동이었는가?			
유아들이 흥미롭게 즐기면서 참여할 수 있었는가?			
활동을 계획한 시간 안에 끝마칠 수 있었는가?			
활동 목표에 도달하였는가?			
도입 활동이 유아에게 흥미를 줄 수 있었는가?			
활동 속에 동작교육의 기본 요소가 다양하게 구성되었는가?			
활동 속에 동작교육의 기본 동작이 다양하게 구성되었는가?			
환경 구성에서 자료들이 적당하게 배치되었는가?			
동작 활동의 진행 순서가 적절했는가?			
정적인 활동과 동적인 활동이 조화롭게 구성되었는가?			
교사의 언어 자극이 유아의 표현을 확장할 수 있었는가?			

2) 유아의 자기 평가

유아의 자기 평가는 유아들이 활동하면서 느낀 점을 스스로 평가해 보는 것으로, 〈표 5-2〉와 같다. 유아들은 질문지 작성, 교사와의 개인적 면접, 자신의 경험을 글로 쓰거나 그림으로 그리기 등의 다양한 활동을 통해 자신을 평가할 수 있다.

〈표 5-2〉 유아의 자기 평가

활동명 :	이름 :		
평가 문항	아주 그렇다	그렇다	전혀 그렇지 않다
활동에 집중하며 열심히 참여하였니?			
다른 친구들과 부딪히지 않고 움직일 수 있었니?			
짝과 함께 혹은 집단으로 함께 움직일 수 있었니?			
다른 친구들의 움직임을 관찰해 보았니?			
다양한 모양을 만들어 보았니?			
선생님의 지시에 잘 따를 수 있었니?			
활동의 진행 순서에 따라 움직일 수 있었니?			
활동이 재미있었니? 어느 부분이 가장 재미있었니?			
활동이 어려웠니? 어느 부분이 가장 어려웠니?			
오늘 해 본 활동을 그림으로 그려 볼 수 있니?			

3) 영유아에 대한 동작 활동 평가

영유아에 대한 평가는 영유아 개개인의 동작 능력 정도 즉, 동작의 기본 요소 및 기본 동작을 평가하는 것으로 교사가 한 시간의 수업에서 또는 학기 전체를 통해서 영유아의 개별적인 수준을 관찰한다. 동작 활동 체크 리스트 활동 전에 영유아를 5명 정도 선택하여 관찰을 해 보고 평가 항목을 기록한다. 활동을 전개할 때 관찰과 기록을 동시에 하는 것이 어렵다면 비디오로 촬영하여 분석하거나 보조교사의 도움을 받을 수도 있다.

〈표 5-3〉 동작 활동 체크 리스트 예시

활동명 : 나는 날아다니는 나비 / 이름 : 김 ㅇ ㅇ / 일시 : 0000년 0월 00일					
평가 항목		점수*			비고
		1	2	3	
1	음악의 빠르기에 맞추어 움직였는가?				
2	나비의 모습을 유지하였는가?				
3	공간을 다양하게 이동하면서 움직였는가?				
3-1	높낮이를 조절하여 몸을 움직였는가?				
3-2	바닥의 모양을 다양하게 이동(경로)하여 움직였는가?				
3-3	공유 공간에서 다른 사람과 부딪히지 않았는가?				
4	활동에 흥미를 보이며 즐겁게 참여하였는가?				

* 점수(1: 잘못했어요/ 2: 중간이에요/ 3: 잘했어요)

4) 영유아의 만족도 평가

〈표 5-4〉 활동 만족도 평가

활동명	캥거루처럼 점프하기	영유아명	김 ㅇ ㅇ (만 0세)
활동 평가			
좋았던 점			
아쉬웠던 점			

Chapter 06

국가수준 교육과정과 동작교육

1. 어린이집 표준보육과정과 영아 동작교육

어린이집 표준보육과정(이하 '표준보육과정'이라 함)은 영유아의 보육 목적과 목표를 달성하기 위한 국가수준의 보육과정이다. 0~5세 영유아를 위한 국가수준의 보육과정은 0~1세 보육과정, 2세 보육과정, 3~5세 보육과정(누리과정 포함)으로 구성된다.

표준보육과정은 영유아가 놀이를 통해 심신의 조화로운 발달을 이루고, 바른 인성과 민주 시민의 기초를 형성하는 것을 목적으로 한다. 이를 위해 0~1세 보육과정과 2세 보육과정은 기본생활, 신체운동, 의사소통, 사회관계, 예술경험, 자연탐구의 6개 영역을 중심으로 구성되어 있다. 6개 영역은 서로 다른 발달 영역과 통합적 연계성을 가지고 있으며, 영유아 동작교육과 관련된 내용은 신체운동 영역과 예술경험 영역에서 제시하고 있다. 이에 영유아교사는 동작교육과 관련한 표준교육과정의 신체운동·예술경험 영역의 목표와 내용을 알아두는 것이 필요하다.

본 장은 보건복지부(고시 제2020-75호)에서 고시한 제4차 어린이집 표준보육과정의 주요 내용을 기반으로 영아 동작교육에서 다루어야 할 교육의 목표와 내용을 제시하고자 한다.

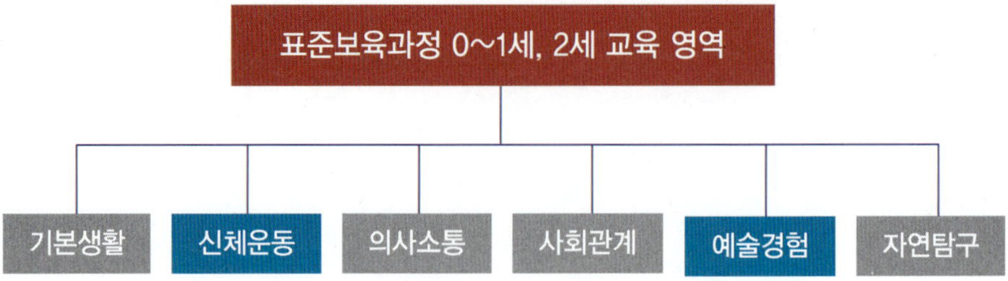

〈그림 6-1〉 표준보육과정 교육 영역

1) 신체운동 영역

다양한 신체 활동을 통하여 자신의 신체에 대한 긍정적 인식 및 일상생활에 필요한 기본 운동 능력을 습득하게 함으로써 영아 자신의 행복한 삶을 위해 신체적 건강 증진을 도모하는 영역이다.

〈표 6-1〉 표준보육과정에 따른 신체운동 영역 내용 범주

	내용 범주	
	감각과 신체 인식하기	신체 활동 즐기기
0~1세	• 감각적 자극에 반응한다. • 감각으로 주변을 탐색한다. • 신체를 탐색한다.	• 대·소근육을 조절한다. • 기본 운동을 시도한다. • 실내외 신체 활동을 즐긴다.
2세	• 감각 능력을 활용한다. • 신체를 인식하고 움직인다.	• 대·소근육을 조절한다. • 기본 운동을 즐긴다. • 실내외 신체 활동을 즐긴다.

(1) 0~1세 표준보육과정과 신체운동 영역

1 목표

0~1세의 신체운동 영역은 영아가 자신의 신체를 탐색하며 대·소근육을 조절해 보고 신체 활동에 참여하면서 감각 능력과 기본적인 신체운동 능력을 기르기 위한 영역이다. 목표는 '감각으로 탐색하고, 신체 활동을 즐긴다.'로 구체적인 목표는 다음과 같다.

첫째, 감각 탐색을 즐긴다.
둘째, 신체 활동을 즐겁게 경험한다.

2 내용

위의 목표를 이루기 위한 신체운동 영역의 내용 범주 및 세부 내용은 다음과 같다.

① 감각과 신체 인식하기

'감각과 신체 인식하기' 내용 범주는 시각, 청각, 촉각, 후각, 미각 등 신체의 여러 감각 기관을 인식할 수 있도록 감각적 자극을 주며, 영아가 그에 반응할 수 있도록 하는 데 중점을 둔다. 또한 여러 감각 기관을 통합적으로 사용하여 주변 환경을 탐색할 수 있도록 하며, 손과 발 등의 신체 움직임을 통해 신체 부분을 인식하고 움직임을 언어로 표현해 주는 내용으로 구성되어 있다. 이러한 내용은 구체적으로 '감각적 자극에 반응한다.', '감각으로 주변을 탐색 한다.', '신체를 탐색한다.'로 나타난다. 이에 대한 내용 중 영아 동작교육과 직접적으로 관련된 내용인 '신체를 탐색한다.'의 교사의 지도 원리는 다음과 같다.

● **신체를 탐색한다.**

'신체를 탐색한다.'는 0~1세 영아가 자신의 신체와 신체 움직임을 탐색하고 인식하도록 돕는 내용이다. 이를 위해 교사는 영아가 신체 각 부분을 움직이고 탐색하도록 손으로 잡고 흔들어 볼 수 있는 마라카스나 딸랑이, 두 팔과 가슴으로 안을 수 있는 가벼운 공 등 적절한 놀잇감을 제공해 줄 수 있다. 또한 영아가 신체 각 부분의 움직임을 탐색하도록 돕기 위해서 리듬에 맞추어 손뼉을 치거나 자유롭게 몸을 움직여 보도록 안내할 수 있다. 영아가 자신의 손이나 발 등을 바라보거나 입에 넣어 보고 팔, 다리, 몸통 등의 움직임을 탐색하는 가운데 자신에 대해 인식하는 내용을 다룬다. 이를 통해 영아는 자기 자신에 대한 인식을 높이고 자신과 환경을 구분함으로써 자신에 대한 긍정적인 신체상을 형성할 수 있는 토대를 마련하게 된다.

상호작용
- 어디 있니? 딸랑이를 잡고 흔들고 있구나.
- 두 팔을 높이 들고 나비처럼 날아 볼까?

② 신체 활동 즐기기

'신체 활동 즐기기' 내용 범주는 0~1세 영아가 목을 가누기 시작한 후부터 혼자 안정적으로 서고 걷기까지 여러 가지 기본 운동을 하는 데 필요한 내용으로 구성되어 있다. 이러한 내용은 '대·소근육을 조절한다.', '기본 운동을 시도한다.', '실내외 신체 활동을 즐긴다.'로 구체화된다. 반사 운동의 소멸과 함께 자의적인 수의 운동이 나타나는 영아기에 신체의 균형을 잡고 대·소근육을 조절하며 기본 운동을 시작하는 '신체 활동 즐기기'는 동작교육에서 다루어야 할 기초적인 활동들이라고 볼 수 있다. 이에 대한 내용과 교사의 지도 원리는 다음과 같다.

● **대·소근육을 조절한다.**

첫째, 대근육 조절하기는 0~1세 영아가 목 가누기, 뒤집기, 앉기, 기기, 서기 등의 대근육 조절 능력을 기를 수 있는 내용으로 구성되어 있다. 영아는 몸을 가누고 자세를 바꾸는 등의 움직임을 통해 대근육을 조절하는 경험을 쌓아 가게 된다. 따라서 영아가 몸을 뒤집거나 누운 자세에서 앉으려고 시도하는 등 대근육 조절의 발달을 가져오는 다양한 신체 움직임을 시도할 때 교사는 언어적 상호작용을 통해 이를 격려해 주는 것이 필요하다. 또한 영아가 다치지 않도록 깨끗하고 안전한 환경을 마련하며, 영아가 시도하는 신체 움직임을 성취할 수 있도록 움직임의 방향을 조정해 주는 것도 필요하다.

둘째, 소근육 조절하기는 0~1세 영아가 손으로 잡기, 놓기 등의 동작을 하면서 굴근을 발달시키고 소근육의 힘과 조절력을 키워 주는 내용이다. 영아는 생후 4개월경 움직이는 물체를 따라 시선을 이동하며 팔을 뻗쳐 잡으려는 시도를 하며, 5개월경이면 눈과 손의 협응이 본격적으로 이루어지기 시작하고, 7개월경이면 관심 있는 물체를 잡을 수 있게 된다. 영아는 생후 1년을 전후로 눈과 손, 눈과 발 등의 협응력이 발달하기 때문에 교사는 일상생활에서 양말 벗기나 서랍장 문 여닫기 등 자연스럽게 소근육을 활용할 수 있도록 안내하고, 인형이나 솜공과 같은 관심 있는 물체를 제공함으로써 영아가 소근육 힘과 조절력을 향상시키고 눈과 손의 협응력을 발달시키도록 도울 수 있다.

상호작용 영아의 움직임에 언어로 표현하기

- 뒤집기를 하려는구나. 선생님이 도와 줄게.

영아가 새로운 동작을 시도할 때, 교사가 모방하여 영아의 행동을 격려하기

- ○○가 선생님처럼 다리를 쭉 폈구나.

소근육 힘과 조절력 키우기

- ○○가 손에 힘을 주고 잡아당기니까 양말이 벗겨졌네.

● 기본 운동을 시도한다.

'기본 운동을 시도한다.'는 0~1세 영아가 제자리에서 팔다리 뻗기나 흔들기를 시도하거나 배밀이, 기기, 걷기 등 이동 운동을 시도하는 내용이다. 영아의 제자리 운동을 지원하기 위해 교사는 영아의 움직임을 언어로 표현해 주며 긍정적인 상호작용을 해 줄 수 있다. 또한 배밀이, 기기, 걷기 등 영아의 이동 운동을 지원하기 위해서는 영아가 호기심을 가지고 신체 이동을 시도할 수 있도록 다양한 교구나 놀잇감을 제공해 줄 수 있다. 영아의 이동 운동이 이루어지고 난 후에는 부드럽게 안아 주며 격려함으로써 영아가 긍정적인 감정으로 이동 운동을 반복하여 시도할 수 있도록 도울 수 있다.

상호작용
- 어머! 앞으로 기어가는구나.
- OO 잡으러 가자. OO가 어디 있나?
- OO가 실룩실룩 엉덩이를 흔들고 있네.

● 실내외 신체 활동을 즐긴다.

'실내외 신체 활동을 즐긴다.'는 0~1세 영아가 실내외의 다양한 신체 활동에 참여하면서 몸의 움직임을 즐기고, 바깥에서 적극적으로 신체 활동을 경험하며 신체적·심리적 건강을 도모하고, 기구를 이용한 신체 활동을 통해 다양한 움직임을 시도 할 수 있도록 돕는 내용이다. 이러한 신체 활동은 대·소근육의 조절 및 신경-근 협응력의 발달을 통해 영아의 운동 능력이 크게 향상되는 데 기여할 것이다.

상호작용
- (준비한 공) 선생님이 멀리 던져 볼게요. OO도 같이할까요?
- (낮은 이불, 매트, 쿠션 활용) OO야 선생님한테 기어와 보렴.
- OO야 저쪽에 작은 미끄럼틀이 있네. 타 볼까?

(2) 2세 표준보육과정과 신체운동 영역

1 목표

2세 영아의 신체운동 영역은 영아가 자신의 신체 움직임을 탐색하고 대·소근육을 조절해 보며 신체 활동에 즐겁게 참여하면서 감각 및 신체조절 능력과 기본적인 신체운동 능력을 기르기 위한 영역이다. 목표는 '감각을 활용하고, 신체 활동 즐긴다.'로 구체적인 목표는 다음과 같다.

첫째, 감각을 활용하고 신체를 인식한다.

둘째, 신체 활동을 즐긴다.

2 내용

위의 목표를 이루기 위한 신체운동 영역의 내용 범주 및 세부 내용은 다음과 같다.

① 감각과 신체 인식하기

'감각과 신체 인식하기'는 2세 영아의 감각 능력을 기르고, 다양한 놀이나 활동을통해 신체의 명칭을 인식하고, 움직임을 경험해 보도록 하는 데 중점을 둔다. 이를위해 '감각과 신체 인식하기'의 내용은 '감각 능력을 활용한다.', '신체를 인식하고움직인다.'로 구체화된다. 각 세부 내용에 따른 설명과 교사의 지도 원리는 다음과같다.

- 신체를 인식하고 움직인다.

'신체를 인식하고 움직인다.'는 2세 영아가 신체의 각 부분과 움직임을 탐색하면서 자신의 신체를 긍정적으로 인식할 수 있도록 하는 내용이다. 이를 통해 영아는 신체의 각 부분이 어떻게 움직이며 기능할 수 있는지 알아 가게 된다. 이를 위해 교사는 신체 각 부분의 명칭이나 움직임을 언어로 표현해 주며, 교구를 이용하여 영아가 신체 각 부분의 움직임을 탐색해 볼 수 있도록 격려해 줄 수 있다.

상호작용 - (영아가 움직이는 신체 부분을 가리키며)
○○가 손을 흔들고 있어요.
- ○○야 선생님과 함께 손을 잡고 걸어 볼까?

② 신체 활동 즐기기

'신체 활동 즐기기'는 2세 영아가 신체의 균형을 잡고 안정된 자세를 취하기 위해 대·소근육을 조절하는 다양한 시도를 하며 이동 운동이나 비이동 운동을 하도록 격려하는 데 중점을 둔다. 이러한 내용은 '대·소근육을 조절한다.', '기본 운동을 즐긴다.', '실내외 신체 활동을 즐긴다.'로 구체화된다. 각 세부 내용에 따른 설명과 교사의 지도 원리는 다음과 같다.

- **대·소근육을 조절한다.**

첫째, 대근육 조절하기는 2세 영아가 신체의 균형을 유지하기 위해 대근육을 조절하면서 신체의 움직임을 발달시킬 수 있는 내용이다. 이를 위해 교사는 여러 동물 그림 자료를 이용하여 거북이처럼 엉금엉금 기어가기, 물고기처럼 헤엄치기, 새처럼 날기, 토끼처럼 깡충 뛰기 등 대근육을 조절할 수 있는 활동을 제공할 수 있다.

둘째, 소근육 조절하기는 2세 영아가 소근육의 힘과 조절력을 기르고 눈과 손을 협응하여 움직일 수 있는 능력을 기르기 위한 내용이다. 이를 위해 교사는 단추 채우고 열기, 빨래집게 쥐었다 펴기, 콩 집어서 작은 통에 넣기, 국자로 탁구공 옮기기, 밀가루 반죽 주무르기 등의 활동을 제공하여 영아가 소근육의 힘과 조절력을 키우고 눈과 손의 협응력을 기를 수 있도록 도울 수 있다.

상호작용
- (우레탄 블록 위를 걷는 놀이를 하며)
  ○○야 여기 가깝게 놓여 있는 블록 위를 걸어 보자.
- (바구니 안에 못 넣은 영아에게) ○○가 던진 콩 주머니가 정말 멀리 갔구나. 괜찮아. 다시 한 번 던져 보자.
- ○○가 망치질을 잘하는구나. 못이 쏙 들어가네.

● 기본 운동을 즐긴다.

'기본 운동을 즐긴다.'는 2세 영아가 비이동 운동과 이동 운동을 하면서 기본 운동 능력을 기르게 하기 위한 내용이다. 이를 위해 교사는 영아가 걷거나 계단을 오를 때 "하나 둘, 하나 둘" 하며 박자를 맞추어 주거나 영아가 두 손을 들며 기지개를 펼 때 "쭈~욱~" 하는 의태어를 사용함으로써 영아의 운동을 언어적으로 격려해 줄 수 있다. 또한 교사는 넓고 안전한 장소에서 영아가 자유롭게 움직이고 운동할 수 있는 활동을 제공해 줄 수 있다.

상호작용
- ○○가 살금살금 기어서 가고 있구나.
- 선생님은 말 타는 것처럼 가 볼게요. 따그닥 따그닥~ 우리 같이 해 볼까?

● 실내외 신체 활동을 즐긴다.

'실내외 신체 활동을 즐긴다.'는 2세 영아가 신체 활동에 자발적으로 참여하며 즐거움을 느끼고 신체운동 능력을 향상시키는 데 중점을 둔다. 이를 위해 신체 활동은 실내뿐 아니라 실외에서도 이루어지도록 하며, 영아가 다양한 기구와 도구를 가지고 신체를 움직여 볼 수 있도록 한다. 이를 위해 교사는 공으로 볼링핀 넘어뜨리기, 신문지 찢고 뿌리기, 풍선을 공중으로 던지기, 단단한 스펀지로 된 경사로 오르고 내리기 등 영아가 재미있게 놀이할 수 있는 활동을 제공할 수 있다.

또한 교사는 실외에서 영아가 더 멀리, 더 높이, 더 크게 움직일 수 있는 기회를 제공할 수 있다.

맑은 날씨뿐 아니라 바람이 불거나 비, 눈이 오는 날씨에도 바깥에서 걷기와 같은 신체 활동을 실시함으로써 영아가 날씨의 차이를 감각적으로 느낄 수 있도록 할 수 있다.

상호작용
- (교사가 경사로를 기어서 올라가며) 미끄러지지 않고 올라갈 수 있을까?
- 선생님이 엉금엉금 기어서 올라가 봐야겠는걸.
- (실외) ○○야 안에서 뛰었던 것보다 더 높이 뛰어보자.
- (콩주머니를 던졌다 받으며) 높이 던졌다가 다시 받아요. 우리 한번 해 볼까요?

2) 예술경험 영역

영아가 아름다움을 느끼고 경험하고 즐기는 것에 중점을 두고 있다.

〈표 6-2〉 표준보육과정에 따른 예술경험 영역 내용 범주

	내용 범주	
	아름다움 찾아보기	창의적으로 표현하기
0~1세	• 자연과 생활에서 아름다움을 느낀다. • 아름다움에 관심을 가진다.	• 소리와 리듬, 노래로 표현한다. • 감각을 통해 미술을 경험한다. • 모방 행동을 즐긴다.
2세	• 자연과 생활에서 아름다움을 느끼고 즐긴다. • 아름다움에 관심을 갖고 찾아본다.	• 익숙한 노래와 리듬을 표현한다. • 움직임과 춤으로 자유롭게 표현한다. • 미술 재료와 도구로 표현해 본다. • 일상생활 경험을 상상 놀이로 표현한다.

(1) 0~1세 표준보육과정과 예술경험 영역

1 목표

0~1세 예술경험 영역은 영아가 자신의 신체와 주변 감각 자극에 호기심을 갖고 소리와 움직임으로 반응하며 단순한 미술 활동을 경험하고 모방 행동을 즐기며 친근한 주변 환경에 관심을 가지는 태도를 기르기 위한 영역이다. 목표는 영아가 아름다움을 느끼고 경험하도록 하는 것으로 구체적 목표는 다음과 같다.

첫째, 자연과 생활에서 아름다움에 관심을 가진다.
둘째, 예술적 경험을 표현한다.

2 내용

위의 목표를 이루기 위한 예술경험 영역의 내용 범주 및 세부 내용은 다음과 같다.

① 아름다움 찾아보기

'아름다움 찾아보기' 내용 범주는 0~1세 영아가 주변의 다양한 소리, 움직임, 색, 모양에 호기심을 가지고 반응하는 데 중점을 둔다. 이에 대한 내용과 교사의 지도 원리는 다음과 같다.

- **자연과 생활에서 아름다움을 느낀다.**

'자연과 생활에서 아름다움을 느낀다.'는 주변 환경이나 친숙한 사람에게서 들을 수 있는 친근한 소리나 노래를 반복적으로 즐겨 듣고, 자연이나 사물의 아름다움을 느끼는 것과 관련된 내용이다. 또 실외로 나가 자연환경에서 들리는 새소리, 꽃향기를 감각적으로 경험하며 영아가 자연의 아름다움을 느낄 수 있는 기회를 마련해 줄 수 있다. 이를 통해 영아가 주변 환경의 예술적 요소에 호기심을 갖는 태도를 증진시키기 위함이다.

상호작용 - 어머! 아름다운 소리가 들려온다. 들리니?
- ○○야 향긋한 꽃향기가 난다. 느껴지니?
- 새소리가 들리는구나. 아름다운 노래를 하는 것 같다.

● **아름다움에 관심을 가진다.**

'아름다움에 관심을 가진다.'는 0~1세 영아가 주변의 소리, 움직임, 색, 모양 등의 예술적 요소에 호기심을 가지고 반응하는 것에 대한 내용이다. 이를 위해 교사는 영아가 일상생활에서 자연스럽게 주변 환경의 색과 모양, 소리와 움직임에 관심을 갖도록 언어적 상호작용을 해 주며, 영아의 감각 기관을 자극하여 호기심을 느낄 수 있는 놀잇감을 제공해 줄 수 있다. 이를 통해 영아의 심미적 감수성을 증진시키기 위함이다.

상호작용 - ○○야 빛나는 노란색이 따스한 봄을 이야기하는구나. 따스함이 느껴지니?
- 어머! 이곳을 보렴. 예쁜 물고기가 힘차게 수영을 하는구나.

② 창의적으로 표현하기

유아 동작교육과 관련하여 '창의적으로 표현하기' 내용 범주는 영아가 다양한 자극에 대해 손발 흔들기와 몸의 움직임, 간단한 도구를 활용한 움직임으로 반응하고, 일상생활에서 자주 접하는 행동을 모방해 보도록 하는 데 중점을 둔다. 이러한 내용은 '소리와 리듬, 노래로 표현한다.'와 '모방 행동을 즐긴다.'로 구체화된다. 이에 대한 내용과 교사의 지도 원리는 다음과 같다.

● **소리와 리듬, 노래로 표현한다.**

'소리와 리듬, 노래로 표현한다.'는 0~1세 영아가 주변에서 경험하는 시각적·청각적 자극에 대해 손발과 몸을 자유롭게 움직이며 반응하고, 간단한 도구를 활용하여 자신의 느낌을 더욱 풍부하게 표현하는 것에 대한 내용이다. 이를 위해 교사는 물활론적 사고를 하는 영아의 인지 발달적 특성을 이용하여 영아가 좋아하는 놀잇감을 가지고 영아와 상호작용하듯 놀이하거나 노래 부르기, 악기 연주, 음악 듣기 등의 청각적 자극을 제공하여 영아가 움직임으로 반응할 수 있도록 도울 수 있다. 이를 통해 영아가 리듬 있는 소리를 내고, 노래를 부를 수 있는 기초적인 능력과 리듬과 노래에 맞추어 소리를 낼 수 있는 능력을 기르기 위함이다.

상호작용
- ○○야 음악이 나오네. 선생님과 함께 춤을 추어 볼까?
- (리듬에 맞추어 쿵짝짝 쿵짝짝~) 신나는 음악이네. ○○야 기분이 좋지?

- 모방 행동을 즐긴다.

'모방 행동을 즐긴다.'는 0~1세 영아가 일상생활에서 모방 행동이나 상상 놀이를 즐길 수 있는 기회를 제공하고 그것을 격려하는 것과 관련된 내용이다. 영아의 모방 행동 즐기기를 위해 교사는 장난감 전화기, 음식 모형, 조리 도구, 의사 놀이 용품, 인형 놀이 용품 등을 사용하여 상상 놀이를 함으로써 영아가 이에 즐거움으로 반응하고 모방 행동으로 나타낼 수 있도록 격려할 수 있다. 이를 통해 영아는 자기표현 능력을 증진시킨다.

상호작용
- ○○야 살금살금 고양이의 움직임을 선생님과 표현해 볼까?
- 선생님처럼 표현해 볼까? 엉덩이를 흔들어 볼까? 손을 빙글빙글 돌려 볼까?

(2) 2세 표준보육과정과 예술경험 영역

1 목표

2세의 예술경험 영역은 영아가 주변에 있는 아름다움을 찾아보고, 아름다움을 느끼고 즐기며 이를 자유롭게 표현하는 영역이다. 목표는 '아름다움 느끼고 즐긴다.'로 구체적 목표는 다음과같다.

첫째, 자연과 생활에서 아름다움을 느끼고 관심을 가진다.
둘째, 예술을 통해 자유롭게 표현한다.

2 내용

위의 목표를 이루기 위한 예술경험 영역의 내용 범주 및 세부 내용은 다음과 같다.

① 아름다움 찾아보기

'아름다움 찾아보기'는 2세 영아가 익숙한 주변 환경에서 새로 발견한 것에 관심을 가지고 주의를 기울여 자발적으로 예술적 요소를 탐색하는 데 중점을 둔다. 세부 내용에 따른 설명과 교사의 지도 원리는 다음과 같다.

- **자연과 생활에서 아름다움을 느끼고 즐긴다.**

'자연과 생활에서 아름다움을 느끼고 즐긴다.'는 2세 영아가 자연이나 생활의 소리, 움직임, 친근한 음악과 춤 또는 자신과 또래가 표현한 춤에 관심을 가지고 느끼고 즐기는 내용과 관련된다. 이를 위해 교사는 영아가 주변에 존재하는 예술적 요소들에 관심을 갖도록 격려하고, 실외 놀이나 산책을 통해 자연의 아름다움을 느끼고 즐길 수 있는 기회를 제공할 수 있다. 이를 통해 영아가 주변 환경의 예술적 요소를 적극적으로 탐색하는 태도를 증진시킨다.

- **아름다움에 관심을 갖고 찾아본다.**

'아름다움에 관심을 갖고 찾아본다.'는 영아가 여러 가지 소리나 리듬 등의 음악적 요소와 사람, 사물, 동식물의 움직임에서 아름다움을 발견하고 경험하는 내용이다. 이를 통해 영아의 예술을 즐기는 태도를 기른다.

② 창의적으로 표현하기

'창의적으로 표현하기'의 내용 범주 중 유아 동작교육과 관련 있는 내용은 '움직임과 춤으로 자유롭게 표현한다.'와 '일상생활 경험을 상상 놀이로 표현한다.'이다. 세부 내용에 따른 설명과 교사의 지도 원리는 다음과 같다.

- **움직임과 춤으로 자유롭게 표현한다.**

'움직임과 춤으로 자유롭게 표현 한다.'는 2세 영아가 신체운동 능력 발달에 따라 친근한 리듬이나 음악에 맞춰 춤추기를 즐기고, 간단한 도구를 활용하여 신체로 표현하도록 하는 내용이다. 이를 위해 교사는 노래나 리듬에 맞춰 영아가 몸을 흔들거나 뛰는 등 몸으로 즐거움을 표현해 볼 수 있도록 하며, 리본 체조의 리본이나 보자기 등을 활용하여 움직임을 표현해 볼 수 있도록 도울 수 있다. 이를 통해 신체 리듬감을 계발하고 도구를 조작하는 능력을 증진시킨다.

상호작용
- ○○야 음악을 들어 보렴. 신나는 소리가 들리지?
- 이 리본을 이용해 들리는 소리에 맞춰 흔들어 볼까?
- 들리는 소리에 보자기를 위로 높이 던져 볼까?

- **일상생활 경험을 상상 놀이로 표현한다.**

'일상생활 경험을 상상 놀이로 표현한다.'는 2세 영아가 일상생활 경험을 상상 놀이로 표현하고 즐길 수 있도록 하는 내용이다. 이를 위해 교사는 소꿉놀이 용품, 병원 놀이 용품, 주방 놀이 용품 등 상상 놀잇감을 제공하고, '엄마처럼 ~하기', '아빠처럼 ~하기', '아기처럼 ~하기'와 같이 친숙한 사람들에게서 볼 수 있는 행동들을 모방하며, 상상을 통해 놀이를 풍부하게 할 수 있도록 안내할 수 있다.

상호작용
- ○○야 음악을 들어 보고 음악에 맞추어 걸어 볼까?
- 음악이 아주 느리구나. 몸을 어떻게 움직여 볼까?
- 캥거루가 뛰어가네. 어떻게 뛰어갈까?
- 몸집이 아주 큰 코끼리가 보인다. 어떻게 걸어갈까?

0~1세, 2세 표준보육과정에서 동작교육과 관련된 신체운동 영역과 예술경험 영역의 내용 범주와 내용을 정리하면 다음 〈표 6-3〉과 같다.

〈표 6-3〉 표준보육과정에 따른 신체운동 영역과 예술경험 영역

영역	내용 범주	내용	
		0~1세	2세
신체운동 영역	감각과 신체 인식하기	• 감각적 자극에 반응한다. • 감각으로 주변을 탐색한다. • 신체를 탐색한다.	• 감각 능력을 활용한다. • 신체를 인식하고 움직인다.
	신체 활동 즐기기	• 대·소근육을 조절한다. • 기본 운동을 시도한다. • 실내외 신체 활동을 즐긴다.	• 대·소근육을 조절한다. • 기본 운동을 즐긴다. • 실내외 신체 활동을 즐긴다.
예술경험 영역	아름다움 찾아보기	• 자연과 생활에서 아름다움을 느낀다. • 아름다움에 관심을 가진다.	• 자연과 생활에서 아름다움을 느끼고 즐긴다. • 아름다움에 관심을 갖고 찾아본다.
	창의적으로 표현하기	• 소리와 리듬, 노래로 표현한다. • 감각을 통해 미술을 경험한다. • 모방 행동을 즐긴다.	• 익숙한 노래와 리듬을 표현한다. • 움직임과 춤으로 자유롭게 표현한다. • 미술 재료와 도구로 표현해 본다. • 일상생활 경험을 상상 놀이로 표현한다.

2. 유치원 누리과정과 유아 동작교육

2013년부터 '3~5세 연령별 누리과정'으로 어린이집과 유치원 공통과정으로 시행되었다. 그러나 '3~5세 연령별 누리과정'은 연령별 교육 내용이 과대했기에 '2019 개정 누리과정'이 교육부와 보건복지부의 협력 아래 2020년 3월부터 시행되었다. 새로운 시대의 요구에 따라 교육 내용을 간략화하고 유아가 주도하는 놀이를 통해 배움이 구현될 수 있도록 하는 유아·놀이 중심의 교육 과정으로 나아가고자 하였다(교육과학기술부, 2019). 누리과정은 신체운동·건강, 의사소통, 사회관계, 예술경험, 자연탐구 5개 영역으로 구성되어 있다(교육부, 보건복지부, 2020). 각 영역들은 유아의 주도적인 경험과 놀이가 통합적으로 이루어지도록 되어 있으며 동작교육은 신체운동·건강 영역과 예술경험 영역에 해당한다.

신체·건강 영역은 유아의 기초 체력이나 운동 능력을 강화하고 향상시키는 데에만 머무르지 않는다. 신체운동·건강 영역에서 다루는 움직임이나 운동 능력은 무용이나 연극 등 예술 영역에서 이루어지는 움직임이나 신체 활동의 보편적인 특성이기도 하다. 신체 움직임의 기본적인 기능에 더하여 어떠한 의도나 생각을 가지고 어떻게 움직이는가 하는 것은 움직임의 표현적인 기능으로서 예술의 한속성을 드러내기 때문이다. 따라서 유아 동작교육은 유아의 신체운동 및 건강을 위한 영역과 신체 활동을 통해 예술적 요소들을 누리고 표현할 수 있게 하는 예술경험 영역을 모두 포괄한다.

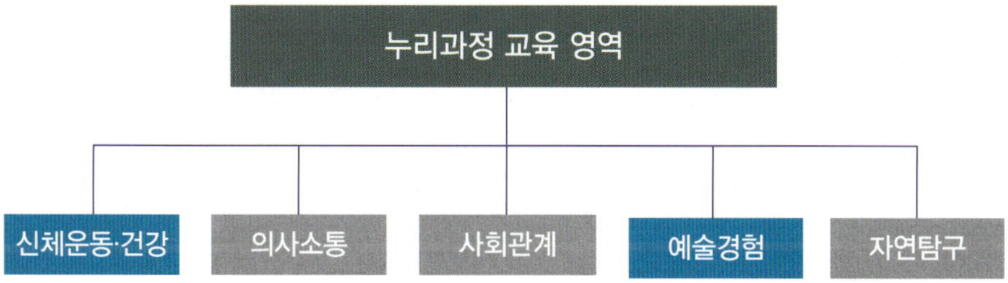

〈그림 6-2〉 누리과정 5개 교육 영역

1) 신체운동·건강 영역

신체운동·건강 영역은 유아가 자신의 몸에 관심을 가지고 신체 활동에 즐겁게 참여하며, 건강하고 안전한 생활을 해 나가는 다양한 경험과 관련된 영역이다.

〈표 6-4〉 누리과정에 따른 신체운동·건강 영역 내용 범주

내용 범주		
신체 활동 즐기기	건강하게 생활하기	안전하게 생활하기
• 신체를 인식하고 움직인다. • 신체 움직임을 조절한다. • 기초적인 이동 운동, 제자리 운동, 도구를 이용한 운동을 한다. • 실내외 신체 활동에 자발적으로 참여한다.	• 자신의 몸과 주변을 깨끗이 한다. • 몸에 좋은 음식에 관심을 가지고 바른 태도로 즐겁게 먹는다. • 하루 일과에서 적당한 휴식을 취한다. • 질병을 예방하는 방법을 알고 실천한다.	• 일상에서 안전하게 놀이하고 생활한다. • TV, 컴퓨터, 스마트폰 등을 바르게 사용한다. • 교통안전 규칙을 지킨다. • 안전사고, 화재, 재난, 학대, 유괴 등에 대처하는 방법을 경험한다.

(1) 3~5세 누리과정과 신체운동·건강 영역

1 목표

3~5세 유아를 위한 신체운동·건강 영역은 유아가 다양한 신체 활동에 즐겁게 참여하고 청결과 위생, 즐거운 식사, 적당한 휴식을 통해 건강한 생활 습관을 기르며, 일상에서 안전하게 생활하는 방법을 배우고 실천하는 것으로 목표는 '실내외에서 신체 활동을 즐기고, 건강하고 안전한 생활한다.'로 구체적인 목표는 다음과 같다.

첫째, 신체 활동에 즐겁게 참여한다.
둘째, 건강한 생활 습관을 기른다.
셋째, 안전한 생활 습관을 기른다.

2 내용

신체운동·건강 영역의 세 가지 내용 범주 '신체 활동 즐기기', '건강하게 생활하기', '안전하게 생활하기' 중 유아 동작교육과 관련된 '신체 활동 즐기기'는 유아 스스로 신체를 움직이는 동안 자연스럽게 자신의 신체를 인식하고 조절하며, 실내외에서 다양한 신체 활동에 자발적으로 참여하면서 신체 활동을 즐기는 내용이다. 위의 목표를 이루기 위한 신체운동·건강 영역의 내용 범주 및 세부 내용은 다음과 같다.

① 신체 활동 즐기기

'신체 활동 즐기기'의 목표는 유아가 신체 활동에 즐겁게 참여하는 것이다. 유아가 스스로 신체를 움직이는 동안 자연스럽게 자신의 신체를 인식하고 조절하며, 실내외에서 다양한 신체 활동에 자발적으로 참여하면서 신체 활동을 즐기는 내용이다.

• 신체를 인식하고 움직인다.

유아가 자신의 신체에 관심을 가지며 신체 각 부분의 특성을 알고 다양하게 움직이는 내용이다. 유아기에는 신체의 각 부위를 움직이는 운동 능력이 지속적으로 발달한다. 유아는 신체의 다양한 움직임에 관심을 갖게 되고, 점차 신체 각 부분의 특성을 보다 잘 인식하게 되면서 신체의 특성을 활용하여 움직일 수 있게 된다. 이를 통해 유아는 자신의 신체를 긍정적으로 인식하고 신체 움직임을 통해 즐거움과 자부심을 느낄 수 있다.

상호작용 물놀이를 하기 전, 교사와 유아들이 함께 체조를 한다. 몸을 오른쪽 왼쪽으로 번갈아 가며 돌리고, 어깨를 으쓱거리고, 허리에 손을 얹고 허리를 돌리고, 무릎을 구부렸다가 펴고, 손목과 발목을 돌린다.

● **신체 움직임을 조절한다.**

유아가 몸을 움직이며 균형을 잡고, 몸이나 도구의 움직을 다양하게 조절하는 내용이다. 또한 눈과 손을 협응하며 소근육 움직임을 조절하는 내용이다. 유아는 건강한 성장을 위해 신체 움직임을 유지·조절하며, 다양한 신체운동을 통해 지속적으로 신체 각 기관의 협응력을 키워 가게 된다. 유아기에 신체 균형과 신체 각 부분의 움직임, 감각 기관과의 협응 및 소근육 조절이 요구되며, 연령별 신체 발달과 성장에 따라 근육의 협응과 조절의 정도는 다르다. '신체 움직임을 조절한다.'는 정지 또는 이동 시 무게, 움직이는 속도, 힘, 연속성 등을 고려한 몸의 조정 및 균형 유지 능력을 키우는 것으로 이를 통해 유아는 바른 자세와 여러 가지 운동 기능 발달에 필요한 지식, 기능, 태도를 기를 수 있다.

> **상호작용** 유아들은 얼음땡 놀이를 하면서 술래가 천천히 걸으면 천천히 걷고, 술래가 빠른 걸음으로 걸으면 빠른 걸음으로 달아난다. 그리고 술래에게 잡힐 듯하면 몸의 방향을 재빨리 바꿔 달아나기도 하고, "얼음!"이라고 외치며 급히 멈춰 서서 즐겁게 웃는다.

● **기초적인 이동 운동, 제자리 운동, 도구를 이용한 운동을 한다.**

유아가 한 곳에서 다른 곳으로 몸을 움직이는 걷기, 달리기, 뛰어넘기 등의 이동 운동, 구부리기, 뻗기, 돌리기 등의 제자리 운동, 공, 줄, 후프 등의 도구를 이용한 운동을 하는 내용이다. 연령별, 개인별로 신체 발달과 성장에 따라 기본 운동 능력의 토대가 다르므로 각자의 신체 발달 특성을 고려하여 여러 가지 이동 운동과 제자리에서의 움직임 활동 및 도구를 이용한 활동을 경험해 보도록 하는 데 중점을 둔다.

상호작용 유아들이 훌라후프 돌리기를 한다. 한 유아가 안정된 자세로 훌라후프를 오랫동안 돌린다. 옆에서 지켜보던 다른 유아가 "나도 잘 돌려. 이것 봐."라며 훌라후프를 허리에 놓고 손으로 힘껏 돌린다. 훌라후프가 돌아가는 동안 유아의 허리도 빠르게 움직인다.

- **실내외 신체 활동에 자발적으로 참여한다.**

유아가 하루 일과에서 실내외의 다양한 신체 활동에 자발적으로 즐겁게 참여하는 내용이다. 또한 유아는 개인 또는 집단으로 하는 다양한 신체 활동에 참여하면서 생활 속에서 신체운동을 즐기는 습관을 갖게 된다. 유아가 신체 활동에 자발적으로 참여하여 즐김으로써 기쁨과 만족감을 느끼고 자신의 신체운동 능력에 자신감을 느끼도록 하는 데 중점을 둔다. 유아의 신체운동 능력은 연령별, 개인별 차이가 있을 뿐만 아니라 유아 스스로도 운동의 종류에 따라서도 흥미나 능력에 차이를 보이므로 개인차에 적합한 신체 활동을 경험하도록 지원한다. 또 실외 놀이터, 주변 공원이나 놀이터, 가까운 숲 등의 자연환경에서 신체 활동을 한다. 이를 통해 유아는 심신의 스트레스를 자연스럽게 발산하고, 신체 발달과 운동 능력을 증진할 수 있다. 유아기에는 대근육 활동을 포함하여 1일 바깥 놀이 시간을 최소 60분 확보해야 한다.

상호작용 바깥 놀이터에서 한 유아가 친구들이 있는 쪽으로 향해 "나랑 달리기할 사람?"이라고 큰 소리로 물어본다. 이 소리를 듣고 같이하고 싶은 유아들이 "나도!", "나도 같이 하자."라고 말하며 달려와 달리기를 제안한 유아의 엄지손가락을 잡고 모여 선다.

② 건강하게 생활하기

'건강하게 생활하기'의 목표는 건강한 생활 습관을 기르는 것이다.

③ 안전하게 생활하기

'안전하게 생활하기'의 목표는 안전한 생활 습관을 기르는 것이다.

2) 예술경험 영역

3~5세 유아를 위한 예술경험 영역은 유아가 자연, 생활, 예술에서 아름다움을 찾아보고 느끼며, 다채롭고 창의적인 방법으로 자신의 경험, 생각, 느낌을 표현해 보고, 다양한 예술표현을 존중하는 경험과 관련된 내용이다. 교사는 유아가 아름다움을 느끼고 즐기며 창의적으로 표현하는 과정을 통해 풍부한 감수성을 기르도록 돕는다. 또한 유아가 다양한 예술 감상을 통해 상상력을 키우고 예술표현이 가지고 있는 고유의 가치를 존중하도록 지원한다.

〈표 6-5〉 누리과정에 따른 예술경험 영역 내용 범주

내용 범주		
아름다움 찾아보기	창의적으로 표현하기	예술 감상하기
• 자연과 생활에서 아름다움을 느끼고 즐긴다. • 예술적 요소에 관심을 갖고 찾아본다.	• 노래를 즐겨 부른다. • 신체, 사물, 악기로 간단한 소리와 리듬을 만들어 본다. • 신체나 도구를 활용하여 움직임과 춤으로 자유롭게 표현한다. • 다양한 미술 재료와 도구로 자신의 생각과 느낌을 표현한다. • 극놀이로 경험이나 이야기를 표현한다.	• 다양한 예술을 감상하며 상상하기를 즐긴다. • 서로 다른 예술표현을 존중한다. • 우리나라 전통 예술에 관심을 갖고 친숙해진다.

(1) 3~5세 누리과정과 예술경험 영역

1 목표

유아가 자연, 생활, 예술에서 아름다움을 느끼고, 음악, 움직임과 춤, 미술, 극놀이 등의 예술에서 자신의 느낌과 생각을 창의적으로 표현하는 과정을 즐기며, 다양한 예술작품을 감상하고 다른 사람의 예술표현을 존중하는 내용이다. 목표는 '아름다움과 예술에 관심을 가지고 창의적 표현을 즐긴다.'로 구체적인 목표는 다음과 같다.

첫째, 자연과 생활 및 예술에서 아름다움을 느낀다.
둘째, 예술을 통해 창의적으로 표현하는 과정을 즐긴다.
셋째, 다양한 예술표현을 존중한다.

2 내용

위의 목표를 이루기 위한 예술경험 영역의 내용 범주 및 세부 내용은 다음과 같다.

① 아름다움 찾아보기

'아름다움 찾아보기'의 목표는 유아가 자연과 생활 및 예술에서 아름다움을 느끼는 것이다. 유아가 자연과 생활에서 아름다움을 느끼며 예술적 요소에 관심을 가지고 찾아보는 내용이다.

- **자연과 생활에서 아름다움을 느끼고 즐긴다.**

유아가 자신의 주변에서 만나는 자연, 공간, 사물 등의 아름다움을 풍부하게 느끼며 즐기는 내용이다.

> **상호작용** 벚꽃이 바람을 타고 눈처럼 휘날린다. 유아들이 "저것 봐! 눈이 오는 것 같아. 분홍색 눈이다. 정말 예쁘다!"라며 감탄한다. 유아들은 하늘을 향해 고개를 들고 두 팔을 벌리며 흩날리는 벚꽃잎을 맞기도 하고, 바람결에 날아가는 벚꽃잎을 쫓아다니기도 한다. 그리고 땅에 떨어진 벚꽃잎을 조심스럽게 다루며 한 잎 한 잎 줍기도 한다.

- **예술적 요소에 관심을 갖고 찾아본다.**

유아가 주변의 자연과 생활에서 다양한 소리나 리듬 등의 음악적 요소, 색이나 형태 등과 같은 미술적 요소를 발견하고, 사물이나 동식물의 움직임에서 아름다움을 경험하는 내용이다.

> **상호작용** 유아는 바깥 놀이터에서 스카프를 재빠르게 높이 올렸다 내리기를 반복하며 바람에 스카프를 날려 보기도 한다. 스카프가 펄럭이고 날아가는 모습을 보며 "바람 따라 춤추는 것 같아.", "파도같이 움직여."라며 즐거워한다.

② 창의적으로 표현하기

'창의적으로 표현하기'의 목표는 유아가 예술을 통해 창의적으로 표현하는 과정을 즐기는 것이다. 유아가 노래를 즐겨 부르고, 간단한 소리와 리듬을 만들어 보며, 자유롭게 움직이며 춤추고, 다양한 미술 재료와 도구를 활용하여 표현하며, 경험과 이야기를 극놀이로 표현하는 내용이다.

- **신체나 도구를 활용하여 움직임과 춤으로 자유롭게 표현한다.**

유아가 자연과 생활에서 발견한 다양한 움직임을 자유롭게 표현하고 나아가 자신의 생각과 느낌을 자신의 신체나 다양한 도구를 활용하여 움직임과 춤으로 표현하는 내용이다.

> **상호작용** 유아가 창문 밖으로 나뭇잎이 바람에 날리는 모습을 보며 큰 소리로 “와! 저것봐. 나뭇잎이 데굴데굴 잘도 굴러가고 있어!”라고 말한다. 잠시 후 유아는 교실에 있는 리본 막대를 들고 동그랗게 흔들면서 “나뭇잎이 동글동글 굴러가고 굴러가고.”라고 흥얼거린다.

- **극놀이로 경험이나 이야기를 표현한다.**

유아가 자신의 경험, 다양한 상황, 이야기를 자유롭게 상상하며 다양한 매체를 이용하여 역할극, 인형극, 동극, 노래극 등을 통해 총체적으로 자신을 표현하는 과정을 즐기는 내용이다.

> **상호작용** (유아가 친구들에게 꿀벌 놀이를 하자고 제안한다.)
>
> 수진: 나는 여왕벌 할래. 너희들은 모두 일벌해. 아이 배고파. 일벌들아 꽃에게 가서 꿀을 가져와.
>
> 유찬: (날갯짓하며 교실을 한 바퀴 돌아와 수진이에게 손을 내밀며) 이건 꿀이야. 자, 먹으세요!
>
> 승민: 나는 말벌이야. 너희들은 꿀벌이니까 도망가야 돼. 웽웽.
>
> (꿀벌 역할을 맡은 두 유아가 “으악!” 하며 달아난다. 이 모습을 보고 있던 희원이와 민이가 “애들아, 잠깐 기다려봐. 우리가 꿀벌집 만들어 줄게.”라며 상자, 사인펜, 물감 등을 가지고 모인다.)

③ 예술 감상하기

‘예술 감상하기’의 목표는 유아가 다양한 예술표현을 존중하는 것이다. 유아가 자신과 또래의 작품뿐만 아니라 다양한 예술을 감상하며 상상하기를 즐기고, 서로 다른 예술표현을 존중하며, 우리 고유의 전통 예술에 친숙해지는 내용이다.

● **다양한 예술을 감상하며 상상하기를 즐긴다.**

유아가 자신과 또래의 작품이나 음악, 춤, 미술작품, 극 등 다양한 예술을 감상하고 자유롭게 상상하기를 즐기는 내용이다.

> **상호작용** 유아들이 분홍색 한지를 구기고 찢어서 꾸민 봄꽃 작품을 감상한다. "와! 예쁘다. 어! 이건 어떻게 했지? 이렇게 하니까 진짜 꽃 같다. 꽃 냄새 맡아 보자. 흠, 꼭 봄꽃 요정이 나타날 것 같아, 그치?"라고 말하며 친구와 마주 보고 웃는다.

● **서로 다른 예술표현을 존중한다.**

유아가 자신과 또래의 작품, 음악, 춤, 미술작품, 극 등에 포함된 다양한 표현을 존중하는 내용이다.

● **우리나라 전통 예술에 관심을 갖고 친숙해진다.**

유아가 우리나라 교육의 전통 음악, 춤, 미술, 건축물, 극 등에 관심을 가지고 전통 예술을 감상하며 우리나라 문화에 친숙해지는 내용이다.

> **상호작용** 유아들이 〈밀양 아리랑〉을 들으며 장구를 자유롭게 두드린다. 한 유아가 "얘들아! 날 좀 보소."라며 노래를 흥얼거리고 두 손으로 장구를 두드린다. 옆에 있던 유아가 장구를 세운 후 두드리며 "나는 세워서 두드려야지. 두 개로도 할 수 있어."라고 말한다. 그러니까 옆에서 바라보던 유아가 "어? 세워서도 할 수 있네. 그렇게 쳐도 좋은 것 같다."라고 말한다.

3~5세 누리과정에서 동작교육과 관련된 신체운동·건강 영역과 예술경험 영역의 내용 범주와 내용을 정리하면 다음 〈표 6-6〉과 같다.

〈표 6-6〉 누리과정에 따른 신체운동·건강 영역과 예술경험 영역

신체운동·건강 영역		예술경험 영역	
내용 범주	내용	내용 범주	내용
신체 활동 즐기기	• 신체를 인식하고 움직인다.	아름다움 찾아보기	• 자연과 생활에서 아름다움을 느끼고 즐긴다.
	• 신체 움직임을 조절한다.		
	• 기초적인 이동 운동, 제자리 운동, 도구를 이용한 운동을 한다.		• 예술적 요소에 관심을 갖고 찾아본다.
	• 실내외 신체 활동에 자발적으로 참여한다.		
건강하게 생활하기	• 자신의 몸과 주변을 깨끗이 한다.	창의적으로 표현하기	• 노래를 즐겨 부른다.
	• 몸에 좋은 음식에 관심을 가지고 바른 태도로 즐겁게 먹는다.		• 신체, 사물, 악기로 간단한 소리와 리듬을 만들어 본다.
			• 신체나 도구를 활용하여 움직임과 춤으로 자유롭게 표현한다.
	• 하루 일과에서 적당한 휴식을 취한다.		• 다양한 미술 재료와 도구로 자신의 생각과 느낌을 표현한다.
	• 질병을 예방하는 방법을 알고 실천한다.		• 극놀이로 경험이나 이야기를 표현한다.
안전하게 생활하기	• 일상에서 안전하게 놀이하고 생활한다.	예술 감상하기	• 다양한 예술을 감상하며 상상하기를 즐기다.
	• TV, 컴퓨터, 스마트폰 등을 바르게 사용한다.		• 서로 다른 예술표현을 존중한다.
	• 교통안전 규칙을 지킨다.		• 우리나라 전통 예술에 관심을 갖고 친숙해진다.
	• 안전사고, 화재, 재난, 학대, 유괴 등에 대처하는 방법을 경험한다.		

Chapter 07

창의성과 영유아 동작교육

영유아가 신체를 사용하여 다양한 움직임을 표현하기 위해서는 교사의 동작교육에 대한 지식과 그를 바탕으로 창의적인 신체표현을 유도할 수 있는 창의적 발문이 중요하다. 이를 위해 본 장에서는 창의성에 대한 기본적인 이해와 지식을 바탕으로 현장에서 활용할 수 있는 창의적 발문의 접근을 제시하고, 창의성과 관련된 영유아의 발달과 창의적 동작교육을 위한 교사의 역할을 알아보고자 한다.

1. 영유아 동작교육과 창의성

1) 창의성의 의미

창의성은 역사적으로 고찰해볼 때, '창조하다'의 어원인 라틴어 '크레아레(creare)'에서 유래한 ' 무언가를 만들어 낸다'는 뜻이다. 이러한 'creare'가 정신적 가치를 지니고 이전에 없던 어떤 무엇을 만들어 내는 '독창성'의 의미를 지니게 된 것은 18세기의 유럽에 이르러 당시 문화비평가들이 화가나 시인에 대해 '창조자'라는 말을 사용하게 되면서부터이다(강병직, 2012). 특히 프랑스 혁명으로 인한 개인주의 사상과 낭만주의 미학을 통해 예술가와 시인은 '창조자'와 동의어로 인식된다. 창조란 이전에 없던 새로운 것을 만드는 결과물과 관련된 것을 의미하며,

오늘날에는 '무엇인가를 새롭게 만드는 독창성'을 의미한다. 즉, 창의성 개념은 19세기 예술 영역의 산물이라고 할 수 있다. 20세기를 지나면서 창의성 개념은 점차 과학은 물론 교육 및 사회 등의 다른 분야로 확산되기에 이른다. 이후 1950년대 길포드(Guilford)에 의해 '창의성'에 대한 연구가 본격적으로 시작되었고, 창의성은 곧 확산적 산출을 사용하여 지식의 변환을 가져오는 과정이라는 시각의 전환점을 마련하게 되었다(Guilford, 1950).

창의성 또는 창의적 능력은 기존의 관습이나 제도, 체제, 사고방식 등에 종속되지 않은 채 독립적이고 개방적인 사고를 활용하여 복잡하고 어려운 문제를 해결하는 것이다(Feldhusen & Treffinger, 1998; Weisberg, 1986). 동시에 국가와 사회 발전에 도움이 되는 가치 있는 생각과 독자적인 발견, 참신한 통찰 등을 수행할 수 있는 지적, 정신적 능력(Amabile, 1996; Lubart, 1994; Sternberg, 1999)을 의미한다. 오늘날 창의성의 의미와 가치가 부각되는 이유는 기술, 정보, 지식 등이 대량으로 양산되는 동시에 그 변화의 속도도 대단히 빠르게 움직이기 때문이다. 또한 급변하는 미래 사회에는 분, 초 단위로 생산되는 폭발적인 지식과 정보들을 단순히 많이 아는 것보다 그중에서도 의미 있고 특별한 정보를 적절하게 취사, 선별하여 문제해결을 위한 해법이나 대안을 찾아내는 능력이 훨씬 중시되기 때문이다(김종백, 2012).

2) 영유아 동작교육과 창의성의 관계

영유아기 창의성 발달에 대한 많은 연구들은 유아기를 발달 특성상 상징을 풍부히 사용하는 창의성 경향이 자연스럽게 나타나는 시기로 본다. 그러나 성장하면서 현실성이 증가함에 따라 오히려 창의성이 감소하는 경향이 나타나므로 유아기가 창의성 발달에 매우 중요한 시기임을 알 수 있다(안미숙, 2020).

유아의 창의성 발달은 상상력을 통해 놀이에서 이루어지며(Herbert, 2006), 비고츠키(Vigotsk)는 유아의 상상력을 '환상', '상상', '창의적 상상력'이라는 용어를 사용하여 창의성 발달에 있어 놀이의 역할을 지지하였다. 영유아 동작의 모든 부분은 신체를 인식하고 움직이면서 이루어진다. 동작은 단순히 가르치는 것이 아니라, 놀이로 배울 때 효과적이며, 놀이를 통해서 활동할 때 적극적으로 참여하고 놀이를 하면서 창의적 동작교육을 만들어 낸다.

이러한 창의적 동작교육은 단지 신체의 움직임뿐만 아니라 내적인 인식을 강조하고 신체와 정신이 포함되는 활동으로 영유아의 상상을 자극하여 스스로 학습하도록 교육이 이루어져야 한다. 신체를 통한 다양한 경험은 창의적 사고의 확장을 유도할 뿐만 아니라, 영유아가 자신의 감정을 표현하고 타인과의 유대를 강화하는 강력한 매개체가 되고 궁극적으로 창의성을 증진시킨다(김경란 외, 2016).

동작교육은 예술적 특성을 갖기 때문에 특히 창의성을 다루어야 할 필요가 있다. 정순주(2011)는 동작에서 창의성을 발현한다고 보고 신체 움직임 자체가 창의적 산출물이 된다고 하였다. 그 의미를 다음 세 가지 특성으로 보고 있다. 첫째 '논리적'인 것이 강조되는 과학적 특성, 둘째, '유용한', '상식적'인 것인 일상적 특성, 셋째, '표현적', '정서적'인 것의 표현적 특성을 모두 갖는다고 주장하였다.

따라서 동작교육과 창의성은 밀접한 관계를 형성하며, 영유아의 움직임이 다양한 활동을 통해 신체로 표현되는 것은 창의적인 사고에 의한 것이다. 영유아의 창의적 사고력을 키워 주기 위해서 교사는 동작교육의 기초 영역에 해당하는 기본 요소와 기본 동작을 정확히 인식한 후, 이를 활용한 창의적인 발문을 제시하여 영유아가 호기심과 흥미를 느끼게 하며 탐색의 과정을 통해 동작 활동의 주제를 발견하게 한다. 놀이를 통해 창의적 신체표현을 유도하는 것이 중요하다.

3) 영유아 동작교육의 국가수준 교육과정과 창의성

유아기 창의성 발달의 중요성이 커지면서 교육 과정의 변화를 통해 창의성 교육을 더욱 강조하고 있다. 2012년 3월부터 시행된 누리과정에서는 창의성과 인성을 매우 중요한 핵심 역량으로 강조하며, 새로운 가치를 창출하고 동시에 더불어 살아갈 줄 아는 인재를 양성하는 것을 목표로 전 영역에 창의·인성교육이 이루어지도록 하였다(교육과학기술부, 2012). 이후 유아의 자율성과 창의적인 역량을 강조하는 동시에 전 영역에 걸쳐 통합적인 전인 발달을 이루도록 구성하였다. 2019년 개정 누리과정에서는 유아의 자율성과 창의성 신장을 위한 놀이 중심 과정을 강조하며 미래 지향적 인간을 길러 내기 위한 핵심 역량을 반영하여 창의적인 사람으로 자라게 함을 구성 방향 내의 추구하는 인간상에 명시하고 있다(교육부, 2019). 놀이를 통한 창의성 발달은 영유아가 다양한 경험을 쌓고, 새롭게 익힌 놀이 방법을 더 심화시키며 또 다른 놀이로 확장해 가는 과정에서 발달한다. 이는 국가수준 교육 과정에서 강조하는 창의성에 대한 접근의 방법을 '동작을 통한 교육'으로 제시하고 있다. 이러한 동작교육은 영유아의 느낌과 생각, 감정 그리고 신체와 정신이 모두 관계된다.

따라서 동작교육은 신체 발달뿐만 아니라, 동작 활동을 통해 주변의 사물과 환경을 탐구하고, 다양한 지식을 습득하며, 창의적 신체표현을 통해서 자아 개념을 발달시키고, 놀이를 통해 상상과 생각들이 함께 어우러져 창의적 능력의 기초가 된다.

4) 창의성의 구성 요소

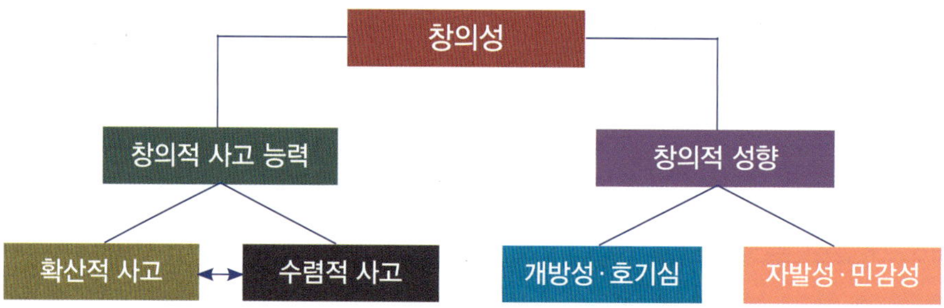

〈그림 7-1〉 창의성 구성 요소

창의성을 구성하는 요소에 대해서는 학자들마다 다양한 의견을 내놓고 있다. 창의성은 크게 '창의적 사고 능력' 과 '창의적 성향'으로 구성된다. '창의적 사고 능력'은 다시 확산적 사고와 수렴적 사고로 구분된다. 길포드(Guilford)는 유창성, 융통성, 독창성과 같은 아이디어 생성을 강조하는 '확산적 사고'가 창의적 사고의 중심이라 설명하였다. 그러나 생산해 낸 아이디어를 사용 가능한 구체적인 아이디어로 평가하고 발전시켜 나가는 것이 중요하며, 이러한 산출물의 적절성에 기여하는 것은 '수렴적 사고'라고 한다. 따라서 창의적 산출물을 위해서는 먼저 확산적 사고 과정을 통해 새롭고 독창적인 아이디어를 생성한 다음, 수렴적 사고 과정을 통해 생성된 아이디어들 중에서 최선의 아이디어를 선택한다고 볼 수 있다.

확산적 사고의 하위 요소로는 유창성, 융통성, 상상력, 독창성, 정교성이 있으며 수렴적 사고의 하위 요소로는 비판 및 평가, 논리 및 추론, 분석, 종합이 있다(이종연 외, 2005).

창의적 사고 능력이 뛰어나다고 해서 실제로 창의성이 높다고 보장할 수 없다. 창의적 사고 능력이 작용하는 과정에서 정의적 또는 태도적 특성인 '창의적 성향'이 요구된다. '창의적 성향'은 개방성, 호기심, 자발성, 민감성의 요소로 구성된다.

본 장에서는 '창의적 사고 능력'에 해당하는 확산적 사고의 하위 요소인 유창성, 융통성, 독창성, 상상력, 정교성(김영채, 1999; 전경원, 2005; Guilford, 1950; Tormace, 1962)과 '창의성 성향'의 요소인 '민감성'을 포함하여 동작교육과 관련(Dodds, 1978)한 동작의 창의성 구성 요소를 제시하였다.

〈그림 7-2〉 동작 창의성 구성 요소

(1) 동작 창의성 구성 요소

도즈(Dodds, 1978)는 동작의 창의성을 심리·운동적 측면에서 분석하여 유창성, 융통성, 독창성, 정교성으로 제안·정의하였으며, 본 장에서는 이 네 가지 요소에 민감성과 상상력을 포함하여 동작의 창의성 구성 요소를 적용하였다.

① 동작의 민감성

민감성은 주변 환경에서 오감(시각, 촉각, 청각, 미각, 후각)을 통해 들어오는 다양한 정보들에 대해 예민한 관심을 보이고, 이를 통해 새로운 영역을 탐색해 나가는 것을 의미한다(전경원, 2004). 즉, 세심한 관심 속에 당연한 것에 대한 의문을 품고 생각해 보는 민감성은 사물을 잘 살피고 집중력을 필요로 하는 관찰력이 매우 중요한 요소이다. 창의성의 출발점인 민감성이 최대한 잘 발달되도록 영유아기부터 꾸준한 훈련이 되어야 한다. 동작의 민감성은 오감에 대한 생각, 감정, 태도를 몸짓으로 표현, 즉 느낌을 표정과 제스처로 나타낸다.

■ 민감성 질문 예시

- (궁금이 상자를 이용하여) 안에 들어 있는 물체는 무슨 느낌이 날까?(촉각)
- 눈을 감고 딸기와 사과 냄새의 차이를 느낄 수 있니?(후각)

■ 동작의 민감성 발문 예시

- 갑자기 터져버린 풍선 소리에 놀라는 모습을 표현해 볼까?
- 다양한 빗소리(이슬비, 장대비, 안개비 등)를 듣고 표현해 볼까?

■ 그림을 활용한 동작의 민감성 발문 생각해 보기

② 동작의 유창성

유창성은 어떤 하나의 문제에 대하여 주어진 시간 내에 많은 아이디어(해결책)나 반응들을 생각해 내는 능력이다. 다른 조건이 동일한 상황에서 정해진 시간 내에 더 많은 아이디어를 생성하는 사람이 더 좋은 아이디어를 생성할 기회를 많이 갖게 된다(Guilford, 1950). 하나의 아이디어에서 다수의 아이디어가 나오는 유창성은 풍부함과 관련된 양적인 능력을 의미한다. 동작에서는 정해진 시간 안에 이루어지는 동작 활동에 포함된 총 동작 반응의 수를 말한다.

■ 유창성 질문 예시

- '네모' 하면 떠오르는 것은 무엇이 있을까? 가능한 많이 떠올려 보자.
- 빨갛고 동시에 먹을 수 있는 것을 2분 동안 생각나는대로 모두 적어 보자.

■ 동작의 유창성 발문 예시

- 국수가 삶아지는 모습을 신체로 표현해 볼까?
- 요술봉을 든 사탕요정은 어떤 춤을 출까?

■ 그림을 활용한 동작의 유창성 발문 생각해 보기

③ 동작의 융통성

융통성은 한 계열의 생각에서 다른 계열의 생각까지를 변화시키는 것으로, 주어진 주제에 대해 다양한 그리고 광범위한 분량의 생각을 생성할 수 있는 능력을 말한다. 고정적인 사고방식이 아닌, 시각을 변환시켜 다양한 아이디어나 해결책을 산출하는 능력이다. 동작에서는 동작 반응의 다양성을 의미하며, 매시간 단위당 산출되는 동작 반응 종류의 수를 말한다.

■ 융통성 질문 예시

- 물을 먹으려는데 컵이 없다면 무엇으로 대신할 수 있을까?
- 종이를 오릴 때 가위가 없다면 자를 수 있는 방법은 어떤 게 있을까?

■ 동작의 융통성 발문 예시

- 다양한 면의 종류(국수, 우동면, 칼국수, 라면 등)를 표현해 볼까?
- 나의 기분을 일기 예보와 같이 표현해 볼까?

■ 그림(사진)을 활용한 동작의 융통성 발문 생각해 보기

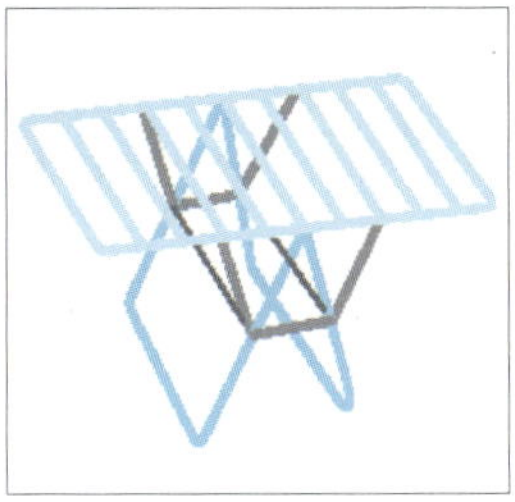

④ 동작의 독창성

독창성은 유연한 사고에서 진전하여 자기만의 희귀하고 참신하며 톡특한 해결책이나 아이디어를 산출하는 능력이다. 창의적 사고의 이상적인 목표로 최고 수준의 사고 능력이라고 볼 수 있다.

동작에서는 새로운 반응을 산출한 경우로 독창적인 어떤 특정 종류의 동작 반응이라 할 수 있다.

■ 독창성 질문 예시

- 새로운 모양의 자동차는 어떻게 생겼을까?
- 친구에게 잘 어울리는 멋있는 별명을 지어 준다면 무엇이 있을까?

■ 동작의 독창성 발문 예시

- 파도가 치는 모습을 신체 전체로 표현해 볼까?
- 파도가 치는 모습을 양손을 사용하여 표현해 볼까?

■ 그림을 활용한 동작의 독창성 발문 생각해 보기

____

____

⑤ 동작의 상상력

상상력은 창의적인 사고의 원동력으로 눈에 보이지 않는 사물을 구체적 이미지로 형상화해 내는 정신 능력이다. 과거의 경험을 바탕으로 앞으로의 계획을 새롭게 표상하는 능력을 의미한다. 동작에서는 어떤 대상에 대한 반응을 자신의 순간적인 생각이나 느낌으로 즉각적이고 자유롭게 표현하는 것이다.

■ 상상력 질문 예시

- 지금 있는 유치원이 우주에 있다면 어떤 일이 일어날까?
- 만약 장난감이 말을 한다면 어떤 일이 일어날까?

■ 동작의 상상력 발문 예시

- 개구리 이미지나 사진을 보고 느낀점을 표현해 볼까?
- 개구리의 성장 과정을 몸으로 표현해 볼까?

■ 그림을 활용한 동작의 상상력 발문 생각해 보기

⑥ 동작의 정교성

정교성은 다듬어지지 않은 기존의 아이디어를 세밀하게 다듬고 구체화시켜 나가는 과정이다. 주어진 문제를 세부적으로 검토하거나 문제에 포함된 의미를 명확하게 파악하고, 문제에 결여된 부분을 찾아 보완하고 정교하게 다듬는 사고 능력이다. 동작의 정교성은 한 가지 동작 반응의 주제에 변화를 주어 다양성을 나타내는 것으로, 산출된 결과(product)와 과정(process)의 측면으로 나누어 볼 수 있다. 예를 들어, 앞으로 구른 후에 계속해서 뒤로 구르거나 다른 유형의 구르기를 하는 것은 동작의 결과 측면에서의 정교화이며, 구르기를 할 때 힘, 높이, 속도 등 다양한 면에서 변화를 주는 것은 동작 과정에서의 정교화라고 할 수 있다.

■ 동작의 정교성 발문 예시

- 옆으로 미끄러지기(꽃게 걸음)를 활동한 후, 앞으로 미끄러지기(말뛰기), 뒤로 미끄러지기 등 다양한 미끄러지기를 움직임으로 표현해 볼까?(동작의 산출된 결과)

- 미끄러지기를 할 때, 동작교육의 기본 요소 중 공간의 범위, 에포트의 시간 등으로 변화를 주며 표현해 보자.(동작의 과정)
- 다양한 단어를 신체표현을 통해 표현해 볼까?

■ 그림을 활용한 동작의 정교성 발문 생각해 보기

___

___

(2) 명화를 활용한 동작 창의성

명화의 사전적 의미는 '아주 잘 그린 그림으로서, 많은 사람에게 널리 알려진 그림'(국립국어원, 2020)이다. 영유아는 명화를 통해 아름다움을 발견하고 즐기는 정서적 반응과 명화가 내포하는 그 시대의 역사와 문화, 사건, 사상 등을 탐색하고 이해하는 지적 반응을 동시에 불러일으키는 활동을 통해 주변 세계를 이해할 수 있다. 이때 교사의 언어적 상호작용이 중요하다. 영유아의 반응을 말로 표현해 주는 것뿐만 아니라, 적절한 동작 창의성 발문과 동작의 개념을 언어화해 주고 다양한 표현을 자극하는 활동을 제시해 줌으로써 영유아가 자기만의 방식으로 풍부한 상상력을 더해 자기표현을 할 수 있도록 한다면 보다 효과적인 교육 활동이 될 수 있다.

발문 예시 ① 크리스마스 전날

크리스마스 전날
(The Day Before Christmas, 1892)
칼 라르손(Carl Larsson, 1853~1919)

- 민감성 : 문 뒤에서 들려오는 소리는 무엇일지, 얼굴 표정으로 이야기해 볼까?
- 유창성 : 그림 속 4명의 어린이가 되어 자유롭게 모습으로 표현해 볼까?
- 융통성 : 어린이들이 문을 여는 모습을 다양하게 표현해 볼까?
- 상상력 : 문 뒤에서 어떤 일이 벌어지고 있을까? 친구들과 함께 표현해 볼까?
- 정교성 : 크리스마스 전날, 어떤 선물을 받고 싶은지 몸으로 표현해 볼까?

발문 예시 ② 송하맹호도

송하맹호도 (松下猛虎圖)
김홍도·강세황

- 민감성 : 호랑이 털의 촉감을 손으로 표현해 볼까?
- 유창성 : 호랑이 꼬리의 모양을 다양하게 표현해 볼까?
- 융통성 : 친구와 함께 호랑이와 소나무가 되어 다양한 모습으로 표현해 볼까?
- 상상력 : 명화 속 호랑이가 움직인다고 상상해 보고 동작으로 표현해 볼까?
- 정교성 : 명화 속 호랑이와 소나무의 모습을 친구와 함께 표현해 볼까?

발문 예시 ③ 아이들의 놀이

아이들의 놀이
(Children's Games, 1560)
피테르 브뢰헬
(Pieter Bruegel the Elder, 1528~1569)

- 민감성 : 즐겁게 놀이할 때, 우리들의 표정은 어떠니?
- 유창성 : 철봉을 하고 있는 모습을 보고, 교실 매트에서 다양한 동작으로 표현해 볼까?
- 융통성 : 화면 중앙에 소녀들의 신부 행진을 결혼식 행진으로 표현해 볼까?
- 상상력 : 그림에서 눈이 내리고 있다면 어떤 놀이를 할 수 있을지 동작으로 표현해 볼까?
- 정교성 : 유아(교사)가 명화 속 놀이를 동작으로 표현하고, 친구들이 놀이 제목을 맞추어 볼까?

발문 생각해 보기 ④ 미식축구 선수들

미식축구 선수들
(The Football Players, 1908)
앙리 루소
(Henri Rousseau, 1844~1910)

- 민감성 : ____________________
- 유창성 : ____________________
- 융통성 : ____________________
- 상상력 : ____________________
- 독창성 : ____________________
- 정교성 : ____________________

2. 영유아 동작 발달과 창의성

영유아는 끊임없이 움직이며 주변 세계를 탐색하고 배운다. 이 시기 영유아들은 강력한 호기심과 활발한 상상력을 보이기 때문에 동작교육을 통해 상상, 탐색, 발견의 기회를 제공하는 것이 필요하다(Pica, 2010). 이러한 환경을 통하여 영유아는 자신의 생각과 경험을 동작으로 표현하는 과정을 거치며 자아를 인식하고 주변의 사물과 환경을 이해한다. 특히 유아기는 운동 기술을 습득하기 위한 새로운 언어를 연습할 필요가 있으며(김은심, 2020) 상상은 동작 언어에 대한 이해를 돕고 유아가 동작 언어와 운동 기술을 연결하여 인지하도록 돕는 효과적인 방법이 된다. 또한 상상력을 통한 활동은 흥미를 자극할 뿐만 아니라 자연스럽게 동작의 기본 요소와 기본 동작을 인식하고 경험하도록 기회를 제공한다. 이러한 과정을 통해 영유아의 움직임은 자연스럽게 창의적 신체표현으로 연결되어 나타날 수 있다. 상상력을 통한 창의적 신체표현은 신체와 정신이 포함되는 활동으로 창의성 발달에 중요한 역할을 한다.

1) 영아기 동작 발달과 창의성

(1) 9~12개월

피아제(Piaget)는 영아기부터 사물과 사람 등에 대한 표상이 일어나며, 9~12개월 정도를 창의성의 기본 요소인 민감성을 키우기 위한 시기라 하였다. 이때는 뚜렷한 창의적 행동이 나타나지는 않지만, 창의성의 기반을 다져 가는 시기로 오감(시각, 촉각, 청각, 미각, 후각)의 감각적 활동을 위한 충분한 탐색의 환경이 주어져야 한다고 주장하였으며, 또한 이 시기의 민감성 훈련은 4세 이후 창의력 발달에 도움이 된다고 하였다.

(2) 1~2세

① 13~18개월

피아제(Piaget)는 13~18개월 정도에는 감각적 기능이 발달되고 호기심이 생겨 문제해결을 시작하게 된다고 하였다. 이 시기는 창의적인 행동들이 나타나기 시작한다. 신체적 발달은 보면 블록을 2~4개 정도 쌓을 수 있고, 감각 기능을 보면 소리를 듣고 소리 나는 물체를 찾아보게 하거나 따뜻한 것과 찬 것을 변별해 보게 하는 활동을 통해 창의성의 기본이 되는 민감성을 키워 나가야 한다. 이 시기 창의적 행동의 특징으로는 흉내 내기, 호기심, 문제해결이 있다. 흉내 내기는 타인의 소리나 행동을 모방할 수 있는 것으로 이 시기 영아의 주요한 창의적 능력이며, 호기심은 신체 활동이 증가하면서 주위 환경에 탐색으로 연결되며 창의성이 길러진다. 문제해결은 시행착오를 통해 스스로 문제를 해결하는 새로운 방법을 시도하게 된다.

② 19~24개월

피아제(Piaget)는 19~24개월 정도에는 재생과 기억 능력이 발달되어 창의력의 기본 요소인 상상력 발달에 도움을 주는 활동을 시작하는 것이 도움이 된다고 하였다. 이 시기는 민감성을 기르기 위해 오감을 중심으로 기본적인 감각 변별 기능을 길러 주는 것이 중요하다. 이전에 경험한 사건이나 동작 재연하기를 시도하며, 사고에 의해 사물과 그림을 맞추고 그것을 재생하는 능력이 생기는 시기이다. 이는 상상력 발달과 함께 영아의 기억, 모방 능력이 증대되어 확장된 가상 놀이로 진행된다. 또한 언어의 상징 체계가 발달되기 시작하여 창의적으로 문제를 해결할 수 있는 능력이 발달하는 시기이다.

(3) 2~3세

피아제(Piaget)는 유아들은 역할 놀이를 통해 창의적 행동이 나타나게 되고 장난감이나 생활도구를 사용하여 창의적 놀이를 하게 된다고 하였다. 이 시기는 신체적인 발달이 왕성해지고 인형 놀이, 병원 놀이, 혼자 놀이에서 더욱 상상력이 가미된다. 2세 정도의 유아는 소꿉놀이, 역할 놀이가 활발하게 일어날 수 있다. 또한 일반적인 물건을 가지고 상상 놀이를 위한 놀잇감을 만들기도 한다. 가상 놀이를 위한 다양한 놀잇감은 2세가 되어야 적합하다. 민감성이 더욱 발달되므로 사물의 차이 변별, 소리 차이의 변별, 사물의 차이를 촉각으로 느끼고 식별하기, 음식의 맛을 보고 짠 맛과 단 맛 등 식별하기, 냄새 식별하기, 두 가지 이상의 감각으로 사물을 식별하는 활동을 하도록 한다. 또한 호기심과 질문이 더욱 많아지고, 상상력과 더불어 추리력도 발달한다. 이 시기에는 음성, 동작, 표정, 그림 등으로 주변 사물이나 대상을 재표현하게 되며, 이를 표현할 때 각 영역에서 창의적인 표현들을 적극적으로 보이게 되므로 각 영역별로 창의적인 행동들을 할 수 있도록 격려해야 한다.

2) 유아기 동작 발달과 창의성

(1) 3~4세

피아제(Piaget)는 상상의 요소가 포함되지만 아직은 실재와 상상을 구분하지는 못하고 놀이를 통해 자신의 경험을 재구성하게 된다고 하였다(이정화, 2003). 이 시기 유아는 자율성이 발달하면서 직접적인 왕성한 움직임을 보이며 이는 창의성의 풍부한 자원이 된다. 다양한 경험과 상상 놀이를 통해 자신의 경험을 보다 많이 표현하게 되고 호기심을 발달시킨다. 또한 청각적인 자극에 매우 민감하여 스스로 다양한 리듬 동작을 만들기도 한다. 이는 유아 자신의 창의적인 욕구를 반영한다. 특히 이 시기에는 역할 놀이가 한층 발달하기 시작하고 상상 놀이나 극놀이 활동이 크게 확대된다.

(2) 4~5세

이 시기는 인지 능력과 언어 능력이 급격하게 발달하게 되고, 그 전보다 대근육 활동이 활발해지고 소근육 발달이 정교하게 발전하여 조작적인 놀이를 하게 된다. 이에 따라 다양한 놀이를 시도하게 되며, 유아의 자율성 발달로 뚜렷한 창의적인 행동이 나타나기 시작하여 자신의 감정과 느낌을 신체로 표현하는 것을 즐겨한다. 신체적인 기술 발달은 물론 사회적 발달 및 정서적 발달이 이루어져 확장된 놀이를 즐기게 된다. 4세의 특징은 인과 관계의 유추가 가능하고 상상과 현실을 인식하게 되며 친구에 대한 관심이 많아지면서 역할 놀이와 가상 놀이 등 놀이가 한층 발달하기 시작한다. 5세의 특징은 주변 사물이나 사람과 상호작용하여 현실을 인식하고 인과 관계 지각이 점차 발달하게 된다. 다양한 주제의 가상 놀이와 언어표현력 발달로 타인과의 의사소통이 가능함에 따라 원인과 결과를 잘 유추하여 문제해결력이 발달한다. 상상력이 급격하게 발전하여 상상의 공포감이 나타나고 감정 형태에 따라 자신의 감정을 정확하게 표현한다(전경원, 2017). 협동 놀이와 극놀이를 할 수 있으며, 이를 통하여 협동하는 능력과 심미감을 발달시키고, 상징적으로 표상화할 수 있는 능력을 기를 수 있다.

3. 영유아 창의적 동작교육과 교사

1) 창의성과 교사의 관계

사람은 살아가면서 여러 가지 문제들과 당면하게 되고 해결하기 위한 과정을 거치며 문제해결 능력을 기르게 되는데 이러한 문제해결 능력을 높이기 위해서는 새로운 의견이나 관점을 기초로 하는 창의력과 창의성은 매우 중요하다(전경원, 1997). 최근 창의인재 육성이 교육에서 중심이 되면서 교사의 창의적 역할 수행이 더욱 중요시되고 있다. 이는 개인의 잠재력을 충분히 발휘할 수 있는 창의적인 사람과 더불어 살아갈 줄 아는 인재를 기르고자 할 때 모든 발달 과정에서 창의성 교육의 중요성이 요구되기 때문이다(최인수 외, 2017). 많은 연구에 의하면 유아의 창의성 발달에 영향력을 미치는 것은 인지 및 사회성 발달과 가정 환경 뿐 아니라, 유아-교사 상호작용이 긍정적인 영향을 주는 것으로 밝혀졌고(김상림, 박창현, 2017), 김정희(2019)는 유아 창의성의 융통성에 유아교사의 교수 행동이 영향을 미치며, 유아교사의 교수 행동은 개방성 및 다양한 관점을 유도하며 유아 창의성을 증진할 수 있다고 하였다. 유아의 창의성 증진에 있어 유아교사의 창의적 인성은 필수 요소이고, 유아교사는 수준 높은 역할 수행을 할 필요성이 요구되고 있다(손현주, 2017). 토런스와 토런스(Torrance & Torrance, 1973)는 유아의 창의성을 증진시키려면 교사의 의지나 신념과 같은 가치관이 중요하다고 강조하였다. 이는 영유아의 창의성 발달이 교사 자신의 창의성에 대한 이해와 관점에 따라 달라질 수 있다는 것이다. 영유아의 창의성 계발에 핵심적인 인적 환경인 교사가 스스로 영유아의 창의성 교육에 대한 신념과 의지를 가지고 있어야 함을 강조한다. 교사의 창의성은 '교사가 가지고 있는 창의성'과 '교사만의 창의성'으로 구분될 수 있는데(최미정, 2007), '교사가 가지고 있는 창의성'은 교사 개인적 측면의 일반적인 창의성 점수가 높고 낮음으로 판단되며 '교사만의 창의성'은 교육 활동을 진행하는 교사가 창의적인 교수 활동 학습법을 사용하여 나타나는 창의성으로서 그들의 수업에 관련해서 판단된다. 이러한 관점에서 나타난 개념인 '교수 창의성'은 교사가 영유아와 교수 학습을 통해 나타나는 창의성을 의미하며(구슬아, 2018), 교사가 영유아들과 학습하는 교수 활동 속에서 교사의 창의적 요소들을 잘 활용하여 교수 활동에 반영하는 것이다. 교수 창의성은 영유아의 창의적인 능력 향상에 매우 중요한 작용을 하는 변인이라 할 수 있다. 김동례와 백영숙(2015)은 교수 창의성이 교사와 영유아의 상호작용에 긍정적인 매개 역할을 하는 중요한 변인임을 밝히며, 교수 창의성에 따라 교사와 유아의 학습 과정에서 교사-유아 상호작용이 활발하게 이루어진다고 밝혔다(이지현, 2013).

정리해 보면, 영유아 교사의 창의성은 영유아들에게 미치는 파급력이 큼과 동시에 영유아의 잠재된 창의적인 능력을 높이는 역할을 하기 때문에 매우 중요하며(김호, 2008), 유아교육 과정에 있어서 교사가 현장에서 발휘하는 교수 창의성은 유아가 확산적인 사고를 할 수 있도록 하고 주변을 탐색하고 호기심을 자극하게 하는 중요한 역할을 한다. 따라서 교사의 창의성은 유아의 사고와 생각을 확장시켜 주고, 새로운 지식을 재해석하는 기회를 제공함으로써 폭넓은 사고를 할 수 있도록 하는 교수 전략이다(Haliwell, 1993: 김수연, 2016, 재인용). 그러므로 교사는 유아의 창의성 계발을 위해 먼저 교사로서 자신의 역할에 대한 중요성을 인식하고, 자신의 인식이 유아의 창의성 증진에 영향을 준다는 것을 깨달아 익숙하고 잘하는 것보다 새로운 것에 도전하는 사고와 창의성에 대한 인식과 이해 수준 및 의도적인 노력을 통해 창의성을 계발시켜야겠다는 강한 의지를 가져야 한다.

● 창의성 교육을 위한 교사 역할 점검해 보기

영유아 시기에 창의성 증진을 위해 영향력을 발휘할 수 있는 준비된 교사가 되는 것이 중요하다. 힐맨(Hallman, 1967)과 로저 뵌 외흐(Roger Von Oech, 1983)가 제시한 다음 요인들(〈표 7-1〉)을 살펴보고 자신을 스스로 점검하도록 한다.

〈표 7-1〉 창의성을 질식시키는 교사 요인과 저해하는 요인

창의성을 질식시키는 교사 요인 (Hallman, 1967)	
• 획일주의	• 권위주의적인 태도
• 엄격하고 융통성 없는 성격	• 조소나 냉소
• 평가에 대한 지나친 강조	• 확실성에 대한 지나친 요구
• 성격이 다른 사람에 대한 적대감	• 성공에 대한 지나친 강조
• 놀이 습관에 대한 비관용적인 태도	

창의성을 저해하는 요인 (Roger Von Oech, 1983)	
• 정답은 하나다.	• 그것은 내 분야가 아니다.
• 그것은 논리적이지 않다.	• 바보짓은 하지 마라.
• 규칙을 따르라 .	• 중의성을 피하라.
• 실용적이 되라.	• 실수는 잘못된 것이다.
• 놀이는 하찮은 것이다.	• 나는 창의적이지 않다.

2) 창의적 동작교육과 교사의 역할

골드만(Goldman, 1992)은 창의성은 마음속에서만 발생하는 것이 아니며 "사고와 감정, 정신과 신체 간의 관계"가 창의성을 자유롭게 하는 데 더 중요하다고 보았다. 즉, 사고와 감정, 정신과 신체 사이의 관계를 수립하는 데 창의적인 동작의 필요성을 강조한다. 동작교육은 영유아기의 발달 특성을 중심으로 고려되어야 하며 동작을 통해 자기 생각과 감정을 표현함으로써 즐거움과 성취감을 느끼도록 하는 것으로(이정애, 2016) 창의적 동작교육을 위해 교사는 영유아의 상상력과 흥미를 자극하기 위한 그림, 이야기 등의 다양한 자료를 활용해야 하며, 영유아가 운동 기술을 배울 수 있도록 다양한 동작을 연습하고 익힐 수 있는 기회를 제공한다(김은심, 2020). 또한 교사는 개별 유아의 특성을 파악하여 유아의 호기심과 욕

구를 충족시켜 주면서 적극적인 탐색과 움직임을 통해 능동적인 발견을 하고, 사고가 확장될 수 있도록 도와야 한다.

창의적 동작 활동을 위한 교사의 역할은 다음과 같이 정리해 볼 수 있다(김화숙, 2006, 재구성).

첫째, 영유아에게 상상할 수 있는 환경과 기회를 제공하여 능동적 학습을 유도하는 역할을 한다. 창의적 영유아 동작교육을 위한 교수 활동은 활동 자체가 창의적이며, 영유아가 재미있게 학습할 수 있고, 영유아의 창의적 사고를 유발하도록 동작교육을 계획하는 것이다.

둘째, 창의적인 행위를 장려하고 용기를 북돋아 주며, 새로운 아이디어에 대해 끊임없이 격려함으로써 영유아가 자신감을 갖게 하는 역할을 한다. 영유아의 독창적인 아이디어를 존중하고 실천을 지원하는 교사의 수용적인 태도가 요구된다.

셋째, 놀이와 연결하여 지속적인 흥미를 통해 창의적 신체표현이 되도록 이끌어 주는 역할을 한다. 이때 영유아의 어떤 표현이라도 존중해 준다.

넷째, 신체의 움직임에 관심을 갖게 하여 영유아 자신을 표현할 수 있는 풍부한 기회를 자주 제공하는 역할을 한다. 이는 자유롭고 즐겁게 움직이면서 자신과 세상과의 의사소통이 가능하다는 것을 경험하게 한다.

다섯째, 주변의 사물, 환경, 자연 등 모든 것에 관심을 갖게 하여 움직임을 통한 호기심을 유발하게 하는 역할을 한다. 이는 사물, 환경, 자연을 동작으로 표현함으로써 섬세한 관찰력을 증진시킨다.

여섯째, 즉흥표현, 상상표현, 표제음악 감상을 통하여 자신의 신체로 표현하는 즐거움과 성취감을 느끼게 하는 환경을 제공하는 역할을 한다.

일곱째, 개방적인 수업 분위기 속에 자율적으로 참여하여 영유아에게 책임감을 느낄 수 있는 기회를 제공하는 역할을 한다. 편안하고 개방적이며, 수용적인 분위기를 제공하되 영유아 스스로 참여하게 유도함으로써 책임감을 향상시킬 수 있다.

이와 같이 동작 활동에서 교사는 영유아가 스스로 발견하고(discovery), 느끼고(awareness), 자기표현(self-expression)을 하게 하며 이를 통해 발산적 문제해결

(divergent problem solving)로 연결되는 다양한 움직임의 반응을 허용한다. 이로써 영유아가 스스로 해결하게 하는 창의적 신체표현을 표출하게 된다. 더불어 동작 활동 시 창의적 사고를 증대시킬 수 있는 교사의 발문을 사용하여 영유아의 창의성을 신장시켜야 한다. 즉, 교사는 동작교육과 영유아의 운동 발달에 대한 지식을 바탕으로 환경 구성자, 계획자, 평가자, 관찰자, 촉진자 등 다양한 역할을 수행해야 하며, 이러한 교사의 역할은 영유아의 운동 기술 습득 및 신체 활동의 참여와 사회, 인지, 언어 등 다방면의 발달에 영향을 미치기 때문에 무엇보다 중요하다고 할 수 있다(Schurr, 1980; NASPE, 2009a; SHAPE America, 2014; 민가혜, 2021, 재인용)

교사로서 유아의 창의성 증진을 위해 노력하고 있는지 수시로 점검해 본다. '교사의 역할 수행 척도' 체크 리스트는 〈표 7-2〉와 같다.

〈표 7-2〉 교사의 역할 수행 척도 체크 리스트

다음은 유아 창의성 증진을 위한 교사의 역할 수행 척도(문미옥, 1999)를 동작교육에 맞게 수정한 체크 리스트이다. 유아의 창의성 증진을 위해 노력하고 있는지 수시로 점검해 보도록 하자.

증진 요소	내용	체크
몰입/지속성 증진	1. 유아들이 하고자 스스로 계획한 것은 어려움이 있더라도 달성하도록 격려한다.	
	2. 유아에게 궁금한 점이 있으면 궁금증이 해결될 때까지 노력하도록 한다.	
	3. 끈기가 있고 자기주장이 있는 유아의 행동을 격려한다.	
	4. 유아가 열중하고 있는 상황에는 개입하지 않는다.	
	5. 유아가 일단 시작한 활동은 유아가 힘들어하더라도 완성하도록 격려한다.	
	6. 유아들이 구성한 결과물을 전이하여 작업할 수 있도록 한다.	
	7. 유아들 간의 관계에서 친구의 감정을 파악하도록 한다.	
	8. 유아의 생각에 대해 그 이유를 물어본다.	
	9. 유아의 아이디어가 어떤 것일지라도 선생님은 이를 존중한다는 표현을 한다.	
	10. 유아 간에 문제 상황이 생겼을 때 해결책을 가능한 한 많이 생각해 내도록 한다.	
	11. 유아가 신체표현을 할 때 정교하게 한 점을 칭찬한다.	
	12. 유아가 한 신체표현에 있어서 남과 다른 부분을 칭찬한다.	
	13. 질문을 한 후 유아가 충분히 생각할 시간을 기다려 준다.	

증진 요소	내용	체크
융통성 증진	14. 신체 활동 도중 필요한 도구가 없을 때 대신 사용할 수 있는 도구가 무엇인지 생각해 보게 한다.	
	15. 신체표현을 할 때 최소한의 기본 방법만 알려 주고 그 외의 방법 등은 자유롭게 하도록 한다.	
	16. 유아들이 활동할 때 합의가 되면 규칙을 바꿀 수 있도록 한다.	
	17. 유아가 다른 사람의 아이디어를 존중하도록 한다.	
	18. 신체표현을 할 때 유아들에게 역할을 서로 바꾸도록 한다.	
	19. 표현한 신체 활동에 대해 여러 가지 제목을 붙여 보게 한다.	
독창성 증진	20. 유아의 엉뚱한 생각과 행동에 수용적인 반응을 보인다.	
	21. 유아가 하는 질문은 어떠한 내용이라도 수용적으로 반응한다.	
	22. 유아들이 남과 다른 아이디어를 낼 때 칭찬한다.	
	23. 유아에게 "새가 된다면 어디로 가서 무엇을 할까?" 등 상상할 수 있는 기회를 제공한다.	
	24. 유아들에게 한 번도 경험하지 못한 상황이나 도구를 제시해 준다.	
	25. 유아들에게 자유로운 신체표현을 하게 한다.	
정교성 증진	26. 유아가 탐색할 때 오감각을 모두 사용하도록 한다.	
	27. 신체표현을 하고 난 후 새롭게 알게 된 점을 표현하게 한다.	
유창성 증진	28. 유아에게 어떤 식물이나 현상의 공통점과 차이점을 정해진 시간 안에 많이 생각하도록 하는 활동을 한다.	
	29. 유아에게 어떤 사물이나 현상의 특징을 짧은 시간 안에 많이 말하도록 하는 활동을 한다.	
	30. 유아에게 짧은 시간에 많은 단어를 생각해 내도록 한다.	
	31. 유아에게 즉석에서 신체표현을 하도록 한다.	

3) 놀이 중심 동작교육과 교사의 역할

2019 개정 누리과정에서 강조하는 유아 놀이 중심 교육과정을 실행하기 위해서 교사의 역할은 매우 중요하다. 개정 누리과정에서 교사의 역할 중 가장 두드러진 변화는 교육 과정을 운영하면서 교사의 자율성을 확대하고 현장에서 유아의 놀이가 살아날 수 있도록 교육 과정을 간략화한 것이다. 교사는 유아를 교육 과정 운영의 주체자이자 유아를 교사와 함께 교육 과정을 구성해 가는 공동 구성자로 인

정하며, 유아가 놀이 자료를 보고 어떻게 놀이를 구성해 나갈지 안내하고 지지하여야 한다(교육부, 보건복지부, 2019c). 즉, 목적과 목표를 가지고 놀이를 하는 것보다 놀이가 진행되는 과정에서 즐거움을 느끼고 흥미가 확장되어 유아 스스로 놀이의 의미를 찾아갈 수 있도록 한다. 그러므로 교사는 수업을 미리 계획하여 활동을 제공하는 것이 아니라, 유아의 놀이를 관찰하여 필요로 하는 놀이 자료를 지원하며 놀이가 확장될 수 있도록 해야 한다. 적절한 교사의 개입은 유아에게 다양하고 구체적인 경험의 놀이 환경을 제공하며 높은 발달적 수준의 놀이 참여를 가능하게 한다(이연희, 2008). 놀이 중심 동작교육 역시, 유아로 하여금 자신의 신체를 이용한 다양한 놀이 경험을 자연스러운 놀이 상황에서 스스로 발현시키도록 하여 신체 활동에 즐겁게 참여하고 다양한 움직임의 확장을 통해 동작 활동의 즐거움을 경험하게 한다. 이러한 동작교육 활동은 신체와 동작에 대한 기본적인 동작교육의 이해를 갖춘 전문적인 교사의 역할을 필요로 한다. 교사는 유아의 움직임에 대한 욕구를 최대한 존중하며 놀이 중심의 신체 활동 과정에서 다양한 동작을 탐색하도록 하는 기회를 제공하고 유아가 동작의 기본 요소와 기본 동작을 통한 창의적인 신체표현을 할 수 있도록 한다.

놀이로 시작되는 동작교육 활동은 많은 에너지를 방출해 낼 수 있는 시간이므로 유아가 충분히 쉬었을 때, 그리고 다른 활동으로 인해 지나치게 흥분하지 않았을 때에 동작 활동을 계획하는 것이 좋다. 휴식 시간이나 이야기 시간에 이어서 동작 활동을 하거나, 혹은 아침 등원 후에 간단하게 동작 활동을 할 경우 성공할 확률이 높다(Cherry, 1971). 따라서 2019 개정 누리과정 동작교육에서 교사의 역할은 유아가 놀이하며 배운다는 가치를 믿고, 유아 중심의 놀이가 살아나는 동작교육을 실천하기 위한 책임감을 갖는 것이다. 이는 교육의 주체자로서, 전문가로서 유아의 충분한 탐색과 놀이 과정의 경험을 지원해 자율성과 창의성을 신장시키고 행복과 전인적 발달을 돕는 것이다.

Chapter 08

영유아 창의동작교육 활동

언어적 표현 능력이 부족한 영유아는 다양한 표상 활동을 통해 자신의 경험과 느낌을 자유롭게 표현할 수 있다. 동작 활동은 영유아에게 생각과 느낌을 비언어적으로 표현할 수 있는 기회가 되며, 창의적 신체표현 활동은 영유아에게 생각과 상상을 할 수 있는 기회를 제공한다. 이때 교사의 언어적 지원, 즉 동작 창의성과 관련된 다양한 발문은 창의적 움직임을 하도록 유도하는 데 중요한 역할을 한다. 이러한 자유롭고 창의적인 움직임을 기반으로 한 신체표현 활동은 영유아의 창의성, 사회성, 언어 능력, 운동 능력 등 다양한 영역의 균형적 발달과 향상에 기여함으로써 영유아의 바람직하고 조화로운 성장에 중요한 역할을 담당할 수 있다. 창의적 신체표현 활동은 음악, 명화, 그림책, 스토리텔링, 전통춤, 극놀이, 전통놀이, 멀티미디어, 도구 등을 활용한 것으로 다른 활동들과 연계되어 놀이로 수행될 경우, 영유아들의 관심과 흥미, 몰입을 유발하고 이를 통해 보다 폭넓고 심화된 창의적인 교육적 효과를 거둘 수 있다.

1. 음악을 통한 창의동작교육 활동

영유아는 음악을 들으면 본능적으로 몸을 움직인다. 영유아에게 있어 음악에 따라 몸을 움직인다는 것은 말하기처럼 자연스러운 학습의 시작이다. 영유아는 음악에 대해 느끼고 이해한 것을 신체를 통해 외부로 드러내게 됨으로써 다양한 신체표현으로 전이된다. 이러한 신체표현이 음악 감상으로서의 표현 활동이 되기 위해서는 음악에 맞춰 단순히 몸을 흔드는 것과는 구분되는 활동이어야 한다. 즉, 음악을 주의 깊게 듣고 음악을 분석하는 과정에서 음악의 셈여림, 음색, 선율, 리듬(박·박자·장단·리듬 패턴·빠르기), 형식 등의 음악적 요소에 집중하여 그 특징을 인식하고 동작으로 표현하는 과정이다. 이는 음악·동작 개념과 요소의 이해를 위해 중요한 의미를 지닌다. 특히 달크로즈(Dalcroze)는 음악의 핵심 요소인 리듬이 '시간(time)', '공간(space)', '힘(energy)'에서 존재한다는 주장은, 결국 리듬의 정의에 동작의 요소들이 포함되어 있으므로 움직임을 통해 음악의 리듬 요소를 보다 효과적으로 학습한다는 주장이다(국혜인, 2009).

오르프(Orff)도 음악은 동작의 도구이며 동기를 부여하는 요인으로 음악과 동작을 하나로 표현하였다(Choksy, et al., 2001, 재인용). 고든(Gordon, 1997)은 동작표현은 음악에 대한 즐거움을 나타내는 자발적인 반응이고, 음악의 요소를 이해하는 수단이 된다고 보았다. 그러므로 유아기에 다루어야 할 음악의 개념과 요소들은 동작과 관련시켜서 설명되어야 하며(Pica, 2004), 고정리(2014), 박은희 등(2011)은 음악적 요소와 결합된 신체표현 활동을 수행할 때 자아존중감, 주의 집중력, 자기조절 능력 등이 더욱 많이 향상되었음을 보고하고 있다(윤지은, 2020).

음악을 통한 창의동작교육의 예시
● 활동명 | 캥거루 놀이
● 활동 형태 | 소집단
● 활동 목표
• 짧고 긴소리를 신체로 표현할 수 있다. • 두 발 모아 뛰기를 할 수 있다. • 캥거루의 움직임에 관심을 가진다.

● 활동 자료 | 생상스의 〈동물의 사육제〉 중 '캥거루' CD, 우드 블록, 짧은 리본 막대, 긴 리본 막대, 캥거루 사진, 캥거루 발자국, 보자기, 작은 인형, 공 등

● 누리과정 관련 요소

• 신체운동·건강〉 신체활동 즐기기〉 신체를 인식하고 움직인다.
• 신체운동·건강〉 신체활동 즐기기〉 신체 움직임을 조절한다.
• 자연탐구〉 자연과 더불어 살기〉 주변의 동식물에 관심을 가진다.

● 동작의 기본 요소

• 신체〉 신체 부분, 신체 전체
• 에포트〉 힘, 시간
• 공간〉 높낮이, 경로, 범위
• 관계〉 사물과의 관계

● 기본 동작 | 비이동 동작〉 흔들기, 회전하기
이동 동작〉 발끝으로 걷기, 점프, 슬라이딩

● 활동 내용

|도입|
• 캥거루 사진을 소개하며 모습과 특성에 대해 알아본다.
• 캥거루의 움직임을 영상 자료로 보며 탐색해 본다.
– 본 적이 있니? 어디서 보았니?
캥거루는 어떤 모습으로 움직일까?

|전개|
• 생상스의 〈동물의 사육제〉 중 '캥거루' 음악을 감상한다.
– 음악을 들으니 캥거루의 어떤 모습이 그려지니?
– 음악 소리가 어떻게 들리니?
– 올라가는 소리, 내려가는 소리가 들리니?
– 짧은 소리를 들을 수 있었니?
– 빠른 소리와 느린 소리를 느낄 수 있니?
• 캥거루의 움직임을 이야기한 후 소리와 몸으로 표현해 본다.
– 캥거루가 높게 뛰는 모습을 어떻게 표현할 수 있을까?
– 먹이를 향해 빠르게 달려가는 캥거루의 모습은 어떻게 표현할까?(뒷다리로 움직임)
– 아빠 캥거루가 아기 캥거루와 다르게 넓게 뛰는 모습을 표현해 볼까?
– 캥거루가 두발로 쿵쿵쿵 힘 있게 뛰는 모습과 콩콩콩 가볍게 뛰는 모습을 표현해 볼까?
– 목소리로 '아,아,아,아'를 짧은 소리로 내볼까? 이번엔 목소리를 내며 살금살금 걷는 아기 캥거루가 되어 볼까?
– 목소리로 '우~~~~'를 긴소리로 표현해 볼까? 이번엔 목소리를 내며 제자리에서 회전하기로 표현해 볼까?
– 음악이 빠른 부분과 느린 부분을 어떻게 표현해 볼 수 있을까?

• 캥거루 발자국을 준비한다.
– 바닥에 발자국을 붙여 놓고, 음악과 함께 밟으며 움직여 볼까?
  (이동 동작〉 걷기, 점핑, 슬라이딩)
  (비이동 동작〉 구부리기, 흔들기, 회전하기)
• 짧은 리본 막대와 긴 리본 막대를 소개한다.
– 두 가지의 리본 막대 중 어떤 것으로 캥거루의 움직임을 표현해 볼까?
– 짧은 리본 막대를 위, 아래로 흔들어 볼까? 긴 리본 막대를 원을 만들어 돌려 볼까?
  (음악 앞부분은 짧게 위아래로 흔들기, 뒷부분은 원을 만들어 표현해 보기)
– 보자기로 인형(공)을 안고 캥거루 아기 주머니를 표현해 보며 뛰어 볼까?

|마무리|
• 음악을 감상하고 표현한 느낌에 대해 이야기 나눈다.
– 어떤 점이 재미있었니?
– 어떤 표현을 더 해 보고 싶니?

|확장 활동|
• 스타카토와 레가토를 몸으로 표현해 보자.

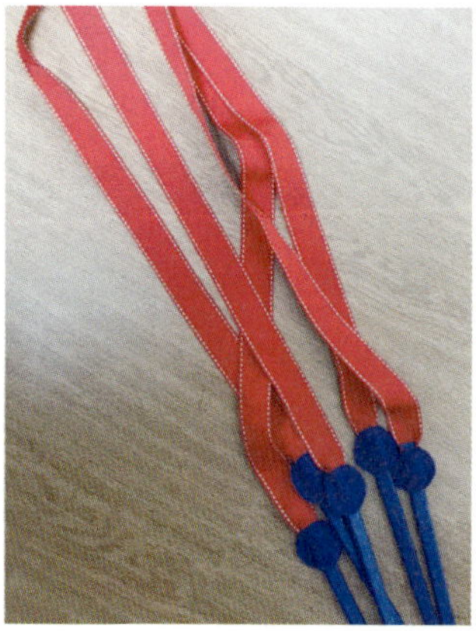

2. 명화를 통한 창의동작교육 활동

명화 감상은 '명화를 보고 그림 속에 반영된 주제, 그림의 내용과 전체 구도, 미적 표현 방식, 작가의 의도 등을 추론하고, 그에 대한 자신의 느낌과 생각을 자연스럽게 표현하는 활동'으로 정의된다(김우영, 2014). 박휘락(2003)에 의하면 유아기는 상징을 읽을 수 있는 능력이 발달하는 시기이기 때문에 그림을 보는 순간에 직관적으로 기쁨을 느끼며, 그림 속의 상황이나 색에 몰입해서 온갖 생각과 상상을 만들어 내거나 공상의 세계에 빠지기도 한다고 보았다. 유아기에 이러한 경험들은 시각적 상징을 나타내기 위한 학습에 중요한 역할을 하며, 또한 명화에 대한 그들의 다양한 반응이 존중받을 때 그림 속에 담긴 이야기를 통해 한 문화를 엮어 주고 비교하는 관점을 배우게 되며, 그 반응을 더욱 구체적으로 표현하게 된다(Thompson, 1995). 따라서 유아의 이러한 표현들을 동작의 기본 요소와 관련시켜 표현할 수 있는 교사의 언어적 상호작용이 중요하다. 즉, 명화 감상 활동은 유아들이 보고, 느끼고, 생각한 것을 보다 적극적으로 표현할 수 있도록 유아의 반응을 말로 표현해 주고, 적절한 발문과 동작의 개념을 언어화해 주고 다양한 표현을 자극하는 과제를 제시해 줌으로써 무엇을 표현하는지 어떻게 표현하는지에 대한 사고 과정을 도와준다. 또한 유아들이 더욱 창의적이고 복잡한 동작으로 표현하는 것을 즐기기 위해서는 명화를 더 세밀하게 보고, 다양하고 새로운 방법으로 변형시켜 보는 가운데 미적인 자극과 풍부한 예술적 감동을 체험하게 된다.

유아에게 있어서 동작은 단순히 움직인다는 것 이상의 것으로 자신이 보고 느끼고 경험한 것을 자유롭게 표현하는 자기표현과 의사소통의 수단이다. 그러므로 그 표현의 질을 높여 교육적 효과를 도모하기 위해서 명화 감상을 통하여 더 세밀하게 더 의미 있게 보고, 자신의 경험과 관련하여 느끼고, 생각한 것을 더욱 구체적으로 다양하게 표현하게 함으로써 보다 발전된 동작의 기술을 이끌어 낸다.

명화를 통한 창의동작교육의 예시

● 활동명 | 가족

● 활동 형태 | 소집단

● 활동 목표

• 자신의 생각과 느낌을 자유롭게 표현할 수 있다.
• 자신의 움직임을 다양하게 표현하고 조절해 볼 수 있다.
• 명화를 바르게 감상하는 태도를 기른다.

● 활동 자료 | 고야의 〈카를로스 4세 가족의 초상〉 명화, 보자기, 모자 등

● 누리과정 관련 요소

• 신체운동·건강〉 신체 활동 즐기기〉 신체를 인식하고 움직인다.
• 신체운동·건강〉 신체 활동 즐기기〉 기초이동 운동, 제자리 운동, 도구를 이용한 운동을 한다.
• 예술경험〉 예술 감상하기〉 다양한 예술을 감상하며 상상하기를 즐긴다.
• 예술경험〉 창의적으로 표현하기〉 움직임과 춤으로 자유롭게 표현한다.

● 동작의 기본 요소 : 신체〉 신체 부분

● 기본 동작 : 비이동 동작〉 앉기, 뻗기, 구부리기

● 활동 내용

|도입|
• 선생님의 가족사진을 소개한다.
– 각각 누구일까?
– 몇 명으로 구성된 가족일까?
– 언제 촬영한 것일까?

|전개|
• 고야의 〈카를로스 4세 가족의 초상〉을 감상한다.
– 그림에 있는 사람들은 누구일까?
– 무엇이 가장 먼저 보이니?
– 그림의 느낌이 어떠니?
– 그림의 색상은 어떠니?
– 그림은 무엇으로 그렸을까?
– 그림에 제목은 무엇일까?
– 여기 그림에 있는 사람들의 기분은 어떤 것 같니?
– 몇 명으로 구성된 가족일까?
– 내가 화가라면 이 그림의 제목을 어떻게 붙여 주고 싶니?

• 신체로 표현해 본다.
– 그림에 있는 사람들이 어떻게 하고 있니?
– 3명의 친구들이 가운데 있는 왕비와 자녀들의 모습을 표현해 볼까?
– 엄마 품에 안겨 있는 아이는 어떤 느낌일까? 몸으로 표현해 볼까?
– 내가 명화 속 인물이라면 어떤 포즈를 할까?
– 명화 속에 얼굴이 보이지 않는 사람의 모습을 표현해 볼까?
– 명화에서 보여지는 각자의 위치와 발의 모습을 표현해 볼까?
• 우리 가족의 모습을 표현해 본다.
– 아빠가 안아 주실 때는 어떻게 안아 주시니?
– 엄마가 나에게 "사랑해"라고 말할 때는 어떻게 해 주시니?
– 동생이 놀아 달라고 할 때는 어떻게 하니?
• 다양한 표정으로 친구들과 가족의 모습을 표현해 본다.
• 3, 4명의 가족을 구성하여 자유롭게 표현한 후 사진을 찍어 본다.
|마무리|
• 명화를 감상한 느낌에 대해 이야기 나눈다.
• 가족에 대한 이야기를 나눈다.
|확장 활동|
• 나의 가족을 그림으로 그려 본다.
• 명화 위에 말풍선을 만들어 본다.

3. 그림책을 통한 창의동작교육 활동

그림책은 문학과 미술이 하나로 융합된 예술 형식이다. 그림책의 글과 그림은 각각 독자적인 영역을 가지면서 하나로 융합된 또 다른 세계를 창조할 때 서로 그 빛을 더해 준다. 그러므로 좋은 그림책은 글의 문학적 요소와 그림의 예술적 요소가 잘 조합되어 이해함으로써 그림책을 깊이 있게 감상할 수 있고 그것을 통해 즐거움과 감동을 느끼며 때로는 치유를 받는다(안진경 외, 2017). 또한 유아에게 흥미와 경험을 풍부하게 해 주며 글을 읽지 못하더라도 그림을 통해 의미를 해석하여 창의력, 사고력, 상상력을 증대하고 인지, 언어 등의 영역에 긍정적 영향을 줄 수 있다(Mol, Bus, de Jong, & Smeets, 2008; O'Connor, 2014). 그림책에는 유아의 일상생활은 물론 마음을 이해할 수 있는 세계 이외에도, 유아에게 더없이 좋은 탐색 대상으로서의 세계가 펼쳐져 있어 어른이나 유아 모두에게 서로를 이해하고, 세계를 탐색할 수 있는 좋은 기회를 제공해 준다. 이는 유아들의 흥미를 유발시키며 상상력을 증진시킬 수 있고 책을 읽으면서 자연스럽게 그 속에 내포된 정보를 받아들일 수 있어 그림책을 통한 활동은 유아들의 창의성 발달에 좋은 도구가 될 수 있다. 그림이 주체가 되며 글과의 조합을 통해 흥미로운 언어 소통을 하는 그림책은 다감각적 경험 즉, 시각적인 경험뿐 아니라 촉감을 느낄 수 있는 기회를 제공하기 때문에 유아에게 상상력과 창의성, 심미감을 발달시키는 매개체가 된다(현은자 외, 2007).

모든 유아들이 좋아하는 교수-학습의 중요한 매체로서 그림책의 내용에는 다양한 동작의 요소가 포함되어 있어 유아들로 하여금 자연스럽게 신체표현이나 움직임을 이끌어 낼 수 있다(Clements & Oosten, 1995). 유아들은 그림책 이야기를 듣고, 등장인물들의 모습을 신체로 표현하기 위해 오감을 통해 다양한 정보를 민감하게 받아들이며 여기에 자신만의 아이디어를 더하여 표현하면서 민감성 향상과 다양한 동작 능력을 탐색해 보는 기회를 갖게 되는데, 이를 통해 상상력, 창의적 신체표현 능력이 증진될 수 있다고 보고하였다(강연홍, 2007; Clements &

Oosten, 1995).

창의적 신체표현 활동에 적합한 그림책은 동적인 등장인물이 있고 반복적이며 특정적인 인물이 있는 내용이 좋고(김은심, 2008), 등장인물의 몸짓, 표정, 행동을 잘 인식할 수 있는 동작어가 이야기 속에 포함되어 있는 것이 적합하다.

유아는 그림책을 보고 들으면서 자신의 생각을 신체를 사용하여 새롭게 확장하여 표현해 보는 경험을 갖는다. 다른 유아가 표현한 새로운 신체 모양에 이름을 붙이고, 친구가 자신의 신체를 활용하여 어떤 이야기를 하는지 추측해 보고 친구와 서로 다른 신체표현을 하기 위해 움직여 보는 기회를 갖는다. 또한 친구들의 신체표현 모습을 보며 자신의 신체표현을 더 정교화해 간다. 이러한 경험들이 유아의 민감성, 독창성, 유창성에 긍정적인 영향을 준다(안경숙, 신애선, 2016). 좋은 그림책은 그 자체가 교과서가 되고 간접적 경험을 할 수 있는 기회를 제공하는데 그림책의 내용에 따라 신체표현 활동 이외에도 미술 활동, 역할 활동, 음률 활동 등으로 확대되어 유아의 창의성 증진을 위한 교육 활동이 될 수 있다(오성숙, 유민임, 2016).

이러한 그림책을 통한 신체표현 활동이 유아의 창의성을 향상시킨 것은 다양한 그림책 내의 동작 요소를 통해 체계적 탐색의 기회를 갖고 표현해 보는 과정과 경험을 통해 인지적 능력의 발달에까지 영향을 미친 것이라 추측해 볼 수 있다.

그림책을 통한 창의동작교육의 예시
● 활동명 : 곰 사냥을 떠나자
● 활동 형태 | 대집단(10~15명)
● 활동 목표
• 그림책 이야기를 듣고 등장인물의 표정이나 움직임을 신체로 표현할 수 있다. • 자신의 생각과 느낌을 신체를 이용하여 창의적으로 표현할 수 있다. • 신체표현 활동에 자신감을 가지고 적극적으로 참여할 수 있다
● 활동 자료 | 그림책 『곰 사냥을 떠나자』

● 누리과정 관련 요소

- 신체운동·건강〉 신체 활동 즐기기〉 신체 움직임을 조절한다.
- 의사소통〉 듣기와 말하기〉 자신의 경험, 느낌, 생각을 말한다.
- 예술경험〉 창의적으로 표현하기〉 신체나 도구를 활용하여 움직임과 춤으로 자유롭게 표현한다.

● 활동 내용

|도입|

- 그림책 제목을 알아본다.
  - 이 그림책을 본 적이 있니?
  - 이 그림책 제목은 무엇일까?
  - 제목만 보고 생각나는 것은 무엇이니?
- 그림책 표지 그림을 보고 어떤 내용의 이야기가 전개될 것인지 예측해 본다.
  - 어떤 이야기가 숨어 있을 것 같니?

|전개|

〈그림책 듣기〉

- 그림책의 내용을 그림을 보며 듣는다.
- 유아가 자신의 경험, 생각, 느낌과 관련지어 그림책의 내용에 대해 이야기 나눈다.

〈동작 요소 익히기〉

- 그림책에서 가장 인상 깊은 장면을 찾아본다.
  - 어떤 장면이 가장 재미있었니?
  - 가장 기억에 남는 장면은 무엇이니?
- 그림 장면을 관찰하면서 다양한 동작의 가능성을 탐색하고 신체로 표현한다.
  - 등장인물이 풀밭을 헤치고 지나가는 모습은 어떠니?
  - 그림에서 곰이 어떻게 걸어가고 있니?
- 경우에 따라서 교사가 시범을 보여 줄 수 있다.
- 〈신체표현하기〉
- 『곰 사냥을 떠나자』 동화 내용에 대해 이야기한다.
  - 그림책 속에 나오는 사람들이 어디로 가고 있었니?
  - 그림책 속에 나오는 사람들이 어디를 지나게 되었니?
  - 그림책 속에 나오는 사람들이 어떻게 움직였니?
  - 강을 건널 때 어떻게 움직이며 건넜니? 어떤 소리가 났었니?
- 음악을 들으면서 그림책 속 인물과 동물들의 움직임과 소리에 대하여 자유롭게 신체로 표현한다.
  - 숲을 지날 때는 어떻게 움직이며 갔었니? 너희가 몸으로 자유롭게 표현해 보자.

- 유아들의 창의적인 움직임을 유도할 수 있는 언어적인 표현과 격려를 한다.
- – 우리도 곰 사냥을 떠나 보도록 하자.
- – 넘실대는 기다린 풀잎을 지나고 있어. '사각사각' 풀 소리가 나네. 어떻게 지나가면 좋을까?
  풀밭에서 쭉~ 미끄러져 내려오고 있어. 어떻게 표현하면 좋을까?
  이제는 깊고 차가운 강물을 건너야 해. 우리도 한 번 표현해 볼까?
- – 깊고 질퍽이는 진흙탕을 지나고 있어. '철벅철벅' 진흙에 발이 잘 떨어지지 않네! 어떻게 건너 보면 좋을까?
- – 이번에는 커다랗고 컴컴한 숲을 지나려고 해. '바스락바스락' 소리가 나네. 조심조심 걸어 보자.
- – 동화 속 인물과 동물들이 눈보라를 맞으며 지나고 있어. 눈도 많이 오고, 바람이 세 네. 어떻게 하고 걸으면 좋을까?
- – 좁고 어둠침침한 동굴 속을 '살금살금' 지나가고 있어. 곰이 나타날 수도 있으니까, 조용조용 조심해서 걸어 보자.
- – (교사가 아주 작은 목소리로) 동굴 속에 도착했을 때, 반들반들하고 촉촉한 코가 있고 털이 덥수룩한 커다란……. (목소리를 크게 하여) 곰이 나타났어! 도망가자!
- – 신체표현 활동 후 기분이나 느낌에 대해 이야기를 나눈다.
- – 함께 곰 사냥을 떠나 보니 어떠니?
- – 어떤 움직임이 가장 재미있었니?
- – 힘들거나 어려웠었던 것은 무엇이니?

|마무리|

- 신체표현 활동을 하고 난 후 느낀 점을 자연스럽게 이야기 나눈다.
- 친구의 신체표현이 자신과 다른 점에 대해 이야기 나눈다.

출처 : 안경숙, 신애선(2016).

4. 스토리텔링을 통한 창의동작교육 활동

스토리텔링(storytelling)의 사전적 의미는 '이야기를 들려주는 활동, 이야기가 담화로 변화는 과정'으로 사건과 사물에 대한 물리적 속성이나 사실에 대한 보도가 아닌, 사물이나 인물이 가져다 주는 개인적 의미로서의 이야기를 지어서 말하는 것이다. 스토리텔링을 문자 그대로 번역하면 '이야기하기'를 뜻한다. 일반적으로 '이야기하기'를 할 때, 보고 들은 것을 말하기도 하고 상상 속에서 지어내 이야기를 말하기도 한다. 보고 들은 것을 말할 때 자신의 느낌이나 다른 사람의 논평을 함께 이야기하기도 하며 내용이 사실적이냐, 허구적이냐를 넘어서서 그 모든 것들을 어울려서 전달하는 형식이다. 상대방에게 알리고자 하는 바를 재미있고 생생한 이야기로 설득력 있게 전달하는 의사소통의 과정이다. 이미현(2006)은 유아는 이야기를 들을 때 자신의 상상력을 총동원하여 이야기 세계에 몰입하게 되며, 사고의 폭을 넓혀 가게 된다고 하였다. 듀이(Dewy, 1938)에 의하면 몰입은 자신의 신념 체계에 대한 탐색을 수반한다는 점에서 창의성과 연결되며, 몰입은 학습의 내재적 동기를 강화시켜 주는 창의성을 촉진시키는 시발점이라고 하였다. 이야기의 맥락을 통한 자연스러운 흥미와 몰입을 유발하는 스토리텔링을 영유아의 신체표현 활동에 활용하게 되면 영유아의 창의성이 증진되고, 이는 영유아의 창의적 신체표현 능력을 발달시킨다(최보배 외, 2018).

스토리텔링을 활용한 동작교육 활동의 구체적인 교수-학습 단계를 살펴보면 다음과 같다. 1단계(도입)는 이야기 주제 알아보기, 2단계(전개)는 공감하며 이야기 주고받기, 이야기 속 동작과 가까워지기, 동작으로 표현하고 소통하기, 3단계(마무리)는 반응 및 공유하고 평가하기로 조직할 수 있다(이정애 외, 2017). 교사가 스토리텔링중에 나타나는 유아의 다양한 반응에 따라 이야기의 인물, 배경 그리고 사건 등에 변화를 주기도 하고, 교사와 유아가 서로 얼굴을 보고 반응을 주고받으며 이야기가 더해지기도 한다.

페일리(Paley, 1981)는 스토리텔링에서 유아는 듣기만 하는 것이 아니라 이야기를 하는 주체자로서의 의미를 갖게 된다고 하였다. 스토리텔링은 활동 과정 자체가 유아들이 단순히 이야기를 듣는 것이 아니라 함께 참여하고 스토리를 구성하여 함께 공유하는 것이기 때문에 학습자의 흥미를 증진시키고 유아가 중심이 되는 상호작용을 가능하게 하며 학습 효과도 더욱 크다고 할 수 있다. 스토리텔링을 활용한 동작 활동은 추상적인 동작 개념에 대한 유아의 이해를 돕고 동작교육의 기본 요소와 기본 동작를 다각도에서 변화시켜, 동작 활동에 대한 유아의 흥미와 참여를 높이는 방법이 된다(민가혜, 2021). 교사에게는 유아의 운동 능력을 향상시킬 수 있는 교육적인 개입과 지원의 상황을 제공하기 때문에 궁극적으로 동작교육을 효과적으로 운영할 수 있도록 한다.

스토리텔링을 통한 창의동작교육의 예시
● 활동명 : 빗방울의 여행
● 활동 목표
• 여름 날씨의 특징을 안다. • 자신의 생각과 느낌을 표현하는 과정에 즐겁게 참여한다. • 신체를 이용하여 빗방울의 움직임을 창의적으로 표현한다.
● 활동 자료 | 하늘과 땅이 있는 배경판, 빗방울 그림, 쇼팽의 〈빗방울 전주곡〉 CD
● 누리과정 관련 요소
• 예술경험〉 창의적으로 표현하기〉 신체나 도구를 활용하여 움직임과 춤으로 자유롭게 표현한다. • 신체운동·건강〉 신체 활동 즐기기〉 신체를 인식하고 움직인다. • 신체운동·건강〉 신체 활동 즐기기〉 신체 움직임을 조절한다.
● 활동 내용
|도입| 〈이야기에 관심 가지기〉 • 스토리텔링 자료의 일부를 보고 이야기의 내용을 상상해 본다. – 오늘의 이야기는 어떤 내용일까요?

〈경험 회상하기〉
• 비 오는 모습을 본 경험에 대하여 이야기를 나눈다.
– 비 오는 모습을 본 적이 있나요?
– 비가 올 때 기분이 어땠나요?
〈활동 알아보기〉
• 스토리텔링을 활용한 신체표현 활동을 할 것임을 안내한다.
– 빗방울이 되어 여행을 해요
〈스토리텔링 활동하기〉
• 스토리텔링 자료를 활용해 '빗방울의 여행' 이야기를 들려준다.
– 빗방울들이 나오는 재미있는 이야기를 들려줄게요.

높은 하늘 구름 속에 빗방울 세 친구가 살고 있었어요.
구름속의 빗방울 세 친구는 하루 빨리 땅에 내려가고 싶었어요.
빗방울 1 : 우리는 언제 땅에 내려갈 수 있을까?
빗방울 2 : 땅에 내려가서 신나고 행복한 일을 하고 싶어.
그런데 그때, 곰곰이 생각에 잠겨 있던 빗방울이 말했어요.
빗방울 3 : 몸이 무거워져서 땅에 내려가게 되면 우리는 영영 헤어지게 되는 거야?
그러자 빗방울이 방긋 웃으며 말했어요.
빗방울 1 : 그렇지 않아. 땅에서 우리가 신나게 지내고 있으면 햇님이 우리를 쨍쨍 비춰 줄 거야. 우리 몸은 수증기가 되어 점점 가벼워지고, 다시 이렇게 하늘에서 만날 수 있어.
빗방울 세 친구는 빗방울 친구들과 서로서로 손을 잡았어요. 몸이 점점 무거워지기 시작했죠.
빗방울 1, 2, 3 : 손을 잡으니까 몸이 점점 무거워진다. 이제 떨어지려나 봐. 으아아!

– 땅에 떨어진 빗방울 세 친구는 과연 어떻게 되었을까요?
• 유아와 이야기 내용을 생각하며 이야기를 주고받고 말해 본다.
– 빗방울 세 친구는 땅에서 어떻게 지내고 싶다고 했나요?
– 세 친구에게는 어떤 일이 생기게 될까요?
|전개|
〈움직임 익히기〉
• 이야기 속의 빗방울의 움직임과 특징에 대해 유아와 상호작용하며 몸을 움직여 본다.
– 이야기 속의 빗방울이 되어 몸을 움직여 보도록 해요.
– ㅇㅇ가 우리 유치원 꽃밭에 빗방울이 떨어지게 되었다고 이야기해 주었어요. 꽃밭에 떨어진 빗방울처럼 움직여 볼까요?
– 빗방울이 친구를 만나 반갑게 인사하며 노래 부르는 것처럼 움직여 볼까요?

〈창의적 표현하기〉

- 이야기의 내용을 생각하며 빗방울의 움직임을 신체를 이용하여 창의적으로 표현해 본다.
  - 이야기의 내용을 생각하며 빗방울의 다양한 모습을 표현해 보아요.
  - 뱅글뱅글 돌며 어지럽게 움직인 빗방울은 유치원 앞 분수대로 쭉 흘러가 슈웅슈웅 하늘 높이 올라갔어요.
  - 찻길에 떨어진 빗방울은 작은 웅덩이에 고여 있었었요. 그때, 부웅 지나가던 유치원 버스에 부딪혀 여기저기 튕겨지게 되었어요. 기사님 얼굴에도 묻고, 신발 속으로도 퐁 들어갔답니다.
  - 빗방울은 꽃밭에 떨어져 여기저기를 둘러보았어요.
  - 이야기 속의 빗방울 1, 2, 3 역할을 모둠별로 맡아 표현해 볼까요?
- 다른 친구들의 표현을 감상해 보고 서로의 신체표현에 대해 이야기를 나눈다.

|마무리|

〈활동 정리하기〉

- 스토리텔링을 활용한 신체표현 활동에 대해 이야기 나눈다.
  - 오늘 빗방울이 되어 움직여 보면서 어떤 점이 재미있었나요?

〈다음 활동 안내하기〉

- 가정과의 연계 활동으로 가족과 함께 비 오는 날의 즐거움을 담은 사진을 찍어와 친구들에게 소개해 본다.

출처 : 김보배(2016).

5. 여러 나라의 전통춤을 통한 창의동작교육 활동

'전통춤'은 각 나라 또는 지역마다 민속 양식을 반영한 춤으로 정서와 문화를 담고 있다. 오랫동안 각 나라의 민족 고유 문화를 토대로 계승 발전해 온 몸짓 즉, 춤을 일반적으로 '전통춤'이라고 지칭하며(김경숙, 2009) 민속춤, 민속 무용, 포크 댄스, 민중 무용, 민족 무용, 대중오락 무용 등으로 일컫기도 한다. 전통춤은 인간의 본능적인 감정을 표출하고자 흥겨운 기분을 간단하고 소박한 춤으로 표현하며 일상생활 속에서 즐겼으며 그 지역의 민요와 관련을 갖고 발생되었다. 리듬이 단순하고 움직임이 규칙적이고 반복적이던 춤들이 오늘날까지 남아 각국의 전통춤으로 발전하였다. 이러한 전통춤(민속 무용)은 여러나라 민족의 사고방식과 생활 양식에서 전승되어 민중들의 정서와 감정이 풍부하게 담겨 있어 각 나라의 문화를 찾아볼 수 있다. 또한 춤과 함께 사용되는 음악과 의상 등 민족 고유의 문화적인 전통이 담겨 있으며 각 나라의 전반적인 문화를 이해할 수 있다(김정은, 2017).

현재 빠른 과학 기술의 발전으로 인해 국제화, 세계화는 가속화될 것이기 때문에 현대 시대를 살아가는 데 타문화에 대한 긍정적인 태도는 필수적이며 다양한 문화를 경험하는 것은 유아에게 있어서 매우 중요하다(송숙진, 1999). 유아기는 문화의 다양성을 이해하고 타문화에 관련된 개념과 태도 형성에 중요한 결정적 시기로 다른 나라의 문화를 올바르게 인식하는 것은 세계를 이해하고 존중하는 태도 형성에 기초가 될 수 있다.

전통춤 감상을 활용한 동작교육 활동은 모방을 토대로 기본 움직임을 파악하고 새로운 움직임을 창작할 수 있는 적극적인 교수-학습 방법이라고 할 수 있다. 유아가 전통춤을 감상한 후 이를 표현해 보는 활동은 완성된 작품을 음미함으로써 모든 표현 활동의 기반이 되는 미적 체험을 보다 풍부하게 경험하도록 하며, 이를 통해 각 나라의 문화를 이해하는 새로운 내적 감정을 불러일으키게 한다. 따라서 감상과 표현은 일련의 연속적인 과정이라고 볼 수 있으며 신한나(2011)는 전통춤을 활용한 동작교육 프로그램을 만 5세 유아에게 적용한 결과 유아의 감성을 자극하여 더욱 유창하고 창의적 신체표현력에 긍정적인 영향을 미치는 것으로 나타났으며 이를 통해 전통춤이 유용한 교수-학습의 매개가 됨을 확인하였고 '전통춤' 활용한 교육의 다양한 접근 방안이 모색될 필요성을 제시하였다. 김정은(2017)은 전통춤을 통해 기대할 수 있는 교육적 가치를 신체적·정서적·사회적·인지적·문화적으로 설명하였다.

여러 나라의 전통춤을 통한 창의동작교육의 예시
● 활동명 : 전통춤
● 활동 목표
• 춤에 대해 관심을 갖고 각 나라의 전해 내려오는 전통춤이 있음을 안다. • 폴란드 전통춤을 감상하며 다양한 춤 동작에 관심 갖고 표현하기를 즐긴다. • 폴란드 전통춤을 이용해서 새로운 춤을 창작해 본다.
● 활동 자료 | 전통춤 영상 및 음원, 세계 지도, 폴란드 PPT, 전통의상 자료, 전통치마
● 누리과정 관련 요소
• 예술경험〉 창의적으로 표현하기〉 신체나 도구를 활용하여 움직임과 춤으로 자유롭게 표현하기 • 신체운동·건강〉 신체 활동 즐기기〉 신체를 인식하고 움직인다. • 신체운동·건강〉 신체 활동 즐기기〉 신체 움직임을 조절한다.
● 활동 내용
|도입| 〈춤에 관심 가지기〉 • 춤에 대해 알아본다. – 춤은 무엇일까? – 춤을 추면 기분이 어떨까? – 사람들은 언제부터 춤을 추기 시작했을까? – 아주 오랜 옛날부터 사람들은 기쁠 때 슬플 때 힘들 때 춤을 추기 시작했어. 그래서 각 나라마다 옛날부터 내려오는 전통춤이 있다고 해. – 혹시 전통춤을 배워 보고 싶니? – 오늘 함께 배울 춤은 폴란드의 전통춤인 마주르카란다.

• 유래(전통 의상, 전통 악기, 백파이츠, 전통 음악, 쇼팽)에 대해 알고 노래에 맞춰 추는 춤이 있음을 안다.
〈춤 감상하기〉
• 지금부터 우리가 배워 볼 폴란드의 전통춤을 함께 감상해 보자.
– 파트너와 함께 춤의 시작과 끝부분을 잘 보자.
– 춤 속에서 어떤 동작들이 있는지 잘 보자.
– 어디에서 어디로 움직이며 춤을 추는지 잘 보자.
|전개| : 1주차
〈춤을 감상하고 이야기 나누기〉
• 폴란드의 전통춤인 마주르카는 춤과 노래를 사랑하는 폴란드 사람들이 전통 의상을 입고 춤곡에 맞추어 남자와 여자가 파트너가 되어 함께 추는 춤으로, 마조프세 지방에 살고 있는 마주르인들이 추던 농민 춤이다.
– 폴란드의 전통춤을 보고 무엇이 생각났니?
– 춤으로 무엇을 표현하는 것 같니? 어떤 느낌이 드니?
〈춤 속 움직임 탐색하기〉
• 파트너와 둘이(마주 보기, 나란히 서기, 앞뒤로 서기) 신체를 이용해 함께 동작을 만들어 표현하거나, 다 함께 원형으로 돌면서 똑같은 동작으로 춤을 춘다. 특히 '스키핑' 동작으로 원형으로 돌거나 발을 구르거나 제자리에서 몸을 회전하며 춘다.
• 폴란드 전통춤의 기본 동작을 탐색한다.
– 신체의 어떤 부분을 사용했니?
– 어디에서 어디로 움직이며 춤을 추었니?
– 어떤 동작으로 시작했고 어떤 동작으로 끝났니?
– 어떤 동작이 재미있고 기억에 남았니?
– 나와서 친구들 앞에서 동작을 보여 줄 수 있니?
– 폴란드 전통춤을 추기 위해 무엇이 필요할까?(관계〉 사람과의 관계)
– 원 모양으로 돌면서(이동) 춤을 춘다.(공간〉바닥경로, 노력〉흐름)
– 조금 빨리 뛰며 움직여 보자.(공간〉시간)
– 스키핑을 한다.(이동동작〉스키핑)
– 발을 구른다(신체〉신체 부분)
– 몸을 회전하며 춤을 춘다.(비이동 동작〉회전하기)
|전개| : 2주차
〈창의적 표현하기〉
• 춤 창작하기
– 1주차 때의 사진 또는 영상을 함께 보며 자신들의 동작을 평가해 보고, 탐색한 기본 동작을 회상한다.
– 파트너를 정한 후 친구와 함께 상의하여 다양한 신체 부분을 이용해 기본 동작을 바탕으로 새로운 동작을 창작한다.

• 춤 추기
– 음악을 듣고 박자와 강약에 맞춰 춤을 출 수 있다. 두 명씩 짝을 지어 음악에 맞춰 새로운 동작을 표현해 본다. 또 원형으로 서서 나의 동작과 친구의 동작을 비교해 보며 창의적으로 표현해 본다.

|마무리|

〈활동 정리하기〉

• 활동을 회상하고 평가한다.
– 폴란드 전통춤을 감상해 보니 어땠니?
– 폴란드 전통춤 동작을 따라 해 보면서 재미있거나 힘든 점이 있었니?
– 폴란드 전통춤을 추니 기분은 어땠니?
– 다른 사람에게 폴란드 전통춤을 어떻게 소개해 줄 수 있을까?
– 폴란드 전통춤에 대해 더 알고 싶은 것이 있니?

6. 극적 접근을 통한 창의동작교육 활동

'극적 접근(Dramatic Approach)' 이란 움직임 요소를 중심으로 기본 동작을 탐색하고 실험해 보는 신체적 접근법과 대조적으로 몸을 사용하여 '하는 척하기'나 '어떤 것이 되어 보기' 등 상상력을 활용한다는 것을 의미하는 극놀이(Dramatic play)로 접근하는 것을 말한다. 이는 유아가 이야기를 극적 구체화하는 과정으로 유아가 역할을 맡아 자신이 마치 그 인물이 된 것처럼 상상하고 행동하며 모방하는 놀이이다(정하나, 2015). 교사의 '~이 되어서 움직여 볼 수 있겠니?'와 같은 언어적 자극에 따라 유아는 상상을 하면서 자기 나름대로 움직인다. 정답이나 오답이 없으며 유아 스스로 독특한 방법을 사용하여 주어진 문제나 상황에 반응함으로써 창의적 표현력을 증진시킨다.

2019년도 개정 누리과정의 예술경험 영역에서 '창의적으로 표현하기'의 세부 내용에는 경험이나 이야기를 극놀이로 표현하는 과정을 강조하고 있다. 극놀이는 다양한 표현 방식을 경험할 수 있고, 많은 연습을 해 봄으로써 창의적인 표현력을 향상시킬 수 있으며 유아가 자유롭게 느낌과 감정을 언어와 동작으로 표현하면서 유아의 인지, 창의적 문제해결, 창의적인 표현력 발달 향상이 이루어진다.

극놀이를 통해 유아는 자신이 살아가고 있는 주변 세계 및 사람들에 대한 이해를 표상한다. 이러한 동작교육은 유아에게 단순한 경험 이상의 의미로 사물이나 상황에 대한 가상 전환을 통해 유아는 시공간의 한계를 극복할 수 있으며, 이를 통해 더욱 다채로운 이야기 전개가 가능하고 유아의 상상력이 확대될 수 있다(이 영 외, 2004). 또한 이러한 창의적 동작교육을 통하여 건강을 증진시키는 대·소근육이 발달하고, 새로운 기술 획득으로 자신감을 얻는 등 다양한 종류의 느낌을 탐색하게 된다(Mayesky, 1995). 특히 유아는 동물, 사람, 교통 기관 등 주변의 모든 것들을 흉내 내는 것을 즐기는데, 이러한 유아의 특성을 적용하여 대상의 움직임을 보거나 혹은 상상해 보며 자기 몸을 이용하여 실험해 볼 수 있는 다양한 동작표현을 자극하는 과제를 제시해 주고 소재를 제공해 주어야 한다(이 영외, 2004). 극놀이는 자신을 표현하는 가장 대표적인 통합적 활동이며 지식과 개념을 탐색하는 교육적 매체라고 할 수 있다(전정선, 2020).

극적 접근에 기초한 동작 활동의 교수-학습 단계는 도입 단계, 전개 단계, 마무리 단계로 구성하여 실시한다. 단계별 세부 내용은 도입-1단계(극적 주제 살펴보기), 전개-2단계(주제에 따른 동작 떠올리기), 3단계(동작 경험하기), 4단계(다양하게 동작으로 표현하기), 마무리-5단계(표현 공유하고 평가하기)로 구성한다(이정애, 2017).

극적 접근을 통한 창의동작교육의 예시
● 활동명 : 높이높이 날아라
● 활동 목표
• 주제에 따른 동작을 알고 다양하게 신체로 표현할 수 있다. • 표현한 동작에 대해 서로의 생각과 느낌을 이야기할 수 있다. • 다른 사람과 서로 협력하여 즐겁게 활동에 참여할 수 있다.
● 활동 자료 | 풍선
● 누리과정 관련 요소
• 신체운동·건강〉 신체 활동 즐기기〉 신체를 인식하고 움직인다. • 예술경험〉 창의적으로 표현하기〉 극놀이로 경험이나 이야기를 표현한다.
● 활동 내용
|도입| 1단계 : 극적 주제 살펴보기 • 궁금이 상자 속 수수께끼를 통해 이야기의 주제를 알아본다. – 미끈거리고 둥둥 떠다닐 만큼 가벼운 물건이에요. 나는 누구일까요? • 다양한 풍선 인형들이 멋쟁이 대회에 출전하여 자기 자랑을 하는 이야기를 들려준다. – 안녕! 난 노란 튼튼이 풍선이야. 난 몸이 크고 튼튼하지만 가벼워서 어디든지 둥둥 날아다닐 수 있단다. 이렇게 뱅그르르 돌 수도 있고 콩콩 튈 수도 있어. 또 이쪽에서 저쪽으로 한번에 날아갈 수도 있지. • 유아가 몰입하여 공감할 수 있도록 자연스럽게 이야기를 들려준다. |전개| 2단계 : 주제에 따른 동작 떠올리기 • 제시된 극적 주제에 대한 생각을 이야기 나눈다. – 풍선이 움직이는 모습을 본 적이 있나요?

• 교사가 실제 풍선이 움직이는 모습을 유아들에게 보여 준다.
 – 바람을 넣기 전의 모습, 바람을 넣고 난 후의 모습, 손으로 풍선을 쳤을 때의 모습, 바람이 빠졌을 때의 모습이 어떠니?
• 주제에 대한 동작을 자유롭게 떠올려 본다.
 – 풍선은 어떻게 움직일까요? 풍선이 움직이는 모습을 떠올려 보세요.
• 풍선을 주제로 한 동작을 생각해 보고 어떻게 움직여야 하는지 이야기 나눈다.
• 주제에 따른 동작을 표현하기 위해 신체의 어떤 부분을 움직여야 하는지 이야기 나눈다.

3단계 : 동작 경험하기
• 유아가 직접 표현하고 싶은 동작을 움직임으로 표현해 본다.
 – 여러분이 풍선이 된다면 어떤 동작을 표현하고 싶나요?
• 동작의 내용 요소가 포함되도록 하여 유아가 여러 동작을 경험할 수 있도록 한다.
 – 풍선이 하늘로 날아오르는 모습을 동작으로 표현해 볼까요?
• 모둠별로 표현하고 싶은 동작을 함께 표현해 본다.

4단계 : 다양하게 동작으로 표현하기
• 유아가 선택한 동작 활동을 다양하게 표현해 본다.
 – ㅇㅇ는 풍선의 어떤 모습을 표현한 것인가요?
• 동작표현이 모두 같은지, 어떤 점이 다른지 이야기 나눈다.
 – ㅇㅇ와 동작표현이 어떻게 다른가요? 왜 그렇게 표현했나요?
• 극적 주제에 적절한 도구와 소품을 활용하여 자유롭고 창의적으로 동작표현을 해 본다.
 – 리본으로 풍선 끈을 잡아당겼다 풀었다 하는 모습을 표현해 볼까요?

|마무리|
5단계 : 표현 공유하고 평가하기
• 유아들이 표현한 동작을 감상하고 느낀 점을 이야기 나눈다.
• 활동이 끝난 후에 유아들과 함께 활동 전반에 대하여 평가를 실시한다.

출처 : 이정애(2017).

7. 전통 놀이를 통한 창의동작교육 활동

전통 놀이의 개념을 살펴보면, 옛날부터 전해 내려오는 조상들의 생활문화와 지혜가 담긴 여러 가지 놀이로서 전통적으로 해마다 행하는 놀이를 말하며, 최초로 놀이의 원형이 생성되면서 그 골격을 지닌 놀이라고 개념을 정리하고 있다 (정미식, 2021). 전통 놀이는 윷놀이, 팽이치기, 제기차기, 널뛰기, 차전놀이, 줄당기기, 강강술래 등과 같이 우리나라의 시대적인 배경과 의식, 삶의 형태에 있어서 대표적인 놀이를 말한다. 민간에 전승되어 오면서 전통적으로 행해져 오는 놀이로 놀이가 전해지는 동안 사람들의 마음속에 바람직한 놀이라 생각되어져 누구나 즐겨 할 수 있는 조상의 지혜와 얼을 후대에 계승할 수 있는 놀이이다(이재선, 2002). 이러한 전통 놀이는 민족 공동체만의 역사와 혼을 바탕으로 생성된 문화적 유산이라고 볼 수 있다. 따라서 유아들에게 현재 그들의 삶의 양식과 조화를 이룬 형태의 전통 놀이를 경험할 수 있는 기회를 제공하고 이를 통해 우리 한민족의 전통적인 가치와 태도를 오늘날의 삶에서도 이어 갈 수 있도록 해야 한다. 이러한 노력은 문화적·교육적으로 매우 큰 의의를 지닌다고 볼 수 있다(윤옥주 외, 2010).

전통 놀이는 창의성과의 관계에 대한 연구에서 놀이에서 주어진 자극을 창의적으로 해석하고 다양한 형태로 표현할 수 있는 기회를 제공하여 줌으로써 창의력 신장에 효과적인 결과를 제시하였고(김영희, 2005), 김명애(2001)는 전통 놀이를 실내 전통 놀이(칠교놀이, 실뜨기, 별명윷놀이, 고누놀이)와 실외 전통 놀이(비석치기, 여우야 여우야, 대문놀이, 무궁화 꽃이 피었습니다)로 구분하고, 전통 놀이 유형에 따른 유아의 창의성 발달을 연구한 결과 삶 주변에서 스스로 재료를 찾아 놀잇감을 만들고 그 의미를 부여하게 하는 실외 전통 놀이 집단이 창의성 증진에 효과가 있다고 보고하였다. 이는 현재 교육에서 지향하고 있는 인성교육과 창의성 교육의 근간을 이루고 있어 교육적 의의가 크다고 할 수 있다. 교육부(1993)는 3~6세를 위한 전통 놀이로 윷놀이, 연 놀이, 제기차기 놀이, 팽이치기 놀이,

비석 놀이, 풀각시놀이, 고누 놀이, 투호 놀이, 돌차기 놀이, 구슬치기 등 전통 놀이 활동의 성격에 따라 열 가지를 선정하였다. 이러한 전통 놀이는 유아들에게 다양한 놀이 경험을 제공해 줌으로써 우리 민족의 문화 정체성을 형성하고, 전통문화에 대한 자긍심과 정체성을 확립한다. 전통 놀이는 협동 놀이가 많아 놀이를 통해 공동체 의식을 키울 수 있으므로 유아의 사회적 수행 능력 발달에 큰 도움이 된다. 따라서 전통 놀이를 유아교육 과정에 포함시킴으로써 통합적 교육 활동으로서 유아의 전인적 발달을 증진시킬 뿐만 아니라 우리의 고유문화를 습득하게 하는 것을 교육적 가치와 더불어 큰 의미가 있다고 본다. 전통 놀이는 현대의 물질문명과 서구문화에서 파급된 놀이와는 분명히 다르며 우리 민족의 고유 정서를 느끼게 해 줄 수 있는 것이다. 유아기부터 우리의 문화를 바르게 이해하고 사랑할 뿐만 아니라 자긍심을 지니도록 이끌어 내야 한다.

전통 놀이를 통한 창의동작교육의 예시
● 활동명 | 팽이처럼 빙글빙글
● 활동 형태 | 대집단
● 활동 목표
• 우리나라의 전통 놀이를 즐겨 본다. • 전통 놀이인 동대문 놀이를 경험한다. • 다양한 방법으로 신체를 표현할 수 있다.
● 활동 자료 | 회전하는 물체(냄비 뚜껑), 팽이 놀이 동영상, 훌라후프, 빌리보, 팽이, 팽이채
● 누리과정 관련 요소
• 신체운동·건강〉 신체 활동 즐기기〉 신체를 인식하고 움직인다. • 신체운동·건강〉 안전하게 생활하기〉 일상에서 안전하게 놀이하고 생활한다.
● 활동 내용
|도입| • 팽이 놀이 동영상을 소개한다. – 팽이의 모습은 어떠한 것 같니? – 돌아가는 것을 볼 수 있니? – 어떻게 돌아가니?

– 주변에 돌아가는 모습을 한 물체는 무엇이 있을까?
– 준비한 냄비 뚜껑을 돌려 볼까?

|전개|

• 우리 몸에서 돌릴 수 있는 부분을 찾는다.
– 팔목, 발목, 목을 천천히 돌려 볼까?
– 허리를 빠르게 돌려 볼까?
– 두 친구와 손을 잡고 돌아 볼까?

• 훌라후프, 빌리보를 이용하여 회전을 해 본다.
– 훌라후프 안에서 양팔을 벌려 천천히 돌아 볼까?
– 빌리보 안에 앉아 팽이가 되어 빠르게 돌아 볼까?

• 팽이와 팽이채를 제시하고, 선생님이 시범을 보인다.
– 팽이를 자세히 관찰해 보겠니?
– 팽이는 어떤 모양이니?
– 팽이 밑부분에 무엇이 보이니?
– 팽이를 손으로 돌려 볼 수 있겠니?
– 팽이를 돌려주면, 팽이채를 사용할 수 있겠니?

|마무리|

– 어떤 점이 재미 있었니?
– 어떤 점이 어려웠니?

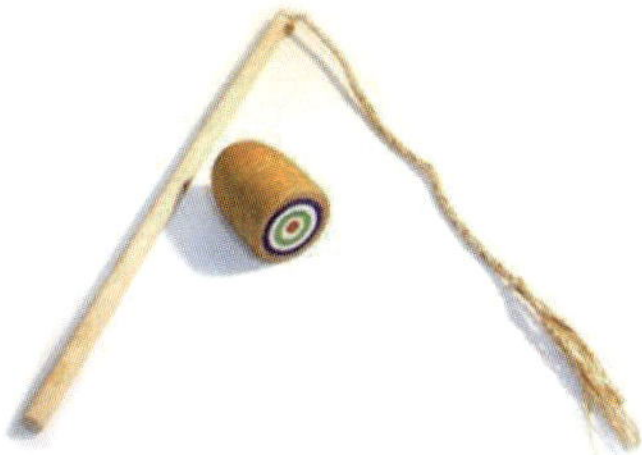

8. 멀티미디어를 통한 창의동작교육 활동

멀티미디어(multimedia)란 영상, 소리, 그림, 문자 등을 동시에 조합하여 제공하는 프로그램을 말한다(최소영 외, 2020). 미디어(media)라는 단어는 신문, 방송, 잡지와 같이 매스미디어라는 단어로 사용되기도 하며 종이, 사진, 비디오 테이프, 오디오 테이프와 같은 정보를 전달하는 방법을 표현할 때도 미디어라는 단어가 사용된다. 그러나 멀티미디어에서 말하는 미디어는 문자, 그림, 소리, 비디오를 복합적으로 사용하여 정보를 표현하는 것이라 할 수 있다(양철승, 2003). 멀티미디어는 텍스트나 그림과 같은 정적인 자료에 비해 역동적이고 복합적인 매체로 제한된 공간과 시간 내에서 다양한 경험을 유아들에게 효과적으로 전달하고, 반복 학습이 가능하므로 신체표현 능력에 도움을 제공할 수 있다. 특히 다양한 움직임이 제공되는 멀티미디어를 활용한 동작 활동은 유아들에게 흥미를 유발하고 주의 집중을 지속시키며 능동적인 학습 태도로 참여할 수 있게 한다. 이는 유아의 상상력을 풍부하게 하여 생각과 느낌을 자연스럽게 표현하는 창의적 신체표현 활동이 진행되는 데 효과적이다.

멀티미디어를 활용한 동작 활동에서 주의할 점은 유아와 교사 간에 상호작용이다. 멀티미디어에서 주는 많은 정보와 흥미, 즐거움으로 인해 유아가 무엇을 학습했고, 무엇을 학습해야 하는지에 대한 강한 동기를 유발하도록 교사는 끊임없는 창의적 발문으로 상호작용을 진행하여야 함을 인식할 필요가 있다.

멀티미디어를 통한 창의동작교육의 예시
● 활동명 : 나뭇잎이 되어 보아요
● 활동 형태 | 대집단
● 활동 목표
• 낙엽에 대해 안다. • 낙엽의 움직임을 표현할 수 있다. • 다양한 신체적 움직임에 관심을 갖는다.
● 활동자료 | '나뭇잎' 동영상, PPT 자료, 비발디 〈사계〉 '가을' 제1, 2악장, 나뭇잎 머리띠, 리본 막대, 나뭇잎

● 누리과정 관련 요소
• 신체운동·건강〉 신체활동 즐기기〉 신체를 인식하고 움직인다. • 신체운동·건강〉 신체활동 즐기기〉 신체 움직임을 조절한다. • 자연탐구〉 자연과 더불어 살기〉 주변의 동식물에 관심을 가진다.
● 활동 내용
|도입| • 다양한 나뭇잎의 움직임을 동영상으로 시청한다. – 어제 우리가 유치원 주변을 산책했는데 기억 나니? – 산책했을 때 무엇을 보았니? 어떤 모양의 낙엽을 보았니? – 낙엽은 어떤 모습을 하고 있을까? |전개| • 표현하고자 하는 나뭇잎의 움직임 동영상을 재구성하여 반복 시청한 후, 이야기를 나눈다. – 오늘은 동작으로 나뭇잎의 모습을 표현해 볼 거야. (유창성) – 바람에 흔들리는 나뭇잎은 어떤 모습일까? – 몸으로 표현해 볼까? (신체〉 신체부분〉 손, 팔) – 바람의 변화에 따라 표현해 볼까? (에포트〉 힘〉 강하게, 약하게) – 바람이 세게 불어도 나뭇가지에서 떨어지지 않으려고 하는 나뭇잎은 어떻게 표현할 수 있을까? (상상력) – 선생님은 나뭇가지에서 떨어지지 않으려는 나뭇잎을 한 발을 들고 서서 양팔을 옆으로 뻗어서 표현해 보고 싶어. (비이동 동작〉 뻗기, 균형 잡기) – 점프하면서 바람이 불어서 높게 날아가는 나뭇잎을 표현해 볼까? (공간〉 높낮이〉 높은 수준, 이동 동작〉 점핑) • 동영상을 활용하여 창의적인 신체표현을 해 본다. (동작의 기본 요소/기본 동작을 활용한 발문으로 움직임 표현) – 떨어지는 나뭇잎은 어떤 모습일까? – 나뭇잎이 바닥으로 떨어지는 모습은 어떻게 표현할 수 있을까? – 팔을 흔들어 나뭇잎을 떨어뜨리면서 나무에서 나뭇잎이 떨어지는 모습을 표현해 볼까? (비이동 동작〉 흔들기) – 빗자루에 실려 가는 나뭇잎은 어떤 모습일까? – 두 팔을 들어 나뭇잎 모양을 만들고 미끄러지면서 빗자루에 쓸려 가는 나뭇잎을 표현해 볼까? (이동 동작〉 미끄러지기) – 바닥에 누워서 오른쪽, 왼쪽으로 구르면서 빗자루에 쓸려 가는 나뭇잎을 표현해 볼까? – 쌓여 있는 나뭇잎의 모습은 어떤 모습일까? – 친구들과 서로 다리를 쌓아서 표현해 볼까? (관계〉 사람과의 관계) • 동영상과 비발디의 〈사계〉 중 '가을' 제1, 2악장을 활용하여 나뭇잎을 표현한다. – 음악을 듣다가 선생님이 보여 주는 나뭇잎의 영상을 자유롭게 표현한다. – 나뭇잎 리본 막대를 활용한다.

|마무리|

• 활동을 회상하고 평가한다.

– 다양한 나뭇잎의 모습 중 어떤 표현이 재미있었니?

– 신체의 각부분을 활용하여 움직임을 표현하였는가?

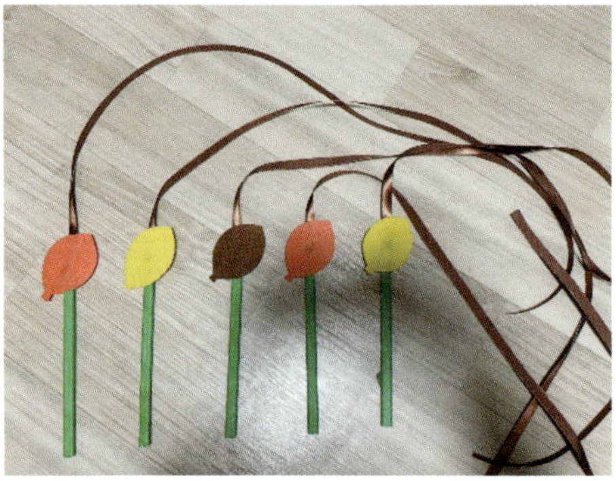

9. 도구를 통한 창의동작교육 활동

도구를 활용한 동작 활동은 인간이 환경에 반응하는 신체를 표현하기 위해 좀 더 능동적으로 움직이며 생활을 의미 있게 하는 도구를 사용하는 활동이다(Gallahue, 1981). 동작 활동의 기본 동작은 비이동 동작, 이동 동작, 조작적 동작으로 구분되고 이 중 조작적 동작은 도구를 이용한 활동을 의미한다. 도구를 활용한 조작적 동작은 물체와의 관계에서 이루어지고, 물체에 힘을 가하거나 물체로부터 힘을 받게 되는 동작이다(Gallahue, 1993). 유아는 도구를 활용함으로써 도구에 대한 적응·조작 능력을 키우며, 대·소근육 발달, 체력 기능 향상 등 기본 운동 능력을 체계적으로 발달시키고 유아 간 협동심의 증가 및 주의 집중력 향상, 성취감 형성 등의 교육적 효과를 지닌다(서울특별시 교육청, 2007).

유아들이 사용하는 도구는 고정하여 사용할 수 있거나, 고정되어 있는 대도구와 손으로 사용할 수 있고 조작할 수 있는 소도구가 있다(정운길, 1999; Noren-Bjorn, 1982). 대도구 종류에는 평균대, 뜀틀, 매트, 철봉 등이 있으며, 소도구의 종류에는 팥 주머니, 공, 훌라후프, 리본 테이프, 풍선, 리본 막대 등이 있다(교육부, 1999; 양관규, 1999). 이외에도 줄, 스카프, 볼풀공, 신문지, 백업, 고무줄, 우유갑 등이 활용된다. 교육인적자원부는 수준에 따라 Ⅰ수준 활동의 도구로 리본, 스카프, 훌라후프, 리듬 막대 등을 제시하고, Ⅱ수준 활동의 도구로 공이나 팥 주머니 등을 제시하였다. 도구는 유아가 일상생활에서 경험하기 어려운 많은 동작을 할 수 있도록 해 주며 다양한 근육을 사용할 수 있게 해 준다(이 영 외, 2004). 또한 신체를 조절하는 과정에서 유아는 또 다른 즐거움을 느끼며(이 영, 전인옥, 김온기, 2004), 소극적이며 내성적인 유아들에게 접근을 용이하게 하여 실제로 조작해 보는 과정에서 유아의 호기심과 탐구심을 자극시켜 준다. 아울러 과제 수행에 대한 자신감과 도전 의지를 길러 주고, 유아들의 흥미에 따른 과제 선택과 발견의 기회를 가능한 한 많이 마련하게 해 준다(윤덕희, 2008). 현장에서는 이러한 도구를 사용하여 조작적 동작이 이루어진다.

도구를 활용한 동작 활동은 도구의 움직임을 통해서 유아가 스스로 공간을 이용하여 물체와의 관계를 파악하고 도구를 활용하는 방법을 탐색해 보며, 동작 활동에 적극적으로 참여하도록 이끌 수 있다. 뿐만 아니라 자신의 신체로 사물을 다루어 보는 동작 활동을 통해 신체에 대한 지식을 증진시키고 능동적으로 자기표현을 하도록 한다(지성애, 2020). 이러한 능동적인 동작 활동은 창의적 신체표현력의 향상을 기대할 수 있다. 교육인적자원부(2006)는 유아들이 도구를 활용하여 다양한 놀이를 함으로써 창의성이 증진된다고 하였고, 김원준(2004)과 이현균(2003)은 도구를 활용한 동작 활동이 유아의 창의성과 기본 동작 능력 및 지각-운동 능력에 긍정적인 영향을 주며, 오소라(2012)는 동작 활동에 소도구를 사용함으로써 창의적 신체표현 능력과 자아 개념에 영향을 미친다고 밝혔다. 또래와 교사와의 사회적 상호작용을 통해 창의적인 신체표현 방법을 탐색하고 이를 활용하여 자신의 생각과 감정을 조절할 수 있는 연구의 결과는 신체로만 활동하는 것보다 도구를 활용했을 때 유아의 창의적 신체표현 능력 향상에 긍정적인 효과가 있음을 알 수 있다.

도구를 통한 창의동작교육의 예시
● 활동명 : 날으는 스카프
● 활동 형태 | 대집단
● 활동 목표
• 신체 부분이 협응하여 스카프를 잡을 수 있다. • 스카프를 이용하여 신체의 각 부분을 움직일 수 있다. • 스카프로 다양한 모습을 표현한다.
● 활동 자료 | 다양한 스카프, 공, 오볼, 음악, CD플레이어
● 누리과정 관련 요소
• 신체운동·건강〉 신체활동 즐기기〉 신체를 인식하고 움직인다. • 신체운동·건강〉 신체활동 즐기기〉 기초적인 이동 운동, 제자리 운동, 도구를 이용한 운동을 한다. 실내외 신체 활동에 자발적으로 참여한다. • 예술경험〉 창의적으로 표현하기〉 신체나 도구를 활용하여 움직임과 춤으로 자유롭게 표현한다.

● 활동 내용

|도입|
• 음악에 맞추어 준비 운동을 한다.
• 스카프를 탐색하는 시간을 가진다. (시각, 촉각, 청각)
– 펼쳐 보기, 뭉쳐 보기, 던져 보기를 해 볼까?
– 스카프를 어떻게 움직일 수 있을까?
– 스카프로 스트레칭을 할 수 있을까?
– 우리 몸의 어떤 부분을 움직일 수 있을까?
|전개|
• 스카프로 할 수 있는 활동을 이야기 나눈다.
– 스카프를 머리 위로 던져 받아 볼 수 있을까?
– 스카프를 위로 높이 던진 후, 손뼉을 치고 받아 볼 수 있을까?
– 스카프를 위로 던지고 한 바퀴 돌기 후 잡아 볼 수 있을까?
– 위로 던지 스카프를 머리(다리, 어깨, 손가락, 팔꿈치, 팔)로 잡아 볼 수 있을까?
– 스카프로 인형을 옮겨 볼까?
– 스카프를 머리 위에 올리고 지그재그로 걸어 볼까?
– 스카프를 바닥에 놓고 그 위에 앉아 달리기 해 볼까?
– 친구와 함께 스카프를 던지고 잡아 볼까?
• 창의적인 신체표현을 한다.
– 스카프로 슈퍼맨이 되어 볼까?
– 사뿐사뿐 날아다니는 나비를 표현해 볼까?
• 스카프 놀이를 한다.
– 스카프를 몸에 달고 꼬리잡기 놀이를 해 볼까?
– 마술사가 되어 오볼에 넣은 다양한 색깔의 스카프를 하나씩 빠르게 꺼내 볼까?
– 스카프로 크기가 다양한 공을 포장하여 친구와 놀이해 볼까?
|마무리|
• 활동에 대한 생각과 느낌을 이야기 나눈다.
– 스카프를 던지고 잡아 보는 활동을 해 보았는데 어땠니?
– 꼬리잡기 놀이는 어땠니?
• 다음 활동으로 전이한다.
|평가|
– 신체를 협응하여 스카프를 잡을 수 있는가?
– 스카프로 다양한 모습을 표현할 수 있는가?

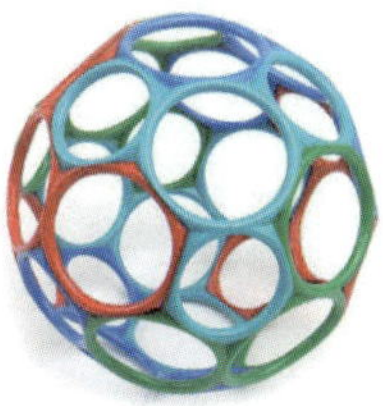

PART Ⅱ

영유아 창의동작교육

- 실제 -

Chapter 09

영아 동작교육 활동

1. 0~1세 영아 동작교육 활동의 실제*

본 장에서는 0~1세 영아가 자신의 신체를 탐색하며 대·소근육을 조절해 보고 신체 활동에 참여하면서 감각 능력과 기본적인 신체운동 능력을 기르기 위한 활동을 살펴본다.

* 보건복지부(2020). 제4차 표준보육과정 해설서, 2020-75호.

활동① 물을 만져요

활동 목표
- 물을 만져 보고 감각적 자극에 반응한다.
- 신체를 탐색한다.

활동 영역
- 신체운동 영역 〉 감각과 신체 인식하기

동작 영역
- 비이동 동작 〉 앉기, 서기
- 이동 동작 〉 걷기
- 조작적 동작 〉 던지기

활동 자료	물놀이용 튜브풀, 장난감
활동 방법	실내에 준비된 물놀이용 튜브풀 옆에 앉아 주변을 탐색하던 하임이는 튜브풀 안에 손을 넣었다 뺐다를 반복하면서 "물물물"이라고 말한다. 교사 : 하임이가 물을 만져 보고 있구나. 시원하지? 도현이와 정우는 주변에 있는 놀잇감을 집어 튜브풀 안으로 던져 넣는다. 교사 : 공이 풍덩 물속으로 들어갔네, 도현이랑 정우가 물속에 장난감 집어넣는 것이 재미있구나. 놀잇감 컵에 물을 담아 자리에서 일어난 후 컵을 기울여 물을 쏟으면서 "푸아"라고 소리 낸다. 민우는 앉았다 일어섰다 하면서 컵에 물 담고 쏟기를 반복하고, 친구들과 함께 발로 물장구를 치며 깔깔거린다. 교사 : 민우가 물속에서 발을 움직이니까 물이 흔들흔들 춤을 추는구나.
상호작용	• 교사는 영아가 오감으로 물을 탐색하는 것을 즐겁게 지속할 수 있도록 영아의 경험을 관찰하면서 언어적·비언어적인 표현으로 반응한다.
교사 지원 및 주의점	• 물놀이에 충분한 공간 제공, 큰 사이즈의 물놀이용 튜브풀 제공, 물에 젖지 않는 다양한 놀잇감을 준비하여 제공한다. • 바닥에 물기가 있을 경우, 바닥에 매트를 깔아 미끄러짐 방지하기, 영아의 몸을 닦아 줄 큰 수건과 갈아입을 옷을 준비한다.
경험 이해	• 영아는 물을 보고 손으로 만져 보면서 시각, 촉각 등의 감각 기관으로 자기 주변을 탐색하였다. • 여러 가지 놀잇감을 물에 던져서 풍덩하는 소리를 듣고, 컵에 담긴 물을 쏟아 보며 물이 아래로 흐를 때 나는 소리와 모습을 감각적으로 경험하였다. • 영아는 물속에서 앉았다 일어났다 하면서 자신의 신체 기능을 탐색하고, 발장구를 치는 신체적 움직임을 통해 물놀이를 즐겼다.

활동② 신기한 소리가 들려요

활동 목표 • 소리를 듣고 청각 자극을 느끼고 반응한다.

활동 영역 • 신체운동 영역 〉 감각과 신체 인식하기

동작 영역 • 비이동 동작 〉 앉기
• 조작적 동작 〉 잡기, 치기

활동 자료	마라카스, 베이비 드럼, 북
활동 방법	놀잇감 바구니에서 마라카스 두 개를 꺼내 바닥에 굴리다 소리가 나자 양손으로 잡고 흔들어 본다. 그리고 소리가 나는 마라카스를 쳐다본다. 교사 : 무슨 소리지? 찰랑찰랑 소리가 나네. 바닥에 놓인 베이비 드럼을 만져 본다. 드럼 버튼을 손가락으로 누르며 소리와 함께 불빛이 반짝이는 것을 바라본다. 불빛이 사라지자 다시 누르기를 시도한다. 하임이는 옆에 있던 친구가 북 치는 것에 관심을 보이자, 자기도 북채로 북을 두드려 소리를 내 본다. 교사 : 하임이가 둥둥둥둥 소리를 내는구나.
상호작용	• 교사는 영아가 오감으로 소리 나는 놀잇감을 즐겁게 탐색해 볼 수 있도록 영아의 감각적 경험을 언어로 표현하고, 손뼉 치기 등의 비언어적 표현으로 격려한다.
교사 지원 및 주의점	• 영아들이 자연스럽게 오감을 이용한 주변 탐색을 할 수 있도록 놀이실 안에 다양한 재질과 종류의 안전한 놀잇감을 제공한다. • 감각적인 경험을 위해 장난감을 서로 부딪쳤을 때 깨져서 다치는 일이 발생하지 않도록 장난감의 재질을 확인한다.
경험 이해	• 영아는 주변의 서로 다른 두 개의 마라카스를 소근육을 이용해 손에 쥐어 흔들어 보고 굴려 보는 과정을 통해 마라카스의 다양한 모양과 소리를 감각으로 탐색하였다. • 주변의 다른 악기를 탐색하는 과정에서 소근육을 이용해 버튼을 눌러 보고 그로 인한 소리와 반짝이는 불빛을 발견하며 반복적인 시도를 통해 감각적 경험을 즐겼다. • 영아는 북채를 잡고 북을 두드려 보는 경험을 하면서 시각, 촉각, 청각 등의 감각으로 주변 탐색을 시도하였다.

활동③ 톡톡톡 눌러요

활동 목표
- 소리를 듣고 청각 자극을 느끼고 반응한다.

활동 영역
- 신체운동 영역 〉 감각과 신체 인식하기
- 신체운동 영역 〉 신체 활동 즐기기

동작 영역
- 이동 동작 〉 기어가기, 뛰기, 걷기
- 조작적 동작 〉 던지기

활동 자료	에어캡, 색종이, 전지와 물감
활동 방법	영아가 창에 붙여 놓은 에어캡에 지속적인 관심을 보이자 교사는 에어캡을 바닥에 붙여 준다. 영아들은 에어캡을 반복적으로 눌러 보며 톡 터지는 소리를 듣고, 손톱으로 긁어 보는 탐색 활동을 계속한다. 영아는 에어캡 탐색 중 에어캡 밑에 색 있는 종이가 깔려 있는 것을 발견하고 "이거"라고 말하며 에어캡 밑의 색을 손가락으로 만져 보려 한다. 영아가 에어캡 밑의 색에 관심이 있는 것을 관찰한 교사는 바닥에 종이를 깔고 물감을 뿌린 후 에어캡으로 덮어 준다. 영아들은 자신의 손바닥과 주먹을 이용해 에어캡을 눌러 보거나 문지른다. 영아는 물감 묻은 종이를 덮은 에어캡 위에서 두 발로 깡충 뛰어 보고, 제자리걸음 걷기를 반복한다. 영아가 에어캡 위를 경주하듯 빨리 기어서 앞으로 움직이니 교사가 함께 기어서 따라가며 "와~ 채원이가 무릎으로 기어간 자리에 빨간색 길이 생겼구나."라고 말한다. 다른 영아는 친구가 지나가며 남긴 흔적을 탐색한다.
상호작용	• 교사는 영아가 감각적으로 새로운 물체를 탐색할 수 있도록 탐색 과정 자체를 언어와 비언어적 표현으로 격려하고, 영아와 같이 움직여 줌으로써 놀이 참여자로서 영아의 놀이를 지지한다.
교사 지원 및 주의점	• 영아들이 대·소근육을 이용하여 에어캡 놀이를 할 수 있는 실내 공간을 제공한다.
경험 이해	• 영아는 에어캡이라는 새로운 사물의 모습을 주의 깊게 관찰하고, 손가락으로 에어캡을 눌러 터질 때 나는 톡톡 소리를 들으면서 시각, 촉각, 청각 등의 감각으로 주변 환경을 탐색 후, 에어캡을 눌러 보거나 긁어 보며 소근육을 사용한다. • 영아는 손바닥과 주먹으로 에어캡을 문질러 보는 동작을 통해 물감의 번짐과 섞임을 자연스럽게 관찰하면서 색과 모양의 아름다움을 느낀다. • 영아는 에어캡 위에서 깡충 뛰기를 반복하면서 폭신한 촉감을 감각으로 느끼기, 기기나 걷기를 통해 대근육을 활발히 움직여 보고 몸 움직임을 통해 주변의 공간에 대해 탐색한다. • 친구들과 같은 놀이에 참여하여 또래에게 관심을 가진다.

활동④ 올라갔다 내려갔다

활동 목표
- 대·소근육을 조절하며 기본 운동을 시도한다.

활동 영역
- 신체운동 영역 〉 신체 활동 즐기기

동작 영역
- 이동 동작 〉 기어가기, 오르기
- 조작적 동작 〉 잡기

활동 자료	경사진 스펀지 매트, 영아용 미끄럼틀
활동 방법	나연이가 놀이실 안에서 오르기 매트가 있는 곳까지 이동한 후 경사를 기어 올라가서 매트 위에 앉자 "우리 나연이, 매트 위까지 올라왔구나."라고 교사가 말한다. 잠시 후 양팔과 다리에 힘을 주고 경사진 매트를 기어서 내려가려 시도한다. 이 모습을 본 교사는 아이에게 두 팔을 벌리고 "나연이 내려오고 싶구나. 천천히 내려와. 어려우면 선생님이 손 잡아 줄게."라고 말한다. 유희실로 이동한 나연이는 미끄럼틀 계단을 올라간 뒤, 내려오려고 하다가 미끄럼틀에 배를 대고 몸을 뒤집는다. 교사가 "선생님 여기 있을 테니 천천히 내려오세요."라는 말을 건네자 웃으며 미끄럼틀을 타고 내려와 교사에게 안긴다.
상호작용	• 영아가 대근육을 이용하여 몸을 움직여 보고 시도하는 것을 돕기 위하여, 오르내리는 과정을 말과 표정, 행동으로 지원함으로써 영아가 즐겁게 기본 운동 능력을 증진시킬 수 있도록 격려한다. • 영아가 매트 오르내리기를 할 때 급하게 움직이지 않고 각자의 속도에 맞게 움직일 수 있도록 기다려 주면서 발달의 개인차를 존중한다.
교사 지원 및 주의점	• 영아들이 기어서 이동하면서 부딪히지 않도록 충분한 넓이의 실내 공간을 제공한다. 미끄럼틀을 배치할 때 영아의 동선을 고려하여 충분한 공간을 확보한다. • 영아가 오르내리기를 할 때 미끄러지거나 다른 영아와 부딪히는 일이 없도록 세심히 관찰한다.
경험 이해	• 영아는 낮은 스펀지 매트의 바닥에서 시작하여 위쪽까지 기어서 움직이며 공간을 이동하였다. • 영아는 스펀지 매트를 기어서 오르고 반대로 내려오기 위해 양팔과 다리에 힘을 주어 대근육을 조절하였다. • 영아는 미끄럼틀이라는 도구를 사용하여 붙잡고 서기도 하고, 계단을 오르거나 슬라이드를 타고 내려가 보는 경험을 하면서 신체 활동을 즐겼다.

활동⑤ 끌차를 움직여요

활동 목표 • 대·소근육을 조절하며 실내외 신체 활동을 즐긴다.

활동 영역 • 신체운동 영역 〉 신체 활동 즐기기

동작 영역
- 이동 동작 〉 걷기, 달리기
- 비이동 동작 〉 구부리기
- 조작적 동작 〉 밀기

활동 자료	끌차
활동 방법	산책을 하던 서연이가 주변에 피어 있는 꽃에 관심을 보인다. 교사 : 바깥 놀이터에 꽃이 많이 피어 있구나. 서연이가 방금 만져 본 꽃은 분홍색 철쭉 꽃이네. 꽃을 살펴보던 서연이는 발 밑에 떨어져 있는 꽃잎을 집어서 교사를 향해 걸어가 꽃을 전한다. 교사: "어머, 서연이가 선생님에게 꽃잎을 주네. 너무 예쁘다, 고마워!" 영아들은 주변 산책을 계속하다 테니스장에 도착했다. 서연이는 가지고 나온 끌차를 달라고 하더니 소리 내어 웃으며 끌차를 끌고 달린다. 서연이의 모습을 본 민우도 남아 있던 끌차를 잡으며 함께 달린다. 끌차를 끌며 놀이하던 민우가 동작을 잠시 멈춘 뒤 허리를 숙여 끌차를 잡고 앞으로 밀며 이동한다. 옆에 있던 서연이도 똑같은 방법으로 끌차를 민다. 교사 : 어머! 이번에는 민우와 서연이가 끌차를 잡고 앞으로 밀어주고 있구나! 끌차가 빠르게 달리고 있어!
상호작용	• 교사는 영아들이 바깥 놀이터에서 관심을 보이는 것이 무엇인지를 민감하게 관찰하여 있는 그대로의 사실을 언어로 표현함으로써 영아의 놀이를 격려한다. • 영아의 산책과 놀이가 편안하게 지속될 수 있도록 충분한 시간을 제공한다.
교사 지원 및 주의점	• 영아가 편안하게 산책할 수 있도록, 안전성과 이동 경로 등을 확인한다. • 영아가 실내에서 흥미를 보였던 끌차 놀잇감을 실외에서도 지속적으로 놀이할 수 있도록 실외에서도 끌차를 제공한다.
경험 이해	• 영아는 근처를 산책하면서 이동 동작인 걷기를 통해 대근육을 사용하였다. • 바깥 놀이터에서 볼 수 있는 자연의 풍경과 사물에 관심을 보였다. • 꽃잎을 줍는 과정에서 눈과 손의 협응과 손가락의 소근육을 사용하였다. • 영아는 친구가 끌차를 끌어 보는 행동을 보고 따라 하기도 하고 함께 놀기도 하면서 자연스럽게 또래에게 관심을 가졌다. • 걷기와 달리기 등의 이동 동작 및 끌차를 직접 잡고 움직여 보기 위해 자신의 몸을 숙이거나 구부려 보는 등의 비이동 동작의 자세를 만들어 보았다.

활동⑥ 블록을 쌓고 무너뜨려요

활동 목표
- 대·소근육을 조절하며 실내외 신체 활동을 즐긴다.

활동 영역
- 신체운동 영역 〉 신체 활동 즐기기

동작 영역
- 이동 동작 〉 걷기,
- 비이동 동작 〉 앉기, 구부리기

활동 자료	다양한 스폰지 블록, 플라스틱 블록
활동 방법	현준이는 스펀지 블록을 집어 옆으로 길게 늘어놓는다. 블록을 길게 늘어놓기 위해 블록장에서 원하는 색의 스펀지 블록을 찾고, 몸을 숙여 블록끼리 늘어놓기를 반복한다. 교사 : 현준이가 블록을 연결해 주니 블록이 길어졌네! 이번에는 플라스틱 블록을 꺼내 아래에서부터 하나씩 하나씩 조심스럽게 위로 쌓아 올린다. 교사 : 어머! 현준이가 블록을 이렇게 높이 쌓았구나! 잠시 후 쌓아 올린 플라스틱 블록을 손을 뻗어 툭 쳐서 무너뜨린다. 교사 : (무너진 블록을 보며 웃는 영아에게) 블록이 와르르 무너졌네! 현준이는 무너뜨리기가 정말 재미있구나. 소리 내어 웃는 현준이 모습을 본 수진이가 다가와 옆에서 블록을 하나씩 하나씩 위로 쌓기 시작한다. 교사 : 어머! 수진이 블록도 높이높이 쌓여 가네!
상호작용	• 교사는 영아들이 블록을 쌓고 늘어놓고 부수는 반복적인 놀이를 즐길 수 있도록 블록 구성 과정을 말과 표정으로 격려하며 블록 놀이가 즐겁게 이루어질 수 있도록 지원한다.
교사 지원 및 주의점	• 영아기 블록 구성의 특징은 쌓고 부수고 늘어놓는 과정의 반복임을 고려하여, 영아들 간에 갈등이 초래되지 않도록 사전에 충분한 공간을 확보한다. • 영아가 오감으로 블록을 경험할 수 있도록 사이즈가 크고 가벼운 재질로 이루어진 다양한 블록들을 제공한다.
경험 이해	• 영아는 정리장에서 스펀지 블록을 꺼내 장 앞으로 옮기기 위해 반복해서 왔다 갔다 하면서 공간을 이동하였다. • 영아는 스펀지 블록을 집어 옆으로 하나씩 하나씩 늘어놓기도 하고, 또 플라스틱 블록을 이용해 하나씩 하나씩 위로 쌓기도 하면서 대·소근육을 지속적으로 사용한다. • 영아는 블록을 무너뜨리지 않고 좀 더 높게 쌓아 보기 위해 대·소근육의 힘을 조절하며 집중한다. • 또래의 놀이에 관심을 가지고 같은 놀이를 시도한다.

2. 2세 영아 동작교육 활동의 실제*

본 장에서는 2세 영아가 자신의 신체 움직임을 탐색하고 대·소근육을 조절해 보며 신체 활동에 즐겁게 참여 하면서 감각 및 신체조절 능력과 기본적인 신체운동 능력을 기르기 위한 활동을 살펴본다.

* 보건복지부(2020). 제4차 표준보육과정 해설서, 2020-75호.

활동① 눈을 굴려요

활동 목표
- 대·소근육을 조절하며 실내외 신체 활동을 즐긴다.

활동 영역
- 감각과 신체 인식하기 〉 감각 능력을 활용한다.
- 감각과 신체 인식하기 〉 신체를 인식하고 움직인다.

동작 영역
- 이동 동작 〉 걷기, 뛰기
- 비이동 동작 〉 구부리기
- 조작적 동작 〉 던지기, 굴리기

활동 자료	다양한 스폰지 블록, 플라스틱 블록
활동 방법	바깥 놀이를 나가서 쌓여 있는 눈을 본 성민이가 "와, 눈이다."라고 말한다. 다른 영아들은 눈을 발로 밟아 본다. 수현이는 손을 벌리고 좌우로 움직이며 걷는다. 눈 위를 걸어가던 성민이가 팔을 벌리고 누워서 "여기서 잘 거야!" 하면서 웃는다. 영아들이 눈을 뭉쳐서 던져 본다. 눈뭉치가 나무에 붙자 "나무야, 미안해."라며 나무에 붙은 눈을 털어 낸다. 수현이와 성민이가 양손으로 눈을 모아 뭉친다. 성민이가 "선생님 우리 이거 해요!"라고 말하자 "성민이가 눈사람 만들고 있구나! 우리 같이 만들어 볼까요?"라며 선생님이 도움을 주자 눈을 굴린다. 다른 영아들도 눈을 굴린다. "눈이 커졌어."라며 웃는다. 지수가 "이거 뭐지?"라고 말하며 눈이 녹은 곳을 가리키자 영아들이 모여든다. "여기는 눈이 녹았어!"라고 수현이가 말하면서 눈을 모아 온다. 지수가 "여기 얼음이다."라고 말하자 "얼음이 있어?"라고 성민이가 다가와서 얼음을 만져 본다.
상호작용	• 영아가 같이 눈사람을 만들자고 제안하자 영아의 의도를 존중하며 눈사람을 만드는 데 함께한다.
교사 지원 및 주의점	• 영아가 실외에서 눈과 얼음을 모두 탐색할 수 있는 장소를 선정한다. • 영아가 실외에서 눈을 자유롭게 탐색하고 신체를 움직이는 경험을 할 수 있도록 바깥 놀이 시간을 충분히 제공하고, 안전하게 놀이할 수 있도록 주변의 위험한 물건이 있는지 확인한다.
경험 이해	• 영아가 호기심을 가지고 감각 능력을 활용하여 눈과 얼음을 들여다보고 만지면서 탐색한다. • 영아가 실외 놀이터에 눈이 쌓여 있는 곳에서 걷고, 뛰고, 멈추고, 구부리고, 눈 뭉치를 던지고, 눈을 굴리면서 신체를 인식하고 움직였다. • 영아가 눈이 녹은 곳을 보면서 또래 영아에게 눈이 녹았다고 말하였고 또래 영아의 이야기를 듣고 얼음에 관심을 보이며 얼음이 있냐고 말한다.

활동② 나뭇잎을 뿌려요

활동 목표
- 대·소근육을 조절하며 실내외 신체 활동을 즐긴다.

활동 영역
- 감각과 신체 인식하기 〉 감각 능력을 활용한다.
- 신체 활동 즐기기 〉 실내외 신체 활동을 즐긴다.

동작 영역
- 이동 동작 〉 걷기, 뛰기
- 비이동 동작 〉 구부리기
- 조작적 동작 〉 던지기

활동 자료	나뭇잎
활동 방법	영아들이 산책을 하다가 바닥에 쌓여 있는 나뭇잎을 보자 낙엽 주위로 모여든다. 나뭇잎을 만지자 바스락거리며 부서진다. 우현이와 동수는 큰 나뭇잎을 보더니 손바닥을 대본다. 우현 : (떨어진 나뭇잎을 주워 손바닥을 대보며) 손 같아. 아니, 손보다 크다. 지현 : 나도 나뭇잎! 지현이가 더 큰 나뭇잎을 찾아 뿌린다. 나뭇잎이 바람에 움직이자 영아들이 나뭇잎을 따라 뛰어간다. 영아들이 나뭇잎을 모아 보기도 하고 모은 것을 뿌려 보면서 웃는다. 승일 : 소리가 나! 재혁 : 응 소리가 나! 준석이는 나뭇잎을 과자라고 말하면서 먹는 흉내를 낸다. 준석 : 선생님! 과자예요! 교사 : 그래, 바스락 소리가 나는 과자구나.
상호작용	• 영아가 나뭇잎을 눈으로 보고, 발로 밟고, 손으로 뿌리고, 귀로 바스락거리는 소리를 듣도록 기다려 주면서 다양한 감각을 활용하도록 지원한다. • 영아가 나뭇잎을 과자라고 말하자 바스락 과자라고 확장시켜 주면서 영아가 나뭇잎 소리에 관심을 가질 수 있도록 반응적인 상호작용을 한다.
교사 지원 및 주의점	• 실외에서 영아가 산책을 하면서 계절과 날씨 변화를 느낄 수 있도록 낙엽이 많이 쌓여 있는 곳을 선정하며, 영아가 실외에서 낙엽을 자유롭게 탐색하고 신체를 움직이는 경험을 할 수 있도록 바깥 놀이 시간을 충분히 제공한다. • 영아들이 실외에서 안전하게 산책할 수 있도록 주변에 위험한 물건이 있는지 확인하고 치워 준다.
경험 이해	• 영아가 낙엽을 만지고 밟고 뿌리고 손에 대보면서 감각 능력을 활용하여 나뭇잎을 탐색한다. • 영아가 낙엽을 줍고 뿌리면서 실외 신체 활동을 즐긴다. • 영아가 교사에게 나뭇잎을 과자라고 하면서 먹는 흉내를 낸다.

활동③ 올라갔다 내려가요

활동 목표 • 대·소근육을 조절하며 실내외 신체 활동을 즐긴다.

활동 영역 • 신체 활동 즐기기 〉 실내외 신체 활동을 즐긴다.

동작 영역 • 이동 동작 〉 오르기, 걷기, 달리기
• 비이동 동작 〉 구부리기

활동 자료	미끄럼틀, 시소
활동 방법	지현이가 "하나 둘, 하나 둘" 세어 가며 손잡이를 잡고 미끄럼틀 계단을 올라간다. 뒤에서 재욱이도 따라서 올라간다. 준석이가 "슝슝슝" 소리를 내며 미끄럼틀을 내려온다. 미끄럼틀 끝에서 떨어지지 않게 멈춘 후 안전하게 내려온다. "선생님! 까꿍"이라고 말하며 지현이와 재욱이가 구멍에 얼굴을 내밀더니 다시 몸을 굽혀서 보이지 않는다. 지현이가 시소를 보자 "선생님 태워 주세요."라고 말한다. "시소 타 본 적 있어요?"라고 교사가 묻자 "엄마랑 탔어요."라고 대답한다. "그럼 친구랑 타 볼까?"라고 말하며 교사가 도와주자 친구와 함께 시소에 앉아 양발로 땅을 딛는다. "우와 올라간다!"라고 말하며 시소 손잡이를 꽉 잡는다. 시소가 내려가자 땅에 발을 딛고 힘을 주어 시소를 움직인다.
상호작용	• 영아가 시소를 안전하게 탈 수 있도록 도움을 주며 영아가 시소를 그만 타고 싶다는 의사를 밝히자 도움을 준다. • 영아가 미끄럼틀에서 얼굴을 내밀고 "까꿍"이라고 말할 때 영아의 말에 민감하게 반응하고 까꿍 놀이를 함께한다.
교사 지원 및 주의점	• 영아가 실외 놀이 기구를 안전하게 이용할 수 있도록 놀이기구의 위험한 부분은 없는지 확인한 후, 교사는 영아의 놀이 행동을 지켜보고 시소에서 내려 달라고 할 때 안전하게 내릴 수 있도록 도움을 준다.
경험 이해	• 영아가 미끄럼틀 계단을 올라가고 타고 내려오면서 그리고 시소를 타면서 실외 신체 활동을 한다. • 영아가 시소를 타 본 적이 있냐고 물어보는 교사에게 엄마랑 타 보았다고 말하며 자신의 의사를 표현하였다.

활동④ 종이 공 던질래요

활동 목표
- 대·소근육을 조절하며 실내 신체 활동을 즐긴다.

활동 영역
- 신체 활동 즐기기 〉 대·소근육을 조절한다.
- 신체 활동 즐기기 〉 실내외 신체 활동을 즐긴다.

동작 영역
- 이동 동작 〉 오르기, 걷기, 달리기
- 비이동 동작 〉 흔들기, 뻗기
- 조작적 동작 〉 당기기, 던지기, 차기

활동 자료	습자지
활동 방법	영아들이 습자지 종이를 보고 만진다. 습자지 종이를 양손으로 들고 두 팔로 흔든다. "어! 이게 무슨 소리지?"라고 교사가 말하자 계속 흔든다. "민찬이가 종이를 흔드니 소리가 나는구나!" 친구들도 따라 종이를 흔든다. 민찬이가 종이를 흔들다 찢어지자 친구들이 쳐다본다. 찢어진 습자지 종이가 쌓이자 지현이가 두 손을 하늘 높이 뻗어 습자지 종이를 뿌린다. 영아들이 다가와 습자지 종이를 머리 위로 뿌린다. "어! 하늘에서 알록달록 비가 내리네."라고 교사가 말하자 "노란 비에요."라고 지현이가 말한다. "얘들아! 우리 바닥에 있는 종이를 뭉쳐 볼까?"라고 말하며 교사가 종이를 뭉치자 영아들이 종이를 모아 뭉친다. "공 던질래요."라고 유나가 말한다. "그래, 어디에 공을 넣어 볼까?"라고 교사가 말하자 유나가 바구니를 가리킨다. 교사가 바구니를 바닥에 두자 유나가 바닥에 떨어진 종이를 뭉쳐 바구니에 던진다. 주원이가 "나도 나도 던질래."라고 말하며 종이를 뭉쳐서 두 팔을 벌려 위로 던진다.
상호작용	• 영아가 실내에서 습자지를 찢어 보면서 놀이하다가 보육실 바닥에 종이가 많이 널려 있을 때 종이를 뭉쳐 보자고 새로운 놀이를 제안한다.
교사 지원 및 주의점	• 영아가 습자지를 자유롭게 탐색할 수 있도록 미술 영역과 신체 영역을 확장하여 넓은 공간을 만들어 준다. 다양한 색깔의 습자지를 충분히 제공하고, 바구니도 제공한다. • 바닥에 종이가 많이 깔려 있을 때 종이를 뭉쳐 보는 것으로 전환해 보는데, 이때 바닥에 널린 종이에 미끌어지지 않도록 주의한다.
경험 이해	• 영아가 습자지를 손으로 찢고, 뿌리고, 뭉쳐서 크게 만들면서 대·소근육을 조절하는 경험을 한다. • 영아들이 잘게 찢어진 습자지 종이를 위로 뿌리고 바닥에 떨어진 습자지 종이를 뭉쳐서 손으로 바구니에 던지거나 발로 차서 바구니에 넣으면서 실내 신체 활동을 하였다. • 영아가 "노란 비예요."라고 교사에게 자신의 느낌을 말한다.

활동⑤ 나, 올라갈 거야

활동 목표
- 대·소근육을 조절하며 실내외 신체 활동을 즐긴다.

활동 영역
- 감각과 신체 인식하기 〉 감각 능력을 활용한다.
- 신체 활동 즐기기 〉 실내외 신체 활동을 즐긴다.

동작 영역
- 이동 동작 〉 기기, 걷기
- 비이동 동작 〉 구부리기

활동 자료	블록 계단, 매트
활동 방법	연결된 블록과 매트를 보자 영아들이 "와!"라고 소리치며 모인다. 블록 계단을 하나씩 밟고 올라가 매트 끝에 앉아 내려온다. 영아들이 엉덩이로 내려오거나 엎드려서 내려온다. 또 다른 영아들은 서서 두 팔을 벌려 천천히 걸어 내려오거나 기어서 내려온다. 재현이가 미끄럼틀을 타며 "하하" 웃는다.
상호작용	• 영아가 만들어 놓은 계단 모양의 블록을 스펀지 미끄럼틀과 연결해서 놀이하도록 해 놀이가 확장될 수 있도록 한다.
교사 지원 및 주의점	• 영아가 블록으로 놀이할 수 있도록 다양한 블록을 충분히 제공하고 보육실 내 넓은 공간에서 활동을 할 수 있도록 지원한다. • 영아가 블록에 오르고 내려갈 때 다치지 않도록 주의 깊게 살펴보고 블록을 튼튼하게 쌓을 수 있도록 도움을 준다.
경험 이해	• 영아가 스펀지 압축 블록을 끼우고 빼고 위로 쌓아 올리면서 대·소근육을 조절하는 경험을 한다. • 영아가 블록 계단과 연결된 스펀지 매트에서 미끄럼틀을 타면서 실내에서의 신체 활동을 즐긴다. • 영아가 스펀지 압축 블록을 위로 쌓다가 친구에게 "이거 커졌다."라고 자신의 느낌을 말한다.

활동⑥ 아래로 위로 건너가요

활동 목표 • 대·소근육을 조절하며 실내외 신체 활동을 즐긴다.

활동 영역 • 신체 활동 즐기기 〉 실내외 신체 활동을 즐긴다.

동작 영역
- 이동 동작 〉 기기, 기어가기, 걷기
- 비이동 동작 〉 구부리기
- 조작적 동작 〉 들어올리기

활동 자료	원통 유니바, 막대 유니바
활동 방법	재현이가 납작 막대를 가져와 원통 유니바에 끼운다. 재현이의 모습을 본 건이가 다가와 관심을 보인다. 짧은 막대를 가져와 재현이가 놀고 있던 원통 유니바의 구멍에 넣자 재현이가 "나도 할래!"라며 짧은 막대를 따라 넣는다. 짧은 막대가 바닥에 떨어지는 소리를 듣고 소리가 나는 곳을 쳐다본다. 굴러가는 짧은 막대를 따라 몸을 움직인다. 떨어진 짧은 막대를 따라 바닥에 몸을 대고 기어가며 유니바를 통과한다. 교사가 "재현이가 유니바 아래로 기어서 나올 수 있구나!"라고 하자 교사를 보며 반복적으로 유니바 아래를 기어서 나온다. 시유가 재현이를 보고 다가온다. 재현이가 기어 나오는 모습을 시유가 보고 있다. 유니바 앞에 서 있는 시유에게 "시유도 같이 아래로 가 볼까요?"라고 교사가 말하자 시유가 고개를 끄덕이며 유니바를 기어서 나온다. 시유의 몸에 납작 막대가 닿아 유니바가 움직이자 재현이가 다가와 유니바를 잡아 준다. 재현이가 유니바를 기어 나오기를 반복한다. 시유가 유니바를 기어 나오다 납작 막대가 떨어진다. 시유가 "떨어졌어."라고 말하자 재현이가 "이거! 이거!"라고 말하며 둥근 막대를 가져와 원통 유니바에 끼운다. 교사가 유니바의 높이를 낮춰 주자 재현이가 건너간다. 재현이는 "나 봐요!"라고 하더니 왼발과 오른발을 번갈아 움직이며 유니바를 건너간다.
상호작용	• 영아에게 유니바 아래로 기어서 나올 수 있음을 격려하고 다른 영아도 유니바 아래를 기어갈 수 있도록 지원한다.
교사 지원 및 주의점	• 유희실 내 넓은 공간에서 유니바를 가지고 놀이할 수 있도록 지원한다. • 영아에게 원통 유니바와 막대 유니바를 충분히 제공한다. • 영아가 유니바를 뛰어 넘을 때 다치지 않도록 높이를 조절해 주었으며 뛰거나 기고 달릴 때 주의 깊게 살펴본다.
경험 이해	• 영아가 원통 유니바와 막대 유니바를 끼우며 대·소근육을 조절하는 경험을 한다. • 영아가 유니바 아래를 기어가고, 왼발과 오른발을 번갈아 움직이며 기본 운동을 즐기고 도구를 이용한 신체 활동에 참여하면서 신체 활동을 즐긴다.

활동⑦ 꿈틀꿈틀 기어가요

활동 목표 • 대·소근육을 조절하며 실내외 신체 활동을 즐긴다.

활동 영역 • 신체 활동 즐기기 〉 실내외 신체 활동을 즐긴다.

동작 영역 • 이동 동작 〉 기기, 기어가기, 점프
• 비이동 동작 〉 구부리기
• 조작적 동작 〉 들어올리기

활동 자료	애벌레 터널
활동 방법	재현이가 교실에 있는 애벌레 터널을 보자 "우와" 하며 터널 안으로 기어들어 간다. 단솔이도 재현이의 뒤를 따라 터널 안으로 기어들어 간다. 친구들이 애벌레 터널 주변에 모여 터널을 만지고 흔들어 보며 관심을 보인다. 재현이가 나오려고 하자 이루가 터널을 잡아 준다. "이루가 친구가 잘 나올 수 있도록 터널을 잘 잡아 주었구나!" 교사가 말하자 재현이가 터널을 기어서 빠져나온다. 재현이가 터널을 들고 쌓기 영역으로 이동한다. 터널이 바닥에 끌리자 재현이가 건이를 보며 "이거 이거."라고 말한다. 건이가 다가와 재현이와 함께 터널을 잡고 옮긴다. "어! 애벌레가 이사 가네! 애벌레가 어디로 이사 갈까?"라고 교사가 말하자, "애벌레 엄마한테"라고 재현이가 말한다. "애벌레가 엄마를 찾으면 좋겠구나!" 재현이가 무릎을 바닥에 대고 몸을 폈다 접었다 하며 터널 안으로 들어가자 "재현이가 애벌레처럼 꿈틀꿈틀 기어가네!"라고 교사가 말한다. 재현이는 "기어갈 거야."라고 말하며 터널에서 기어서 나온다. 건이도 무릎을 바닥에 대고 두 팔로 바닥을 기어 애벌레 터널로 이동한다. 건이가 애벌레 터널을 통과하자 다른 영아들도 애벌레 터널을 반복해서 통과한다. 터널에서 나온 재현이가 터널 앞에 있는 연못을 보고 두 발로 점프한다. 이루가 재현이를 보고 따라서 연못으로 점프한다.
상호작용	• 영아가 터널을 탐색하고 터널 안을 기어서 통과할 때 애벌레처럼 기어간다고 말하면서 영아의 기어가는 행동을 격려한다.
교사 지원 및 주의점	• 영아가 터널에 관심을 가지고 놀이할 수 있도록 보육실에 터널을 비치한다. • 영아가 애벌레 터널을 통과하면서 서로 부딪히거나 다치지 않도록 주의 깊게 지켜본다.
경험 이해	• 영아가 애벌레 터널을 통과하면서 도구를 이용한 신체 활동을 즐긴다. • 영아가 애벌레 터널을 기어서 통과하고 두 발을 모아 점프를 하면서 이동 운동을 즐긴다.

Chapter 10

유아 동작교육 활동

1. 3~5세 유아 동작교육 활동의 실제

유아는 스스로 신체를 움직이면서 자연스럽게 자신의 신체를 인식하고 조절할 수 있게 된다. 본 장에서는 3~5세 유아가 실내외에서 다양한 신체 활동에 자발적으로 참여하면서 신체 활동을 즐기는 활동과 예술에서 아름다움을 느끼고, 자신의 느낌과 생각을 창의적으로 표현하는 과정을 즐기는 예술경험을 중심으로 진행되는 활동을 살펴본다.

활동① 나는 누구일까?

창의력 요소
- 상상력, 유창성, 정교성

활동 목표
- 음악을 들으며 여러 가지 동물에 관심을 가진다.
- 신체를 통해 다양한 동물을 표현할 수 있다.

누리과정 요소
- 예술경험 〉 예술 감상하기 〉 다양한 예술 감상하며 상상하기를 즐긴다.
- 예술경험 〉 창의적으로 표현하기 〉 신체나 도구를 활용하여 움직임과 춤으로 자유롭게 표현한다.
- 신체운동·건강 〉 신체 활동 즐기기 〉 신체를 인식하고 움직인다.

기본 요소
- 신체 〉 신체 모양, 신체 전체
- 에포트 〉 힘, 시간
- 공간 〉 영역, 높낮이, 방향, 범위
- 관계 〉 사람과의 관계

기본 동작
- 비이동 운동 〉 뻗기, 구부리기, 앉기
- 이동 운동 〉 달리기, 발끝으로 걷기, 도약하기, 점핑

활동 자료	생상스의 〈동물의 사육제〉 중 '큰 새장'(https://www. youtube. com/watch), 궁금이 상자, 깃털, 사진 자료(새, 새장, 생상스), 새 날개, 새 머리띠, 과자, 지렁이 젤리, 구름, '몸으로 말해요' 판, 동물 제시된 스케치북, 초시계
활동 내용	도입 1. 〈동물의 사육제〉 중 '큰 새장'을 듣고 궁금이 상자와 퀴즈를 통해 어떤 동물인지 맞추어 본다. – 이 노래의 주인공은 누구일까? – 이 안에는 내가 누군지 알려 주는 힌트가 들어 있어. 한번 만져 볼래? – 나는 아침이 되면 아름다운 노래를 부르지. 비행기처럼 하늘을 날 수 있어. – 이 음악은 프랑스 작곡가 생상스의 〈동물의 사육제〉 중 '큰 새장'이야.

활동 내용	전개 2. 교구 탐색을 한다. – 이게 무엇일까?(새 날개, 새 머리띠) – 우리가 음식을 먹으려면 얼굴 중에서 어느 부분을 쓰지? – 새의 입을 무엇이라고 할까? – 지난 요리 시간에 과자로 동물 만들기 한 것 기억나니? 그때 남은 재료들을 선생님이 가져왔어. – 이 과자로 새 부리를 어떻게 표현했었지? – 이번에는 몸으로 표현해 볼 친구 있니? – 새는 주로 무엇을 먹을까? 3. 〈동물의 사육제〉 중 '큰 새장' 노래에 맞추어 해당 동물을 몸으로 표현해 본다. – 그럼 우리가 이 재료들로 큰 새장에 있는 새를 직접 몸으로 표현해 볼 거야. 재료들을 가져가 볼까? – 신체표현 활동을 하기 전에 어떤 것을 주의해야 하지? – 새가 새장에 앉아 노래를 하고 있어. 아주 예쁜 목소리를 가지고 있네. 큰 새장 안에서 예쁜 날개를 펼치며 날고 있어.(신체〉신체 부분) – 새장 안 새들이 빠르기 경주를 하듯이 발끝을 들고 빠르게 날아 볼까?(이동 동작〉발끝으로 걷기) 그때 먹이가 새장 안으로 들어왔어. 꿈틀꿈틀 지렁이를 새들이 부리로 잡으려고 한다. 드디어 지렁이를 잡고 맛있게 먹고 있어. 두 팔을 둥그렇게 말고 입으로만 먹어 볼까? 누가 가장 맛있게 먹을까? 배가 부르니 천천히 날고 있네. 어? 새장 문이 열렸네? 새들은 이때다 싶어 팔을 크게 벌리고 밖으로 날아 간다. – ㅇㅇ이는 날아갈 때, 고개를 이리저리 흔들고, 발가락으로 걷고 있네. 팔을 쭉 뻗어서 뒤로 날고 있어. – 이번에는 푸른 하늘을 훨훨 날고 있어. 하늘을 처음 본 새들은 너무 신기해서 이리저리 날아다니네. 하늘을 날다가 새 친구들을 만났어. 서로 반가워서 인사 한다. 새 친구들과 같이 무리를 지어서 날아 볼까?(관계〉사람과의 관계) – 사랑 반 친구들 ㅇㅇ이가 팔을 넓게 벌리고 손목을 흔들고 있네. 다 같이 따라해 볼까? – 선생님을 도와 재료를 정리해 줄 친구 있니? 4. 여러 가지 동물을 몸으로 표현하여 맞추기 게임을 한다. – 이번에는 음악 말고 다른 방법으로 동물을 표현해 볼 거야. – 두 명씩 짝을 지어서 동물 맞추기 게임을 해 볼 거야. 한 명은 말과 소리 대신에 몸으로만 표현해 볼까? – 정해진 시간에 많은 동물을 맞추는 팀이 이기는 거야. 정해진 시간은 우리가 표현해 본 큰 새장 노래가 끝날 때까지야. – 친구들이 쓰고 있는 머리띠의 색깔이 같은 친구들끼리 함께 팀이 되는 거야. – ㅇㅇ이는 팔과 팔을 꼬면서 표현하고 있네. 이 동물은 무엇일까? – △△이는 손바닥을 접었다 폈다 하면서 깡충깡충 뛰고 있네. 이 동물은 무엇일까?

활동 내용

5. 결과 및 평가한다.
- 자 모두 이야기 대형으로 앉아 보자. 어느 팀이 이겼을까?
- 우리 모두 열심히 해 준 친구들에게 박수를 쳐주자.
- 우리 게임을 하면서 친구들이 동물을 어떻게 표현했는지 기억나니?
- ㅇㅇ이가 다시 한 번 나와서 표현해 보자.
- '이 동물을 다르게 표현할 수 있어요.' 하는 친구 있니?

마무리

6. 활동 후 느낀 점을 이야기 나눈 후 다음 활동으로 전이한다.
- 오늘 여러 가지 방법으로 동물을 표현해 보았어. 새를 표현했을 때는 어떤 느낌이 들었니?
- 어떤 점이 재미있었니?
- 여러 가지 동물을 표현해 보았을 때 기분은 어떠했니?
- 어떤 친구의 표현이 가장 기억나니?
- 다시 활동해 본다면 어떤 동물을 표현해 보고 싶니?
- 우리 다음 시간에는 이 새 날개를 예쁘게 꾸며볼 거야.

평가

- 유아가 서로 부딪히지 않도록 주의하였는가?
- 유아들이 여러 가지 동물을 다양하게 표현할 수 있도록 지도하였는가?
- 상호작용이 잘 되었는가?

확장

- 새 날개를 여러 가지 재료로 자유롭게 꾸미기 미술 활동을 한다.

활동② 오늘부터 내가 고양이!

창의력 요소
- 상상력, 유창성

활동 목표
- 신체 각 부분과 전체 움직임의 특성을 이해한다.
- 다양한 움직임을 성취할 수 있는 신체의 능력에 자긍심을 갖는다.
- 다양한 신체 움직임으로 즐거움을 느끼고, 창의적인 신체표현을 기른다.

누리과정 요소
- 신체운동·건강 〉 신체 활동 즐기기 〉 신체를 인식하고 움직인다.

기본 요소
- 신체 〉 신체 부분 〉 손, 발, 신체 전체
- 에포트 〉 시간 〉 느리게, 빠르게
- 공간 〉 높낮이, 방향, 경로
- 관계 〉 사람과의 관계

기본 동작
- 비이동 운동 〉 뻗기, 흔들기, 구부리기
- 이동 운동 〉 걷기, 달리기, 구르기, 점핑, 스키핑, 호핑, 발끝으로 걷기

활동 자료	궁금이 상자, 그림 카드, 고양이 가면, 방울 달린 팔찌, 물고기가 달린 낚싯대, 동화책, 차이코프스키 〈꽃의 왈츠〉 음원
활동 내용	도입 1. 궁금이 상자 보여 주기 – (동화를 보여 주며) 사랑 반 우리가 지난 시간에 『고양이는 나만 따라 해』 동화를 들었던 것 기억나니? – 이 카드 뒤에는 그 동화의 장면들이 하나씩 그려져 있어. – 얘들아 이게 무엇일까? – 맞아, 궁금이 상자야. 얘들아 카드에 숫자가 적혀 있는 게 보이니? – 이 궁금이 상자에는 숫자가 적혀 있는 공이 들어 있어. (공 하나를 뽑아서 숫자를 확인한 후 같은 숫자의 그림 카드를 뒤집어서 장면을 확인하고 신체로 표현하는 것을 교사가 설명한다.) – 먼저 공을 뽑아 보고 싶은 사람 있니? – ㅇㅇ이가 나와서 공을 뽑아 보자.

<table>
<tr><td>활동 내용</td><td>전개
2. 자신이 뽑은 그림 카드를 보고 자유롭게 몸으로 표현한다.
– 공과 같은 숫자가 있는 그림 카드를 뒤집어 볼래?
– 이 그림은 어떤 장면인 것 같아?
– ㅇㅇ아 이 장면을 몸으로 표현해 볼까?
– ㅇㅇ이는 이 장면을 이렇게 표현했구나.
– ㅇㅇ이는 손끝을 세워서 고양이 손을 표현했구나.(신체>신체 부분)
– (이번에는 신체 부분만 사용해서 표현할 수 있도록 발문한다.)
– 우리 모두 ㅇㅇ이처럼 손끝을 세워 볼까?
– 같은 장면을 다르게 표현해 볼 친구(이 장면을 보고 다른 상황이라고 생각하는 친구) 있니? 한번 표현해 볼까?
– 이번엔 누가 나와서 뽑아 볼까?
3. 재료와 활동을 소개한다.
– 얘들아, 이게 무엇인 것 같니?
– 맞아! 이건 고양이 가면과 방울이 달린 팔찌야.
– 오늘은 이 고양이 가면과 방울이 달린 팔찌를 착용해서 우리가 고양이가 되어 보는 활동을 할 거야.
– 앞에 있는 ㅇㅇ이와 ㅇㅇ이가 나와서 가면과 팔찌를 친구들에게 하나씩 나눠 주겠니?
– 착용이 어려운 친구는 친구들에게 부탁하거나 선생님에게 도움을 요청 하렴.
– 활동을 하기 전에 우리 팔을 다 같이 흔들어 볼까?
– 어떤 소리가 나는 것 같니?
– 방울 소리를 크게 내려면 어떻게 해야 될까?
– 팔찌를 팔 말고 어디에 찰 수 있을까?
– 발목에 차서 한 번 흔들어 볼까?
– 방울 달린 팔찌를 자유롭게 사용해도 좋아.
– 얘들아 활동 할 때 가장 중요한 건 안전이란다. 친구들과 부딪히지 않고 넘어지지 않도록 조심하도록 하자!
4. 고양이가 되어 보는 활동을 한다.(차이코프스키 〈꽃의 왈츠〉 음원 재생)
– 고양이가 새근새근 낮잠을 자고 있네.
– 고양이가 이제 잠에서 깨어났네. 기지개를 피고 있어.(비이동>뻗기)
– 밖에서 무슨 소리가 들리는지 고개를 좌우로 두리번거리네.(비이동>흔들기)
– 이게 무슨 냄새야! 맛있는 생선 냄새가 나잖아?(선생님이 낚싯대 들고 흔들기)
– 생선 가게에서 나는 냄새였나 봐.
– 고양이가 배가 고픈지 뒤꿈치를 들고 살금살금 생선 가게 앞으로 걸어가고 있어.(이동 운동>발끝으로 걷기, 걷기)
– 아저씨랑 눈이 마주치자 재빠르게 생선을 들고 빠르게 도망가고 있어.(이동 운동>달리기, 두 발 번갈아 뛰기)</td></tr>
</table>

활동 내용

- ㅇㅇ이 고양이가 생선을 들고 있네.
- ㅁㅁ이 고양이가 생선을 뺏으려고 ㅇㅇ이 고양이를 쫓아가고 있어.(이동 운동〉달리기)
- ㅇㅇ이 고양이가 생선을 안 뺏기려고 담장 위를 점프하다가(이동 운동〉점핑), 발을 헛디뎌서 데굴데굴 구르고 말았어.(이동 운동〉구르기)
- 그 사이에 ㅁㅁ이 고양이가 물고기를 뺏어 갔어.
- ㅁㅁ이 고양이가 물고기를 높이 들고 ㅇㅇ이 고양이를 약 올리고 있어(관계〉사물과의 관계, 사람과의 관계)(비이동〉뻗기)
- ㅇㅇ이 고양이가 물고기를 뺏으려고 손을 높이 뻗으면서 점프를 하고 있어. 그때 생선가게 아저씨가 등장하고 고양이들은 화들짝 놀라며 생선을 놔두고 달아나 버렸지 뭐야.(이동 운동〉달리기, 두 발 번갈아 뛰기)

마무리

5. 활동을 마무리한다.

- 사랑 반 이야기 대형으로 앉아 볼까?
- 뒤에 있는 낚싯대를 선생님에게 가져와 줄래?
- 고양이 가면과 팔찌를 뒤에 앉아 있는 ㅇㅇ이와 ㅁㅁ이가 걷어 주겠니?
- 오늘 우리가 어떤 활동을 했지?
- 고양이가 되어 보는 활동을 하면서 어떤 동작들을 했는지 기억하니?
- 두 팔을 위로 뻗기도 하고, 뒤꿈치를 들고 살금살금 걸어 보기, 두 발로 달리기, 그리고 손을 뻗고 점프도 해 보았지?
- 우리가 오늘 어떤 것을 이용해서 고양이로 변신해 보았지?
- 이제 나만의 고양이 가면을 만들어 보는 활동을 할 거야. 앞줄부터 일어나서 미술 영역으로 이동해 보자.

평가

- 고양이의 움직임을 적절하게 표현할 수 있도록 지도하였는가?

확장

- 미술 활동 : 나만의 고양이 가면 만들기 활동을 해 본다.

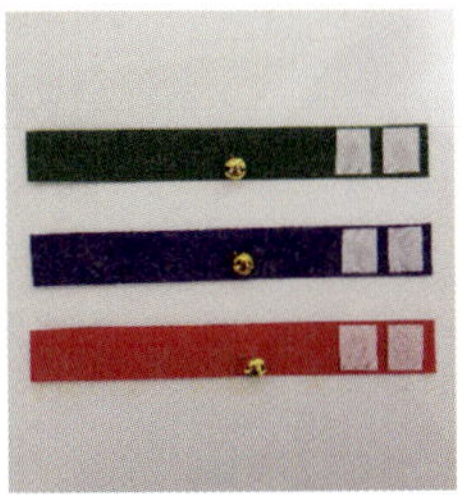

활동③ 나는야 피자 될 거야!

창의력 요소
- 유창성, 융통성, 상상력, 정교성

활동 목표
- 이탈리아 요리 피자를 안다.
- 피자 만드는 과정을 안다.
- 다양한 방법(신체, 도구)으로 피자 만드는 과정을 표현한다.
- 신나는 마음으로 피자 만드는 과정을 다양하게 표현한다.

누리과정 요소
- 신체운동·건강 〉 신체 활동 즐기기 〉 신체를 인식하고 움직인다.
- 신체운동·건강 〉 신체 활동 즐기기 〉 실내외 신체 활동에 자발적으로 참여한다.
- 의사소통 〉 듣기와 말하기 〉 자신의 경험, 느낌, 생각을 말한다.
- 사회관계 〉 사회에 관심 가지기 〉 다양한 문화에 관심을 가진다.
- 예술경험 〉 창의적으로 표현하기 〉 신체나 도구를 활용하여 움직임과 춤으로 자유롭게 표현한다.
- 예술경험 〉 예술 감상하기 〉 서로 다른 예술표현을 존중한다.

기본 요소
- 신체 〉 신체 모양, 신체 부분
- 에포트 〉 힘, 시간, 흐름
- 공간 〉 영역, 높낮이, 방향, 경로, 범위
- 관계 〉 신체 부분 간의 관계, 사물과의 관계, 사람과의 관계

기본 동작
- 비이동 운동 〉 축 운동 〉 뻗기, 구부리기, 스웨잉
- 비이동 운동 〉 정적·동적 운동 〉 앉기
- 이동 운동 〉 걷기, 구르기, 점핑, 두 발 번갈아 뛰기

<table>
<tr><td>활동 자료</td><td>피자 사진, 피자 만들기 과정 사진, 살색 펠트지 대형, 머리띠, 머리띠용 토핑(토마토, 페페로니, 피망, 올리브, 치즈), I am a pizza 피아노 반주(https://youtu.be/ltP9suohOMY)</td></tr>
<tr><td>활동 내용</td><td>도입
1. 수수께끼를 한다.
– 선생님이 어떤 음식 사진을 가져와 봤는데 무엇일지 퀴즈를 내 볼게. 우리 친구들이 한번 맞춰 봐!
– 나는 위에 치즈가 쫙 뿌려져 있어. 토마토도 있고 햄도 있어. 가끔은 파인애플이 들어갈 때도 있어. 그리고 나는 세모 모양일 때도 있고 네모 모양일 때도 있어. 나는 누구일까?
2. 피자에 대한 경험을 이야기한다.
– 피자를 본 적이 있니?
– 피자를 먹어 본 적이 있니?
– 피자의 맛은 어땠니?
– 피자가 어느 나라 음식인지 아니? 피자는 이탈리아 음식이야.
– 오늘은 이탈리아 음식인 피자가 만들어지는 과정을 몸으로 표현할 거야.

전개
3. 피자가 만들어지는 과정을 알아본다.
– 피자가 어떻게 만들어지는지 알고 있니?
– 어떻게 만들어질 것 같아?
– 왜 그렇게 생각하니?
– 정말 그렇게 만들어지는지 선생님과 함께 알아볼까?

〈피자가 만들어지는 과정〉
1. 피자 반죽을 쭉쭉 핀다.
2. 피자 위에 토마토 소스를 뿌린다.
3. 그 위에 페페로니, 피망, 올리브를 올린다.
4. 마지막으로 치즈를 뿌린다.
5. 따뜻한 화덕에 굽는다.
6. 맛있는 피자 완성!

– 오늘 피자 만드는 과정을 우리가 몸으로 표현해 볼 거야.</td></tr>
</table>

활동 내용	4. 피자 반죽을 피는 과정을 몸으로 어떻게 표현할지 이야기한다. – 피자 반죽을 피는 과정을 어떻게 표현해 볼 수 있을까?(유창성), (신체〉신체 부분〉독립적 움직임), (비이동 운동〉축 운동〉흔들기) – 왜 그렇게 표현해 보고 싶니? – 또 다른 방법이 있니?(공간〉범위), (비이동 운동〉축 운동〉뻗기, 구부리기) – 피자 반죽이 펴지는 것을 손으로만 어떻게 표현해 볼 수 있을까?(신체〉신체 부분〉독립적 움직임), (공간〉범위), (비이동 운동〉축 운동〉뻗기) – 몸을 점점 바닥에 가깝게 구부리면서는 어떻게 표현해 볼 수 있을까?(신체〉신체 모양〉직선 모양), (공간〉높낮이), (관계〉신체와의 관계), (비이동 운동〉축 운동〉뻗기, 구부리기) – 느리게/빠르게 펴지는 반죽은 어떻게 표현해 볼 수 있을까?(신체〉신체 모양〉직선 모양), (에포트〉시간〉속도), (비이동 운동〉축 운동〉뻗기, 구부리기) 5. 피자 반죽 위에 토마토 소스를 뿌리는 과정을 몸으로 어떻게 표현할지 이야기한다. – 우리 다음은 무엇이었지? – 토마토 소스는 어디에 바르지? – 선생님이 큰 피자 반죽을 준비해 왔어. 누가 선생님을 도와 피자 반죽을 피는 걸 도와주겠니? – 이 피자 반죽 위에 토마토 소스를 뿌리는 걸 몸으로 어떻게 표현해 볼 수 있을까?(유창성), (신체〉신체 모양〉직선 모양), (공간〉영역), (관계〉사물과의 관계), (비이동 운동〉축 운동〉회전하기) – 왜 그렇게 표현해 보고 싶니? – 또 다른 방법도 있을까?(비이동 운동〉축 운동〉뻗기), (이동 운동〉걷기) – 토마토 소스를 뿌리는 과정을 제자리에서 어떻게 표현해 볼 수 있을까?(융통성), (공간〉영역, 높낮이), (비이동 운동〉축 운동〉구부리기) – 토마토 소스를 원을 그리며 이동할 때에는 어떻게 표현해 볼 수 있을까?(공간〉높낮이, 경로), (비이동 운동〉축 운동〉구부리기), (이동 운동〉걷기) 6. 피자 반죽 위에서 페페로니를 몸으로 어떻게 표현할지 이야기한다. – 페페로니는 어떻게 표현해 볼 수 있을까?(유창성), (신체〉신체 모양〉직선 모양, 대칭과 비대칭), (비이동 운동〉축 운동〉뻗기), (관계〉사물과의 관계) – 왜 그렇게 표현해 보고 싶니? – 다른 방법은 없을까?(비이동 운동〉축 운동〉뻗기) – 페페로니를 낮게/높게 뛰면서 어떻게 표현해 볼 수 있을까?(신체〉신체 모양〉곡선 모양), (에포트〉힘), (공간〉높낮이), (비이동 동작〉뻗기), (이동 동작〉점핑) – 큰 페페로니에서 점점 작은 페페로니는 어떻게 표현해 볼 수 있을까?(독창성), (신체〉신체 모양〉대칭과 비대칭), (공간〉범위), (비이동 운동〉축 운동〉뻗기, 구부리기)

활동 내용	7. 피자 반죽 위에서 피망을 어떻게 표현해 볼지 이야기한다. – 피망의 이 모양을 친구와 함께 어떻게 표현해 볼 수 있을까?(정교성), (신체〉신체 모양〉곡선 모양), (관계〉신체와의 관계, 사람과의 관계, 사물과의 관계) – 피망이 점점 쓰러지는 모습은 어떻게 해 볼 수 있을까?(상상력), (신체〉신체 모양〉곡선 모양), (비이동 운동〉 스웨잉) – 엄청 큰 피망이 떨어지는 것은 어떻게 표현할 수 있을까?(유창성), (신체〉신체 모양〉곡선 모양), (에포트〉힘), (이동 운동〉점핑) – 또 다른 방법은 없을까?(신체〉신체 모양〉곡선 모양), (에포트〉힘), (공간〉방향), (이동 운동〉점핑) 8. 피자 반죽 위에서 올리브를 어떻게 표현할지 이야기한다. – 올리브는 어떻게 표현해 볼 수 있을까?(유창성), (신체〉신체 모양〉곡선 모양), (관계〉사물과의 관계) – 또 다른 방법은 없을까? – 이리저리 통통 튀며 떨어진 올리브는 어떻게 표현해 볼 수 있을까?(독창성), (신체〉신체 모양〉곡선 모양), (비이동 동작〉정적·동적 운동〉앉기), (이동 동작〉점핑, 두 발 번갈아 뛰기) – 둥그런 올리브가 도우 위에 굴러가는 것은 어떻게 표현해 볼 수 있을까?(이동 동작〉구르기) 9. 피자 반죽 위에서 치즈를 몸으로 어떻게 표현할지 이야기한다. – 치즈는 어떻게 표현할 수 있을까?(유창성), (관계〉사물과의 관계), (비이동 동작〉축 운동〉뻗기) – 많은 치즈들이 점점 쌓이는 것은 어떻게 표현해 볼 수 있을까?(독창성), (신체〉신체 모양〉직선 모양), (공간〉높낮이), (비이동 동작〉축 운동〉구부리기) – 토핑 위에 치즈가 올라가는 것을 친구와 어떻게 표현해 볼 수 있을까?(독창성, 상상력), (관계〉사람과의 관계), (비이동 동작〉축 운동〉구부리기) – 쭉 늘어나는 치즈를 친구와 어떻게 표현할 수 있을까?(상상력), (신체〉신체 모양〉직선 모양), (신체〉신체 부분〉주도적 움직임), (관계〉사람과의 관계), (비이동 운동〉축 운동〉뻗기) – 또 다른 방법은 없을까?(신체〉신체 모양〉직선 모양), (신체〉신체 부분〉주도적 움직임), (관계〉사람과의 관계), (기본 운동〉비이동 운동〉축 운동〉뻗기) 10. 음악과 함께 피자 만들기 과정을 몸으로 표현해 본다. – 그럼 우리 이제 과정을 보면서 처음부터 끝까지 한번 표현해 볼까? – 그럼 우리 (피자 만들기 과정 사진을 보여 주며) 이때는 어떻게 해 보기로 했지? – 노래에 맞춰 몸으로 피자가 되는 과정을 표현해 보자.(에포트〉흐름〉연속 흐름) – 피자 반죽 안과 밖을 이동해 보면서 토핑을 표현해 보자!(융통성), (에포트〉흐름〉연속 흐름), (공간〉방향〉방향을 바꾸어 가며 움직이기), (이동 운동〉걷기)

활동 내용	마무리 11. 활동을 회상한다. – 오늘 우리 무엇을 해 보았지? – 피자 만드는 과정을 나열해 볼 친구 있니? – 우리가 어떻게 피자가 되어 보았지? – 피자 속 토핑은 무엇을 표현해 봤지? 12. 피자 만들기 과정을 몸으로 표현한 느낌을 이야기한다. – 오늘 피자가 되는 과정을 해 보았는데 어땠니? – 어떤 것이 재미 있었니? – 그렇다면 다음에는 어떻게 해 볼까? 13. 다음 활동을 안내한다. – 오늘은 피자가 되어 보았는데 다음 시간에는 친구들과 함께 피자를 만들어 보도록 하자. 평가 – 피자 만드는 과정을 아는가? – 다양한 방법(신체, 도구)으로 피자 만드는 과정을 표현했는가? – 즐거운 마음으로 피자 만들기 과정을 표현했는가? 확장 – 이야기 나누기 : 세계 여러 나라 음식을 알아본다. – 요리 활동 : 피자를 만들어 본다. – 수·조작 영역 : 피자 빙고를 해 본다. – 음률 영역 : 우리 반 피자 노래를 만들어 본다. – 미술 영역 : 내가 먹고 싶은 피자를 점토로 만들어 본다.  

활동④ 나비가 되어 보아요

창의력 요소
- 유창성, 상상력, 독창성, 정교성

활동 목표
- 나비의 성장 과정을 안다. (지식)
- 나비의 성장 과정을 다양한 신체 움직임으로 표현할 수 있다. (기술)
- 다양한 움직임을 성취할 수 있는 신체의 능력에 자긍심을 갖는다. (태도)

누리과정 요소
- 신체운동·건강 〉 신체 활동 즐기기 〉 기초적인 이동 운동, 제자리 운동, 도구를 이용한 운동을 한다.
- 의사소통 〉 듣기와 말하기 〉 말이나 이야기를 관심 있게 듣는다.
- 예술경험 〉 창의적으로 표현하기 〉 신체나 도구를 활용하여 움직임과 춤으로 자유롭게 표현한다.

기본 요소
- 신체 〉 신체 부분
- 에포트 〉 힘(무게), 시간, 흐름
- 공간 〉 높낮이, 방향, 경로
- 관계 〉 사물과의 관계

기본 동작
- 비이동 운동 〉 구부리기, 회전하기, 꼬기
- 이동 운동 〉 구르기, 점핑, 균형 잡기

활동 자료	나비 사진, 나비 성장 과정 펠트 책, 보자기, 리본 끈, 숲속 소리가 들어 있는 음악 자료
활동 내용	도입 1. 그림자를 보고 어떤 동물인지 이야기 나눈다. – 선생님이 문제를 낼 건데 어떤 동물인지 한번 맞추어 볼래? – (손으로 나비를 표현하며) 어떤 동물인 것 같니?

활동 내용

2. 나비에 대해 이야기를 나눈다.
- 나비를 본 적이 있니?
- 어디서 보았니?
- 어떤 모습을 보았었니?
- 생김새는 어땠니? 어떤 색깔의 나비를 보았었니?
- 나비가 어떻게 되는지 아니?
- 나비가 어떻게 되는지 책을 통해 알아보자.

전개

3. 스토리텔링 자료를 활용하여 『나비의 성장』 이야기를 들려준다.

> **『나비의 성장』 줄거리**
>
> 나비의 알이 깨어나 애벌레가 나뭇잎을 먹으며 자라고 허물을 벗은 뒤 나무 위로 올라가 번데기가 되어 나비가 되는 이야기를 담고 있다.

4. 이야기 내용을 회상하며 서로 이야기를 나눈다.
- 애벌레가 알에서 어떻게 나왔니?
- 알에서 나온 애벌레는 무엇을 했니?
- 애벌레가 자라면 무엇을 했었지?
- 허물을 벗은 애벌레가 어디로 갔었지?
- 애벌레는 왜 나무로 올라갔었지?
- 번데기는 무엇이 되었지?

5. 이야기 속의 내용을 따라 몸을 움직여 본다.
- 알이 데굴데굴 구르는 것은 어떻게 표현해 볼까?(유창성), (이동 운동〉구르기)
- 우리 손목을 이용해서 알이 굴러가는 모습을 표현해 볼까?(정교성), (신체〉신체 부분〉독립적 움직임)
- 알이 깨진 다음에 어떻게 되었지?
- 깨진 알에서 나오는 애벌레를 어떻게 표현해 볼까?(유창성), (비이동 운동〉 뻗기)
- 조심스럽게 꿈틀꿈틀 움직이는 애벌레는 어떻게 표현해 볼까?(상상력), (에포트〉힘(무게))
- 이번에는 바닥에 붙어서 이동하며 표현해 볼까?(독창성), (공간〉경로)
- 나뭇잎을 뛰어올라 잎사귀를 먹는 애벌레를 어떻게 표현해 볼 수 있을까?(융통성), (기본 운동〉이동 운동〉점핑)

활동 내용	– 흔들면서 허물을 벗는 것은 보자기로 어떻게 표현해 볼 수 있을까?(유창성), (관계〉사물과의 관계), (비이동 운동〉흔들기) – 나무로 천천히 올라가는 애벌레를 어떻게 표현해 볼까?(유창성), (에포트〉시간〉속도) – 높이 올라가는 애벌레는 어떻게 표현해 볼까?(공간〉높낮이), (정교성) – 올라가는 것을 멈춘 애벌레는 어떻게 표현해 볼 수 있을까?(유창성), (에포트〉흐름) – 이번에는 한쪽 다리만 사용해서 나무 올라가는 것을 멈춘 애벌레를 표현해 볼까?(정교성), (이동 운동〉균형 잡기) – 나무에 빠르게 실을 감는 애벌레를 리본 끈으로 어떻게 표현해 볼까?(유창성), (에포트〉시간〉속도), (관계〉사물과의 관계), (비이동 운동〉회전하기) – 이번에는 실을 빠르게 팔에다 감아 볼까?(정교성), (에포트〉흐름〉연속 흐름), (에포트〉시간〉속도), (관계〉사물과의 관계) – 번데기는 어떻게 표현해 볼까?(유창성), (비이동 운동〉구부리기) – 이번에는 몸을 꼬아 번데기를 표현해 볼까?(정교성), (비이동 운동〉축 운동〉꼬기) – 나비가 우아하게 날아다니는 모습을 어떻게 표현해 볼까?(상상력), (비이동 운동〉축 운동〉뻗기) – 나비가 날개를 펼치는 모습을 어떻게 표현해 볼까?(독창성), (비이동 운동〉축 운동〉구부리기) – 나비가 날아다니는 모습을 양팔을 붙여 표현해 볼까?(정교성), (신체〉신체 부분〉독립적 움직임) – 나비가 오른쪽 왼쪽으로 나는 것은 보자기로 어떻게 표현해 볼 수 있을까?(공간〉방향) – 아래에서 위로 힘차게 날아오르는 나비는 어떻게 표현해 볼 수 있을까?(공간〉방향), (에포트〉힘(무게)) 6. 이야기의 내용을 생각하며 다양하게 표현하고, 움직임으로 만들어 본다. – 이제 나비의 성장 이야기와 음악을 들으며 신체로 표현해 볼까?(상상력) – 잎사귀에 있는 알이 데굴데굴 굴러가네요.(이동 운동〉구르기) – 알에서 애벌레가 나왔어요.(비이동 운동〉 뻗기) – 애벌레가 꿈틀꿈틀 움직이네요.(에포트〉힘(무게)) – 애벌레는 나뭇잎으로 뛰어올라 나뭇잎을 먹었어요.(이동 운동〉 점핑) – 애벌레는 허물을 벗기 시작했어요.(이동 운동〉 흔들기) – 애벌레는 나무로 천천히 올라갔어요.(에포트〉시간〉속도) – 그리곤 더 높이높이 올라갔어요.(정교성), (공간〉높낮이) – 애벌레는 나무에 멈췄어요.(에포트〉흐름) – 그리고는 나무에 빠르게 실을 감았어요.(에포트 〉시간〉속도), (관계〉사물과의 관계), (비이동 운동〉회전하기) – 번데기가 되었어요.(비이동 운동〉축 운동〉구부리기) – 번데기는 나비가 되어 오른쪽 왼쪽으로 날았어요.(공간〉방향) – 그리곤 아래에서 위로 힘차게 날아올랐지요.(공간〉방향), (에포트〉힘(무게))

활동 내용

마무리

7. 스토리텔링을 활용한 신체표현에 대한 이야기를 나누며 평가한다.

- 우리가 이번 시간에 한 활동을 순서대로 이야기해 볼까?
- 나비를 무엇으로 표현해 보았지?
- 오늘 활동을 하면서 알게 된 점이 있니?
- 나비를 표현할 때 어떤 것이 가장 즐거웠니?
- 왜 가장 즐거웠니?
- 활동을 하면서 즐거웠던 점이 있었니?
- 나비의 성장 과정을 표현하면서 힘들거나 어려웠던 점 있었니?
- 어떻게 하면 힘을 들이지 않고 몸으로 표현해 볼 수 있을까?
- 이번 시간에는 나비 성장 과정을 표현해 보았는데, 다음 시간에는 나비의 성장 과정을 그림으로 그려 보자.

평가

- 나비의 성장 과정을 아는가?
- 나비 성장 과정을 다양한 신체 움직임으로 표현할 수 있는가?
- 다양한 움직임을 성취할 수 있는 신체의 능력에 자긍심을 갖는가?

확장

- 나비의 성장 과정을 그림으로 그려 보는 활동을 해 본다.

활동⑤ 십이간지 동물 정복하기

창의력 요소
- 독창성, 유창성, 상상력

활동 목표
- 우리나라 열두 가지 띠의 종류에 대해 안다.
- 우리나라 열두 가지 띠의 동물들을 신체와 도구를 활용하여 다양하게 표현할 수 있다.
- 동물들의 서로 다른 모습과 동작에 대해 관심을 갖는다.

누리과정 요소
- 신체운동·건강 〉 신체 활동 즐기기 〉 신체를 인식하고 움직인다.
- 신체운동·건강 〉 신체 활동 즐기기 〉 기초적인 이동 운동, 제자리 운동, 도구를 이용한 운동을 한다. 실내외 신체 활동에 자발적으로 참여한다.
- 예술경험 〉 창의적으로 표현하기 〉 신체나 도구를 활용하여 움직임과 춤으로 자유롭게 표현한다.

기본 요소
- 신체 〉 신체 모양, 신체 부분
- 에포트 〉 힘(무게), 시간
- 공간 〉 경로, 영역, 방향, 범위(넓이)
- 관계 〉 사람과의 관계

기본 동작
- 비이동 운동 〉 뻗기, 구부리기, 앉기, 꼬기, 흔들기, 흔들거리기
- 이동 운동 〉 달리기, 도약하기, 걷기, 구르기, 발끝으로 걷기, 미끄러지기, 한 발 들고 뛰기

활동 자료	십이간지 동물 소개 동영상, 동물 그림 융판 자료, 동물 뽑기 자료, 〈12간지 동물들〉 동요, 십이간지 동물 머리띠, 제기

활동 내용	**도입** 1. 수수께끼를 통해 활동 주제에 대해 이야기 나눈다. – 첫 번째, 이것에는 우리 친구들이 좋아하는 동물들도 있어. 두 번째, 이것에는 열두 마리의 동물들이 있대. 마지막, 이것은 우리나라의 열두 가지 동물 띠를 말해. – 수수께끼의 정답은 십이간지였어. 2. 십이간지 동물들에 대해 이야기 나눈다. – 십이간지에는 어떤 동물이 있을지 같이 십이간지 동물을 소개하는 동영상을 보도록 하자. – 영상 속에는 어떤 동물들이 있었는지 한 명씩 바구니에서 동물 세 마리를 찾아서 붙여 보자. – 친구들이 잘 찾았는지 확인해 볼까? – 십이간지에는 쥐, 소, 호랑이, 토끼, 용, 뱀, 말, 양, 원숭이, 닭, 개, 돼지가 있어. **전개** 3. 활동 교구를 통해 활동 방법에 대해 알아본다. – 선생님이 준비한 뽑기 자료로 어떤 활동을 할 것 같니? – 이때, 뽑은 동물 머리띠를 쓰고 우리가 동물이 되어서 동작으로 표현해 보자. 4. 활동하기 전 지켜야 할 약속에 대해 이야기 나눈다. – 우리가 동물이 되어서 동작으로 표현할 때 지켜야 할 약속은 어떤 것이 있을까? 5. 십이간지 동물 중 여섯 마리 동물 뽑기 막대를 넣은 뽑기 통에서 뽑은 동물을 표현한다. – 첫 번째 동물로 우리 반 친구들의 띠인 뱀을 뽑았으니까 머리띠를 쓰고 뱀을 붙여 보자. – 뱀을 실제로 본 적이 있니? – 뱀은 어떻게 움직이는지 알고 있니?(유창성) – 뱀이 풀숲에서 움직이는 모습을 양팔을 위로 뻗고 팔과 몸을 옆으로 흔들면서 표현해 볼까?(비이동 동작〉 뻗기, 흔들기) – 이번에는 뱀이 잘 곳을 찾아서 왼쪽으로 움직이는 모습을 천천히 미끄러지듯이 표현해 볼까?(에포트〉 시간〉 감속), (공간〉 방향), (이동 동작〉 미끄러지기) – 두 번째 동물로 양을 뽑았으니까 머리띠에 양을 붙여 보자. – 양이 넓은 들판을 뛰어다니는 모습을 지그재그로 달리면서 표현해 볼까?(공간〉 경로), (이동 동작〉 달리기) – 선생님이 바닥에 만들어 둔 빨간색 테이프를 따라 지그재그로 달려 보자. – 양이 떼를 지어서 달리는 모습은 네 명씩 그룹을 이루어서 다 같이 달리면서 표현해 볼까?(관계〉 사람과의 관계), (이동 동작〉 달리기) – 엄마 양과 아기 양의 몸집은 어떻게 다른지 표현해 볼까?(공간〉 범위) – 세 번째로 원숭이를 뽑았으니까 머리띠에 원숭이를 붙여 보자. – 원숭이가 나무를 타는 모습은 어떤 모습일까?(상상력) – 아기 원숭이가 엄마 원숭이 품에 안겨 있는 모습을 옆 친구와 짝을 지어서 앉아서 표현해 볼까?(관계〉 사람과의 관계), (비이동 동작〉 앉기) – 이번에는 팔을 더 위로 뻗고 흔들어 볼까?(공간〉 높낮이) – 네 번째 동물로 소를 뽑았으니까 머리띠에 소를 붙여 보자.

<table>
<tr>
<td>활동 내용</td>
<td>
– 소의 큰 몸집을 어떻게 표현해 볼 수 있을까?(유창성)
– 소가 힘차고, 강하게 걷는 모습을 표현해 볼까?(에포트〉 힘(무게)〉 강하게), (이동 동작〉 걷기)
– 이번에는 바닥에 파란색 테이프로 만들어 둔 원을 따라서 힘차게 걸어 보자.
– 갓 태어난 송아지가 발끝으로 지그재그로 걸으면서 비틀거리는 모습을 표현해 볼까?(공간〉 경로), (이동 동작〉 발끝으로 걷기)
– 소와 송아지가 걸을 때 걸음걸이는 어떤 차이가 있을까?
– 소가 걷는 모습은 보폭을 넓게 하고, 송아지가 걷는 모습은 보폭을 좁게 해서 걸어 볼까?(공간〉 범위〉 넓게/좁게), (이동 동작〉 걷기)
– 다섯 번째 동물로 돼지를 뽑았으니까 머리띠에 돼지를 붙여 보자.
– 돼지가 진흙 속에서 신나게 뒹구는 모습을 바닥에서 오른쪽, 왼쪽으로 굴러 보면서 표현해 볼까?(공간〉 방향), (이동 동작〉 구르기)
– 돼지가 밥을 먹고 배가 나오는 모습을 바닥에 앉아서 몸을 웅크렸다가 팔, 다리를 넓게 뻗어서 표현해 볼까?(비이동 동작〉 앉기, 뻗기, 구부리기), (신체〉 신체 모양〉 직선 모양)
– 마지막 동물로 닭을 뽑았으니까 머리띠에 닭을 붙여 보자.
– 닭이 도망가기 위해 날갯짓하는 모습을 손바닥을 펴고 흔들면서 표현해 볼까?(비이동 동작〉 흔들기)
– 손가락을 모으고 흔들어 볼까?
– 닭이 도망가니까 발끝으로 빠르게 걸으면서 팔도 빠르게 움직여 볼까?(에포트〉 시간〉 빠르게), (이동 동작〉 발끝으로 걷기)
– 날개가 작은 닭처럼 팔을 몸에 붙이고 흔들어 보자.(공간〉 범위), (비이동 동작〉 흔들기)
– 이번에는 팔을 크게 벌려서 움직여 보자.(공간〉 범위), (비이동 동작〉 흔들기)
– 모두 십이간지 동물들을 다양하게 표현해 주었구나.
7. 〈12간지 동물들〉 동요에 맞춰 여섯 띠의 동물 중 자신이 표현하고 싶은 동물을 정해 신체로 표현한다.
– 이번에는 음악에 맞춰서 자유롭게 움직이면서 표현해 볼 거야.
– 선생님이 더 재미있고 다양한 표현을 위해 제기를 준비했어.
– 이번에는 선생님이 십이간지 동물 중에서 한 마리씩 그림을 보여 줄 거야.
– 선생님이 보여 주는 동물을 잘 보고 음악에 맞춰 자유롭게 표현해 보자.
– 이번에는 음악 가사 중에 '하늘을 나는 용'을 표현해 볼 거야.
– 하늘을 나는 용은 팔을 꼬고 한 발을 들고 뛰어 볼까?
– 자신이 표현한 동물을 소개해 줄 친구가 있니?
마무리
8. 활동을 마친 후 느낀 점을 이야기 나눈다.
– 오늘 십이간지 동물들을 표현해 보았는데 어땠니?
– 십이간지에는 어떤 동물들이 있었는지 기억하니?
– 오늘 표현했던 동물 중에 가장 기억에 남는 동물은 무엇이니?
– 그럼 그 동물을 한 번 더 표현해 볼까?
– 오늘 표현하지 않은 남은 여섯 마리 십이간지 동물들은 다음 시간에 다 함께 표현해 보도록 하자.
</td>
</tr>
</table>

활동 내용

평가

- 우리나라 열두 가지 띠의 종류에 대해 이야기할 수 있는가?
- 우리나라 열두 가지 띠의 동물들을 신체와 도구를 활용하여 다양하게 표현할 수 있는가?
- 동물들의 서로 다른 모습과 움직임에 대해 이해할 수 있는가?

확장

- 우리나라 열두 가지 띠 동물 중 하나를 골라 동물 가면을 만들어 본다.
- 우리나라 열두 가지 띠 동물 가면을 만들고 가면을 쓰고 동물 농장 역할 놀이를 해 본다.

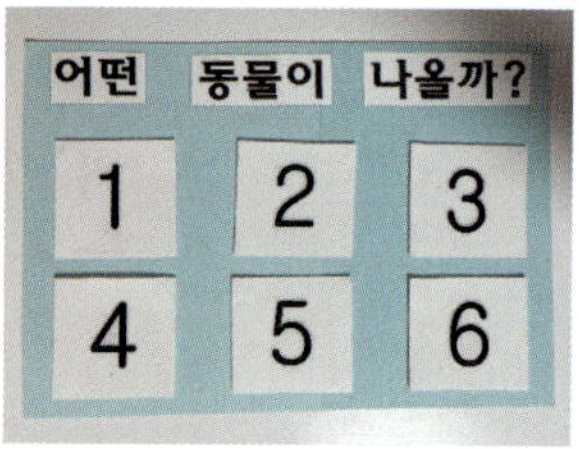

동물 뽑기 자료

동물 그림 융판 자료

전통 제기

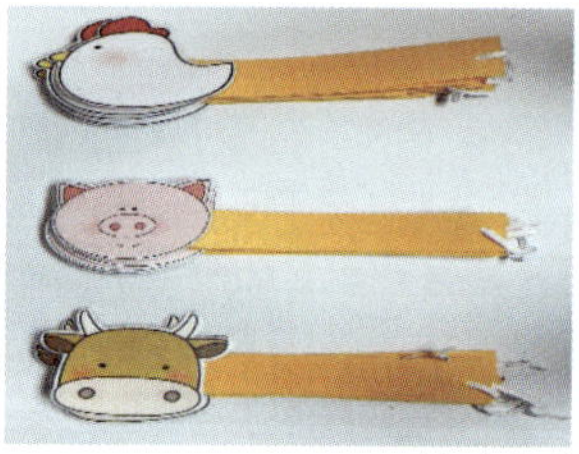

십이간지 동물 머리띠

십이간지 동물 소개 동영상

〈12간지 동물들〉 동요

활동⑥ 경작하는 농부

창의력 요소
- 유창성, 융통성, 상상력

활동 목표
- 〈경작 하는 농부〉 그림을 보고 그림 속 인물들과 상황에 대해 안다.
- 그림 속 등장인물들을 신체를 이용하여 표현해 볼 수 있다.

누리과정 요소
- 예술경험 〉 예술 감상하기 〉 다양한 예술 감상하며 상상하기를 즐긴다.
- 예술경험 〉 창의적으로 표현하기 〉 신체나 도구를 활용하여 움직임과 춤으로 자유롭게 표현한다.
- 신체운동·건강 〉 신체 활동 즐기기 〉 신체를 인식하고 움직인다.

기본 요소
- 신체 〉 신체 전체, 신체 모양
- 에포트 〉 힘, 시간
- 공간 〉 영역, 높낮이, 경로, 범위
- 관계 〉 사물과의 관계, 사람과의 관계

기본 동작
- 비이동 운동 〉 구부리기, 앉기
- 이동 운동 〉 걷기

활동 자료	그림 자료(농사 짓는 사람, 밀레의 〈경작하는 농부〉와 〈이삭 줍는 여인들〉 그림 속 등장인물들, 사과, 쌀, 강낭콩), 〈왕벌의 비행〉 음원, 왕벌 머리띠, 스카프, 뽑기통
활동 내용	**도입** 1. 지난 시간에 감상한 명화 〈이삭 줍는 여인들〉의 신체 활동을 하며 새로운 명화를 제시한다. – 새로운 명화와 관련된 수수께끼로 주의 집중을 한다. – 수수께끼를 잘 듣고 정답이 무엇인지 생각해 보자. 네 가지 힌트를 줄 거야. – 정답이 뭘까? 알 것 같은 친구들은 눈을 깜빡여 줘.

활동 내용	**수수께끼** 나는 논이나 밭에서 일을 해요. 나는 봄에 씨를 뿌리는 일을 해요. 나는 사과도 자라게 하고 쌀도 자라게 해요. 나는 사람들에게 맛있는 먹거리를 줄 수도 있어요. – 같이 정답을 이야기해 보자. (정답 : 농부) 2. 농부와 관련된 경험에 대해 이야기 나누어 본다. – 농부 아저씨를 본 적이 있니? – 어디서 본 적이 있니? – 농부는 어떤 일들을 하는지 알고 있니? 3. 지난 수업 때 했던 활동들에 대해 회상해 보고 이야기 나누어 본다. – 우리 저번 시간에 어떤 그림을 가지고 활동을 했었는지 기억나니? – (〈이삭 줍는 여인들〉 그림을 붙이며) 〈이삭 줍는 여인들〉 이라는 그림을 가지고 어떤 활동을 했었지? – 또 다른 그림으로 활동을 해 볼 거야. **전개** 4. 〈경작하는 농부〉 그림에 대해 이야기 나눈다. – 아까 수수께끼의 정답이 무엇이었는지 기억하니? – 농부 아저씨가 나와 있는 그림을 하나 가져 왔어. – (〈경작하는 농부〉 그림을 붙이며) 그림 속에 어떤 것들이 보이니? – 이 그림은 밀레 라는 화가의 〈경작하는 농부〉라는 그림이야. 5. 〈경작하는 농부〉 그림을 보며 동작 활동을 해 본다. – 그림을 보며 그림 속 등장인물들의 모습을 우리가 직접 따라 해 볼 거야. – 그림 속에 농부와 여인, 말이 무엇을 하고 있는 것 같니? – 농부의 모습을 따라 해 볼 친구 있니? – 여인이나 말의 모습을 따라해 볼 친구 있니? – 그림 속 농부/여인/말처럼 표현하고 있니? – 농부가 더 힘차게 땅을 갈고 있는 모습을 표현해 볼까?(융통성), (공간〉범위) – 친구가 우리 몸의 어떤 부분을 어떻게 움직이면서 농부를 표현해 봤니? – 우리 몸의 또 다른 부분을 이용한다면 어떻게 해 볼 수 있을까? – 손가락과 발가락을 이용해서 다르게 표현할 수는 없을까?(신체〉신체 부분) – 다른 부분을 이용하여 그림 속 표현하고 싶은 것을 자유롭게 표현해 보자. – 음악을 들으면서 음악에 맞추어 표현해 볼 수 있겠니?

활동 내용	6. 활동에 쓰일 음악에 대해 소개한다. – 이 음악의 제목은 〈왕벌의 비행〉이야. – 선생님은 밭에서 일하는 바쁜 농부를 생각하며 이 곡을 준비해 봤어. 7. 음악을 들으며 동작표현을 해 본다.(준비한 왕벌 교구 사용) – 이번에는 선생님이 준비한 스카프를 가지고 표현해 보자. – 음악 속에서 음이 올라가고 내려가는 것을 높낮이라고 해. – 음악을 들을 때 음이 높아지면 팔을 이용해서 스카프를 위에서 흔들고 낮아지면 아래에서 흔들면서 높낮이에 집중하여 다시 한 번 음악을 들어 보자.(에포트〉높낮이), (신체〉신체 부분) – 음의 높낮이를 잘 듣고 표현해 봤니? – 높낮이에 따라 이 그림 속 모습을 표현한다면 어떻게 해 볼 수 있을까? – 그림 속 나무도 좋고 말도 좋고 사람도 좋아. 너희들이 표현하고 싶은 것을 자유롭게 표현해 보자. – 매트 바깥으로 나가서 표현해도 좋고 매트 안의 다른 자리에서 표현을 해도 좋아. (공간〉영역), (신체〉신체 전체), (이동 운동〉걷기) – 몸으로만 표현해도 좋고 스카프를 사용해도 좋고 강낭콩을 이용해서 농부처럼 씨 뿌리는 표현을 해도 좋아.(신체〉신체 전체), (관계〉사물과의 관계) – 음악의 높낮이에 집중하면서 표현을 해 보도록 하자.(에포트〉높낮이) 8. 다 같이 협동하여 표현을 해 본다. – 이번에는 선생님이 뽑기통을 준비했는데 여기서 뽑힌 것을 표현해 보자. – 몸을 이용해서 다양하게 높이를 표현해 보자.(에포트〉높낮이) – 이번에도 높낮이를 잘 생각하며 해 보도록 하자. – 친구와 둘씩 짝 지어서 함께 표현을 해 보자.(관계〉사람과의 관계) – 높낮이에 따라 작은 나무가 큰 나무로 자라는 모습을 표현해 볼까?(에포트〉높낮이), (신체〉신체 전체) – 나무의 잎을 표현해 볼까?(신체〉신체 모양) – 다 같이 앉아서 작은 나무를 표현해 보자.(비이동 운동〉앉기) – ㅇㅇ이는 나무 기둥, ㅁㅁ이는 가지가 되어 보고 △△이는 나뭇잎이 되어 볼까?(유창성), (관계〉사람과의 관계) – 나뭇잎과 가지가 서로 지그재그로 엮인 모습도 표현해 보자.(상상력), (에포트〉경로) – 다 같이 일어나면서 나무가 자라는 모습을 표현해 보자.(에포트〉높낮이), (신체〉신체 전체) – 우리가 스카프로 음의 높낮이에 대해 표현해 보았는데, 이번에는 우리의 몸을 이용하여 높낮이를 표현해 보자.(에포트〉높낮이) – 앉거나 엎드려 볼 수도 있고, 서거나 구부려 볼 수도 있겠지?(에포트〉높낮이), (비이동 운동〉앉기), (비이동 운동〉일어서기), (비이동 운동〉 엎드리기) – 한번 음악을 들으며 표현해 보자.

활동 내용

마무리

9. 활동을 회상하고 느낌에 대해 이야기 나눈다.
- 오늘 〈경작하는 농부〉라는 그림에 대해 이야기 나누고 음악을 들으며 스카프와 우리 몸을 이용하여 표현해 봤는데 어땠니?
- 어떤 부분이 재미있었니?
- 어떤 부분이 어려웠니?
- 또 해 보고 싶은 활동이 있니?

평가

- 그림 속 이야기를 이해하는가?
- 그림 속 등장인물을 동작으로 표현할 수 있는가?

확장

- 농부를 통해 얻은 과일, 채소 등으로 요리 활동을 해 본다.

활동⑦ 거미가 되어 보아요

창의력 요소
- 유창성, 상상력

활동 목표
- 거미의 움직임에 대해 안다.
- 거미에 대해 관심을 가진다.
- 거미의 움직임을 다양한 동작으로 표현할 수 있다.
- 친구와 함께하는 동작 활동에 즐겁게 참여하는 태도를 기른다.

누리과정 요소
- 신체운동·건강 〉신체 활동 즐기기 〉신체를 인식하고 움직인다.
- 신체운동·건강 〉신체 활동 즐기기 〉기초적인 이동 운동, 제자리 운동, 도구를 이용한 운동을 한다.
- 사회관계 〉더불어 생활하기 〉친구와 서로 도우며 사이좋게 지낸다.
- 자연탐구 〉자연과 더불어 살기 〉주변의 동식물에 관심을 가진다.

기본 요소
- 신체 〉신체 모양, 신체 부분, 신체 전체
- 공간 〉높낮이, 범위, 경로, 영역
- 에포트 〉힘(무게), 시간, 흐름
- 관계 〉사람과의 관계, 사물과의 관계

기본 동작
- 비이동 동작 〉구부리기, 꼬기, 회전하기, 흔들기, 흔들거리기, 균형 잡기, 피하기, 앉기
- 이동 동작 〉기어가기, 달리기, 미끄러지기, 오르기, 구르기, 한 발 들고 뛰기
- 조작적 동작 〉당기기, 밀기

<table>
<tr><td>활동 자료</td><td>거미줄 부분 사진 자료, 거미 그림 자료, 밴드, 거미 모양 옷 , 거미줄 돗자리, 거미 동영상 자료</td></tr>
<tr><td>활동 내용</td><td>도입
1. 손유희로 주의 집중을 시킨다.
– 우리가 지난 시간에 배운 손유희를 같이 해 볼까?
– 이번에는 아기 거미가 거미줄 위로 올라간대. 이번에는 작게 올라가 볼까?
2. 부분 사진을 보고 거미에 대한 경험 이야기를 나눈다.
– 선생님이 사진을 하나 가져왔어.
– 어떤 숫자를 먼저 떼어 보고 싶니?
– 이것이 무엇인지 알 것 같은 친구가 있니?
– 선생님이 준비한 사진은 거미줄이야.
– 거미줄에는 누가 살고 있을까?
– 거미를 본 경험이 있니?
3. 활동을 하며 지켜야 할 규칙에 대해 이야기를 나눈다.
– 오늘 거미의 다양한 모습을 몸으로 표현해 볼 거야.
– 우리가 다치지 않고 즐겁게 활동을 하기 위해서는 어떤 약속을 지켜야 할까?
– 모두 약속을 지키면서 안전하게 활동을 해 보도록 하자.

전개
4. 거미에 대해 탐색하고 동작으로 표현한다.
– 거미의 다리는 어떻게 생겼을까?
– 거미의 다리를 팔을 구부려서 표현해 볼까?(신체〉 신체 부분, 비이동 동작〉 구부리기)
– 어떻게 표현해 보았니?
– 또 어느 신체 부분을 사용해서 표현할 수 있을까?
– 거미의 다리를 손가락으로 어떻게 표현해 볼 수 있을까?
– 거미의 다리는 몇 개일 것 같니?
– 여덟 개의 다리로 움직이는 거미의 모습을 앉아서 표현해 볼까?(비이동 동작〉 앉기)
– 만약에 거미의 다리가 너희들처럼 두 개가 된다면 어떻게 움직일 수 있을 것 같니?(창의성 요소〉 독창성)
– 또 다른 생각을 가진 친구가 있니?
– 거미는 무엇으로 거미줄을 만들 것 같니?
– 거미가 실을 뽑아 거미줄을 만드는 모습을 동영상으로 보여 줄게.
– 거미는 실을 뽑을 때 어떤 모습으로 뽑을까? 밴드를 당겨서 표현해 볼까?(관계〉 사물과의 관계, 조작적 동작〉 당기기)
– 또 다른 생각을 가진 친구가 있니?
– 거미가 거미줄을 만드는 모습을 표현해 볼까?
– 친구와 함께 표현해 볼까?(관계〉 사람과의 관계)
– 이번에는 선생님이 거미가 움직이는 동영상을 가져왔어.
– 이 동영상은 거미가 어떻게 움직이고 있니?</td></tr>
</table>

활동 내용	– 너희들이 거미라면 어떻게 표현해 볼 수 있을까? – 신체의 어떤 부분을 사용해서 표현한 거니? 5. 거미가 다양하게 움직이는 모습을 동작으로 표현한다. – 너희들이 거미가 되어 볼 거야. – 거미가 거미줄에서 어떻게 움직일 것 같니?(창의성 요소〉 유창성) – 친구가 표현한 모습을 같이 해 볼까? – 또 다른 생각을 가진 친구가 있니? – 거미가 거미줄을 올라가는 모습을 표현해 볼까?(이동 동작〉 오르기), (에포트〉 시간〉 속도) – 이번에는 느리게 표현해 볼까?(에포트〉 시간〉 속도) – 거미가 너희들의 팔을 기어 올라가는 모습을 표현해 볼까?(공간〉 높낮이, 이동 동작〉 기어가기) – 이번에는 표정으로 표현해 볼까? – 바람이 불어서 흔들리는 거미의 모습을 표현해 볼까?(비이동 동작〉 흔들기, 흔들거리기) – 선생님은 이렇게 표현해 보고 싶어. – 친구가 바람에 날아가서 슬픈 거미의 모습을 표정으로 표현해 볼까? – 거미줄에 매달려서 돌고 있는 거미의 모습을 표현해 볼까?(비이동 동작〉 회전하기) – 거미줄은 오른손을 머리 위에 올려서 잡고, 왼쪽 발로 밀면서 거미가 도는 모습을 표현해 볼까?(비이동 동작〉 회전하기) – 돌다가 선생님이 신호를 주면 멈추어 보자.(에포트〉 흐름) – 이번에는 빠르게 돌아 볼까?(에포트〉 시간) (창의성 요소〉 정교성) – 거미줄에 거미가 감싸진 모습을 어떻게 표현해볼 수 있을까?(비이동 동작〉 꼬기) – 거미가 먹이를 잡을 때의 모습을 어떻게 표현해 볼 수 있을까? – 이번에는 아까보다 큰 먹이를 잡아 먹는 모습을 표현해 볼까?(공간〉 범위) – 거미가 다리를 어떻게 움직였니?(신체〉 신체 부분) – 먹이를 너무 많이 먹어서 배가 부른 무거운 거미의 모습을 표현해 볼까?(에포트〉 힘), (창의성 요소〉 상상력) – 먹이를 먹지 못해서 가벼운 거미의 모습을 표현해 볼까?(에포트〉 힘), (창의성 요소〉 상상력) 6. 거미줄 위에서 거미의 모습을 표현한다. – 돗자리에 있는 거미줄 모양의 경로를 따라 한 명씩 거미처럼 기어가 볼까?(공간〉 경로, 영역, 이동 동작〉 기어가기) – 엄마 거미(아기 거미)가 기어가는 모습을 크게 표현해 볼까?(공간〉 범위, 이동 동작〉 기어가기) – 비가 오는 날에 거미줄에서 미끄러지는 거미의 모습을 두 명씩 표현해 볼까?(이동 동작〉 미끄러지기) – 거미가 거미줄에서 떨어지는 모습을 굴러서 표현해 볼까?(공간〉 높낮이, 이동 동작〉 구르기) – 어떤 사람이 거미줄을 없애려고 돌을 던져서, 거미가 그 돌을 피하는 모습을 표현해 볼까?(비이동 동작〉 피하기)

활동 내용

- 새가 거미를 잡아 먹으려고 할 때, 거미가 도망치는 모습을 친구와 함께 표현해 볼까?(이동 동작〉 달리기, 관계〉 사람과의 관계)
- 거미가 도망치는 모습을 한 발로 뛰면서 표현해 볼까?(이동 동작〉 한 발 들고 뛰기)
- 선에 올라가서 한 발을 들고 균형을 잡아 볼까?(신체〉 신체 부분, 비이동 동작〉 균형 잡기)
- 다른 거미를 강하게 미는 모습을 표현해 볼까?(에포트〉 힘, 조작적 동작〉 밀기)
- 이번에는 약하게 표현해 볼까?(에포트〉 힘, 조작적 동작〉 밀기)
- 거미줄 위에서 기어다니는 거미의 모습을 자유롭게 표현해 볼까?(창의성 요소〉 유창성)

마무리

7. 활동에 대해 회상하며 평가한다.
- 거미의 모습을 표현해 보고 나니까 어떤 느낌이 드니?
- 가장 기억에 남는 동작은 무엇이니? 왜 가장 기억에 남았니?
- 한번 같이 해 볼까?

8. 활동을 전이한다.
- 다음 시간은 점심시간이야. 거미의 움직이는 모습을 표현해 보며 점심을 먹기 위해 이동해 보자.

평가

- 유아들이 거미의 모습을 다양하게 표현할 수 있도록 지도하였는가?
- 유아가 부딪히지 않도록 공간을 충분히 확보하였는가?

확장

- 털실을 이용하여 거미줄을 꾸며 보는 미술 활동을 한다.

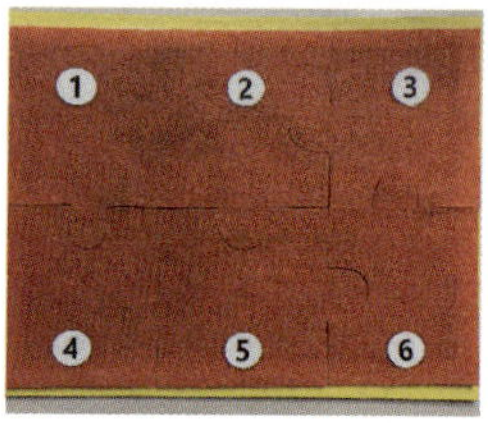

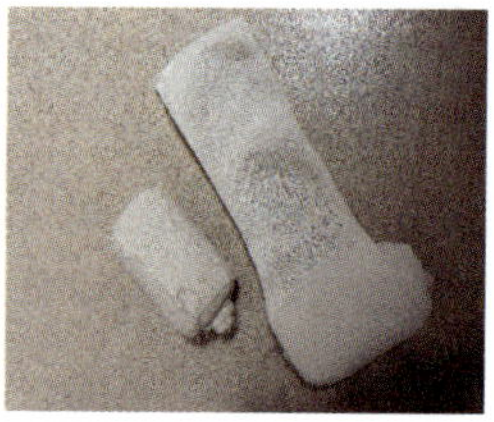

활동⑧ 비행기가 되어 보아요

창의력 요소
- 유창성, 상상력, 정교성

활동 목표
- 비행기의 이륙, 착륙 과정을 안다.
- 다양한 방법(신체, 도구)으로 비행기의 움직임을 표현한다.
- 다양한 신체 움직임으로 즐거움을 느끼고 창의적인 표현력을 기른다.

누리과정 요소
- 신체운동·건강 〉신체 활동 즐기기 〉신체를 인식하고 움직인다.
- 신체운동·건강 〉신체 활동 즐기기 〉신체 움직임을 조절한다.
- 신체운동·건강 〉신체 활동 즐기기 〉실내외 활동에 자발적으로 참여한다.
- 예술경험 〉창의적으로 표현하기 〉신체나 도구를 활용하여 움직임과 춤으로 자유롭게 표현한다.

기본 요소
- 신체 〉신체 부분
- 에포트 〉시간, 흐름
- 공간 〉영역, 높낮이, 방향, 경로
- 관계 〉사람과의 관계, 사물과의 관계

기본 동작
- 비이동 운동 〉뻗기, 구부리기, 회전하기, 흔들기, 피하기
- 이동 운동 〉걷기, 발끝으로 걷기

활동 자료	활주로, 비행기 머리띠, 비행기 양쪽 날개, 비행기 이륙·착륙 영상, 훌라후프, 작은 부채, 큰 부채, 번개 막대 자료, 번개 음향, 비행기 실물 사진, 새 막대 자료, 소고, 번개 머리띠
활동 내용	도입 1. '간다간다' 비행기 손유희로 주의 집중을 시킨다. – 애들아, 지난 시간에 배웠던 '간다간다' 비행기 손유희 기억 나니? – 우리 다 같이 손유희를 해 보자. 2. 비행기 사진을 보며 이야기 나눈다. – 항공박물관에서 무엇을 봤었지? – 선생님이 비행기 사진을 준비해 왔어. 애들아, 비행기는 어떻게 생겼어? – 비행기가 하늘로 날기 위해서 어떤 움직임을 보이는지 아는 친구가 있을까? 전개 3. 비행기가 이륙, 착륙하는 영상을 본 후, 움직임에 대해 이야기를 나눈다. – 선생님이 비행기가 하늘로 날기 전의 이륙 모습을 담은 영상을 준비해 왔어. 같이 볼까? – 비행기가 어떤 움직임을 보이는지 집중해서 보자. – 비행기가 날기 위해서 비행기의 속도가 점점 어떻게 됐었지? – 비행기가 하늘로 올라갈 때 바퀴가 어디로 들어갔지? – 이번에는 비행기가 땅으로 내려오는 착륙 영상을 보도록 하자. – 아까 전과는 다르게 비행기의 속도가 점점 어떻게 됐었지? 4. 활동할 교구를 탐색한다. – 비행기 머리띠, 비행기 날개로 어떤 활동을 할 것 같니? – 오늘은 비행기가 되어 보는 활동을 해 볼 거야. – 바닥에 놓인 선은 비행기의 도로인 활주로라고 해. 5. 활동하기 전 주의 사항에 대해 이야기 나눈다. – 활동을 하기 전에 우리가 동작을 표현하면서 주의할 점이 있는데 무엇일까? – 우리가 말한 주의 사항을 잘 기억하면서 다양한 동작을 표현해 보도록 하자. 6. 비행기가 이륙하는 모습을 신체로 표현해 본다. – 우리가 이제 비행기가 되어 볼 거야. 선생님이 머리띠와 날개를 한 명씩 줄테니 착용해 보자. – 우리 비행기가 이륙하는 영상을 한 번 더 보고 몸으로 표현해 보자.(비행기 이륙하는 소리도 포함) – 비행기처럼 팔을 양쪽으로 뻗고 활주로에서 원 모양으로 천천히 도는 모습을 표현해 볼까?(신체〉 신체 부분〉 팔), (에포트〉 시간), (공간〉 경로〉 원 모양), (비이동 동작〉 뻗기) – 이륙하는 과정을 보고 너희는 어떤 느낌이 들었어? – 너희가 이륙하는 과정을 보고 느낀 것을 몸으로 표현해 볼까?(창의적 요소〉 상상력) – 비행기가 이륙하는 과정을 단계적으로 표현해 보자.

활동 내용	– 1단계는 한쪽 무릎을 바닥에 붙이고 허리를 구부려 볼까?(신체〉 신체 부분〉 무릎, 허리), (비이동동작〉 구부리기), (창의적 요소〉 정교성) – 2단계는 무릎을 바닥에서 떼고 허리는 구부려 구부정한 상태를 표현해 볼까?(신체〉 신체 부분〉 무릎, 허리), (비이동동작〉 구부리기), (창의적 요소〉 정교성) – 3단계는 허리를 피고 일어서서 양쪽 팔을 쭉 뻗어 볼까?(신체〉 신체부분〉 허리, 팔), (공간〉 높낮이), (비이동동작〉 뻗기), (창의적 요소〉 정교성) – 4단계는 양팔을 펴고 발끝으로 걸어 볼까?(비이동 동작〉 뻗기), (이동 동작〉 발끝으로 걷기), (창의적 요소〉 정교성) – 하늘로 올라간 비행기의 바퀴가 접히는 것을 다리를 구부리며 표현해 볼까?(신체〉 신체 부분〉 다리), (비이동 동작〉 구부리기) – 구름 위로 올라가는 비행기를 표현해 볼까?(공간〉 높낮이), (창의적 요소〉 상상력) – (작은 부채를 흔들며) 비행기가 강한 바람을 만나 흔들리는 모습을 표현해 볼까?(비이동 동작〉 흔들기), (창의적 요소〉 유창성) – 비행기가 바람에 흔들리는 모습을 양쪽 팔을 뻗고 한쪽 다리로 균형을 잡으며 표현해 주었구나. – 이번에는 친구와 손을 잡고 바람에 맞아 비행기가 흔들리는 모습을 표현해 볼까?(관계〉 사람과의 관계), (비이동 동작〉 흔들기) – (큰 부채를 흔들며) 아까보다 더 강한 바람을 비행기가 만나 빙글빙글 도는 모습을 회전하며 표현해 볼까?(비이동 동작〉 회전하기) 가영이는 태풍을 만난 비행기를 빠르게 회전하며 표현해 주었구나. 하은이는 허리를 구부리면서 팔을 흔들며 표현해 주었구나. 하영이는 무릎을 구부리면서 발끝으로 휘청이며 표현해 주었구나. 수빈이는 고개를 위로 들고 회전하며 표현해 주었구나. – 비행기가 번개를 만났을 때 어떻게 움직일지 표현해 볼까?(창의적 요소〉 유창성) 하영이는 비행기가 번개에 맞아 무너지는 모습을 앉으며 표현해 주었구나. 수빈이는 번개를 맞아 비행기가 추락하는 모습을 넘어지며 표현해 주었구나. 하은이는 번개에 맞아 비행기가 휘청거리는 모습을 팔과 다리로 표현해 주었구나. 가영이는 번개를 피해서 비행기가 점프하는 모습을 표현해 주었구나. – ㅇㅇ이의 동작을 다 같이 따라 해 볼까? – 비행기가 왼쪽에서 치는 번개를 피하기 위해 오른쪽으로 기울여 나는 모습을 훌라후프 안에서 표현해 볼까?(공간〉 영역〉 개인 공간, 방향), (비이동 동작〉 피하기) – 애들아, 이번에는 오른쪽에서 치는 번개를 피하기 위해 왼쪽으로 기울여 나는 모습을 훌라후프 안에서 표현해 볼까?(공간〉 영역〉 개인 공간, 방향), (비이동동작〉 피하기) – 너희들이 번개 머리띠를 쓰고 번개가 되어 하늘에서 내려오는 것을 표현해 볼까?(창의적 요소〉 상상력) – 친구 비행기 어깨에 손을 올리고 한 줄로 서서 번개를 피하는 모습을 표현해 볼까?(관계〉 사람과의 관계), (비이동 동작〉 피하기) – 연달아 날아오는 새를 피해 보자.(비이동 동작〉 피하기), (창의적 요소〉 상상력) – ㅇㅇ이가 표현한 모습을 다 같이 따라서 표현해 볼까?

활동 내용

- 애들아, 이제 비행기가 목적지에 도착했어. 착륙 영상을 다시 한번 보고 어떤 느낌이 들었는지 말해 보자.
- 너희가 느낀 감정을 몸으로 표현해 볼까?
- 이제 비행기가 착륙할 때 바퀴가 나오는 것을 팔로 표현해 볼까?(신체〉 신체 부분〉 팔), (비이동 동작〉 뻗기)
- 비행기가 점점 느리게 착륙하는 과정을 한 명씩 나와서 몸으로 표현해 볼까?(에포트〉 시간〉 속도), (이동 동작〉 걷기)
- 너희들이 표현한 동작을 이어서 친구들과 한 줄로 서서 연속적으로 표현해 볼까?(에포트〉 시간〉 속도, 에포트〉 흐름〉 연속 흐름), (관계〉 사람과의 관계〉 동작이 일어나는 시기에 관한 관계), (이동 동작〉 걷기)

마무리

7. 활동을 마무리하며 평가한다.

- 오늘 비행기가 되어 보고 나니까 어떤 느낌이 들었어?
- 오늘 활동 어땠어?
- 어떤 점이 재미있었어?
- 어려웠던 점은 없었어?

평가

- 유아가 부딪히지 않도록 공간을 충분히 확보하였는가?
- 유아들이 비행기의 움직이는 모습을 다양하게 표현할 수 있도록 지도하였는가?
- 비행기의 움직임을 잘 표현하지 못하더라도 즐거운 활동이 될 수 있도록 유아의 행동을 긍정적으로 지지해 주었는가?

확장

- 나만의 비행기를 만들어 보는 미술 활동으로 연계한다.
- 우리 반의 비행기 노래를 만들어 보는 음률 활동으로 연계한다.

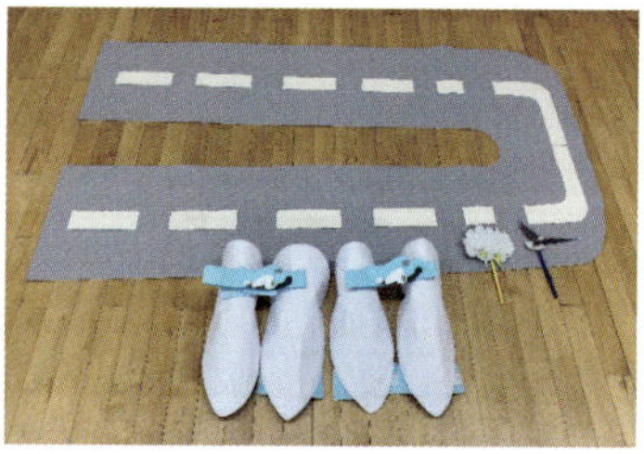

<table>
<tr>
<td>활동 내용</td>
<td>

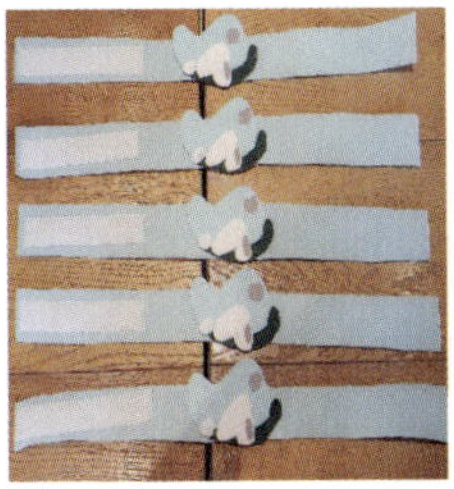
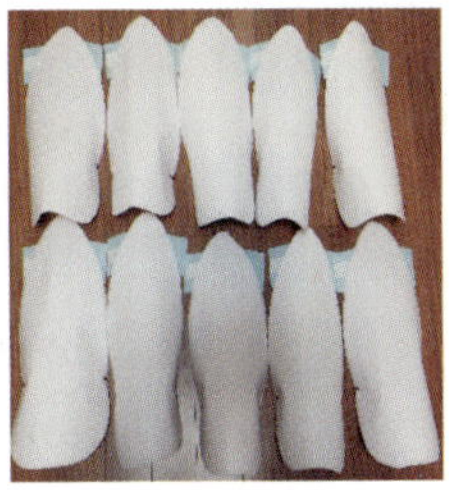

번개 음향
</td>
</tr>
</table>

활동⑨ 사계절 나무가 되어 보아요

창의력 요소
- 유창성, 상상력, 정교성

활동 목표
- 주어진 상황에 맞춰 적절한 창의적 신체표현을 할 수 있다.
- 다양한 움직임을 성취할 수 있는 신체의 능력에 자긍심을 갖는다.

누리과정 요소
- 신체운동·건강 〉신체 활동 즐기기 〉신체를 인식하고 움직인다.
- 예술 경험 〉아름다움 찾아보기 〉자연과 생활에서 아름다움을 느끼고 즐긴다.
- 예술경험 〉창의적으로 표현하기 〉신체나 도구를 활용하여 움직임과 춤으로 자유롭게 표현한다.

기본 요소
- 신체 〉신체 모양, 신체 전체
- 에포트 〉힘(무게), 흐름
- 공간 〉영역, 높낮이, 범위, 방향, 경로
- 관계 〉사람과의 관계 〉공간에서 연결되는 관계, 동작의 유사성

기본 동작
- 비이동 운동 〉뻗기, 구부리기, 꼬기, 흔들기, 흔들거리기
- 이동 운동 〉기어가기, 걷기, 발끝으로 걷기, 점핑, 도약하기, 미끄러지기

활동 자료	나무 PPT, 사계절 머리띠, 사계절 장갑, 사계절 뽑기 상자, 나무 부분 뽑기 상자, 훌라후프
활동 내용	도입 〈1단계 : 극적 주제 살펴보기〉 • PPT를 활용한 수수께끼를 통해 이야기의 주제를 알아본다.

활동 내용	– 선생님이 수수께끼를 하나 낼 건데, 잘 듣고 이것이 무엇인 것 같은지 맞혀 보자. 〈수수께끼 – 나는 누구일까요?〉 나는 갈색이에요. 나는 움직이지 않고 한 곳에서만 살아요. 나는 일 년에 네 번 모습이 바뀌어요. 나는 물과 햇빛이 꼭 필요해요. 사람들은 내 그림자 안에 있는 것을 좋아해요. 아주 시원하데요! 나는 누구일까요? • 일 년 동안의 나무 일기장 내용을 유아에게 들려준다. – 얘들아, 나무가 일 년에 네 번 모습이 바뀐다고 했잖아. 어떻게 바뀌는지 궁금하지 않니? – 선생님이 나무의 일기장을 가지고 왔어. 나무가 1년 동안 어떻게 바뀌었는지 한번 볼까? 〈나무 일기장〉 봄–지금은 따뜻한 봄이다. 살랑살랑 불어오는 바람에 기분이 좋아졌다. 몸이 간질간질한 게 내 몸에 새잎이 돋아나려고 하는 것 같다. 꽃도 함께 피어나기 시작했다. 여름–지금은 무더운 여름이다. 쨍쨍한 햇빛을 받으며 잎이 크고 무성해졌다. 비바람이 불어오면 이리저리 휘날리면서 강한 빗줄기를 맞고 있다. 가을–지금은 시원한 가을이다. 조금씩 찬바람이 불면서 내 몸은 알록달록 예쁘게 물들었다. 맛있는 과일이 내 몸에 대롱대롱 매달려 있다. 겨울–지금은 추운 겨울이다. 매서운 겨울바람이 불기 시작하면서 내 몸에는 아무것도 남지 않게 되었다. 눈이 내리고 몸 위로 가득 쌓이면서 나는 다가올 봄을 기다리며 조금 쉬고 있다. 〈2단계 : 주제에 따른 동작 떠올리기〉 • 제시된 극적 주제에 대한 생각을 이야기 나눈다. – 나무가 계절에 따라 변하는 모습을 본 적이 있니? • 교사가 실제 사계절에 따른 나무의 변화 모습을 유아들에게 보여준다. – 봄의 나무 모습, 여름의 나무 모습, 가을의 나무 모습, 겨울의 나무 모습이 어땠니? – 봄의 나무는 꽃이 활짝 피어서 꽃잎이 살랑거리고 있었지, 여름의 나무는 장맛비를 맞으며 잎이 무성해졌어, 가을의 나무는 열매를 맺고 나뭇잎이 우수수 떨어지고 있었고, 겨울의 나무는 잎이 다 떨어지고 눈이 쌓여 있었지. – 너희가 가장 좋아하는 나무의 모습은 무엇이니?

활동 내용	• 주제에 대한 동작을 자유롭게 떠올려 본다. – 나무가 계절에 따라 변하는 동안, 어떤 움직임이 있었니? – 나무가 움직이는 모습을 떠올려 볼까? • 나무를 주제로 한 동작을 생각해 보고, 이를 표현하기 위해 신체의 어떤 부분을 어떻게 움직여야 하는지 이야기 나눈다. – ㅇㅇ이가 말한 나무의 움직임을 표현하기 위해서는 몸의 어떤 부분을 어떻게 움직이는 게 좋을까? 전개 〈3단계 : 동작 경험하기〉 • 유아가 직접 표현하고 싶은 동작을 움직임으로 표현해 본다. – 이제 우리가 직접 나무의 동작을 표현해 볼 건데 어떤 동작을 할 수 있을 것 같아?(유창성) – 먼저 선생님들이 시범을 보여줄게. 선생님들은 아직 작은 나무여서, 무릎을 꿇고 있을 거야. 그리고 한쪽 팔은 함께 팔짱을 끼고 반대쪽 팔은 쭉 펴서 쑥쑥 자라고 있는 나무를 표현할 거야.(신체〉 신체 모양〉 꼬인 모양, 대칭·비대칭), (공간〉 높낮이〉 고·중·저), (관계〉 사람과의 관계〉 공간 속에서 서로 연결되는 관계), (비이동 동작〉 뻗기, 꼬기) – 너희가 둘씩 짝을 지어서 봄, 여름의 나무가 된다면 어떤 동작을 표현하고 싶니?(관계〉 사람과의 관계〉 공간 속에서 서로 연결되는 관계) – 너희가 다 함께 가을, 겨울의 나무가 된다면 어떤 동작을 표현하고 싶니? • 동작의 내용 요소가 포함되도록 하여 유아가 여러 동작을 경험할 수 있도록 한다. – 선생님이 계절 특징을 담은 장갑을 준비해 왔는데, 표현하는 계절이 바뀔 때마다 장갑에 붙은 그림을 바꾸고 동작을 표현해 보자.(관계〉 사물과의 관계〉 장갑) – 봄에는 장갑에 꽃을 붙이고, 여름에는 나뭇잎을 붙이고, 가을에는 열매를, 겨울에는 눈꽃을 붙이고 표현해 보자. – 선생님이 뽑기 상자도 하나 준비해 왔는데 이 안에는 봄, 여름, 가을, 겨울 나무 막대가 들어 있어. 뽑기 상자에서 뽑은 계절의 나무가 되어 몸으로 한번 표현해 볼 거야. – 아까 수수께끼에서 나무는 한 곳에서 움직이지 않는다고 했잖아. 그래서 선생님이 훌라후프를 준비해 왔어. 우리도 이 안에서 동작을 표현해 보자.(공간〉 영역〉 개인 공간) – 봄에 봄바람이 살랑살랑 불면서 나뭇가지가 흔들거리고 꽃잎이 휘날리는 모습을 표현해 볼까?(에포트〉 힘〉 약하게), (비이동 동작〉 흔들거리기), (창의성 요소〉 정교성) – 여름에 장마가 와서 천둥번개가 치던 밤, 너희에게 번개가 쾅 떨어졌어. 그 상황을 어떻게 표현할 수 있을까? – 이번에는 번개가 연달아 두 번 떨어졌어!(에포트〉 흐름〉 한정 흐름) – 여름에 햇빛이 뜨거운 날 사람들이 그림자 밑에서 쉬어 가려고 하자, 더 큰 그림자를 만들어 주고 싶어서 있는 힘껏 몸을 쭉 펴는 나무의 모습을 표현해 볼까?(신체〉 신체 모양〉 직선 모양), (공간〉 범위〉 크게) – 가을에 다람쥐가 너희 몸 위를 이리저리 뛰어다닐 때, 너희의 기분을 동작으로 표현해볼까?(신체〉 신체 모양〉 곡선 모양), (신체〉 신체 전체〉 몸짓으로 생각, 감정, 태도 표현하기), (창의성 요소〉 상상력)

활동 내용	– 가을에 맛있게 익은 열매가 바닥으로 쿵쿵 떨어지는 것을 어떻게 표현할 수 있을까?(에포트〉 힘〉 강하게), (창의성 요소〉 융통성) – 겨울에 너희 몸 위에 가득 쌓인 눈을 어떻게 털어 낼 수 있을지 동작으로 한번 표현해 볼까?(비이동 동작〉 흔들기) – 겨울에,너무 추워서 몸을 웅크리고 부르르 떠는 나무의 모습을 표현해 볼까?(공간〉 범위〉 작게) – 선생님이 뽑기 상자를 하나 더 준비해 왔는데 여기에는 나무의 각 부분이 그려진 막대가 들어 있어. 처음 보여준 상자에서 계절을, 지금 보여 준 상자에서는 나무의 특정 부분을 뽑아서 두 개를 합쳐 표현해 보자. – 자신이 뽑은 계절 머리띠와 장갑을 끼고 표현해 주면 돼. – ㅇㅇ이는 봄과 뿌리 부분 막대를 뽑았구나. 그럼 식목일에 옮겨 심어지는 나무의 모습을 뿌리 부분 중심으로 표현해 볼까?(공간〉 영역〉 일반 공간), (이동 동작〉 점핑, 도약하기) – ㅇㅇ이가 표현해 준 봄 나무의 동작을 다 같이 따라 해 볼까?(관계〉 사람과의 관계〉 동작의 유사성 관계) 〈4단계 : 다양하게 동작으로 표현하기〉 • 유아가 선택한 동작 활동을 다양하게 표현해 본다. – 마지막으로 비발디의 〈사계〉를 듣고 신체표현을 해 볼 건데, 사계는 봄, 여름, 가을, 겨울을 표현한 곡이야. – 사계 중 봄(여름, 가을, 겨울)을 듣고 어떤 모습을 표현했니? – 〈봄〉 1조는 함께 무릎을 꿇은 후에 한쪽 팔은 팔짱을 끼고 반대쪽 팔은 쭉 펴고 손을 오므렸다가 피면서 봄에 꽃이 피는 모습을 표현해 주었구나.(신체〉 신체 모양〉 꼬인 모양, 대칭·비대칭), (공간〉 높낮이〉 고·중·저), (관계〉 사람과의 관계〉 공간 속에서 서로 연결되는 관계), 비이동 동작〉 뻗기, 꼬기) – 〈봄〉 2조는 함께 서서 손을 각자의 머리 위로 올린 후 한 명은 두 손을 펼치고, 한 명은 두 손을 오므려서 활짝 핀 꽃과 아직 피지 못한 꽃봉오리를 표현해 주었구나.(공간〉 높낮이〉 높은 수준), (관계〉 신체 부분 간의 관계〉 손을 가까이), (비이동 동작〉 구부리기) – 〈여름〉 1조는 비바람에 흔들리는 나무의 모습을 양팔을 흔들면서 표현했구나. – 〈여름〉2조는 한 명은 울창한 나무가 되고 다른 한 명은 매미가 되어 나무에 붙어 있는 모습을 표현해 주었구나.(신체〉 신체 부분〉 독립적 움직임), (관계〉 사람과의 관계〉 공간 속에서 서로 연결되는 관계), (비이동 동작〉 흔들거리기) – 가을 나무를 다 같이 표현해 주었는데, 두 명은 어깨동무를 해서 나무를 표현하고 다른 두 명은 낙엽이 되어 나뭇가지에서 떨어지는 모습을 표현해 주었구나.(신체〉 신체 모양〉 대칭·비대칭), (공간〉 높낮이〉 고·중·저), (관계〉 사람과의 관계〉 동작의 유사성 관계), (비이동 동작〉 뻗기, 꼬기, 회전하기, 흔들기) – 겨울나무를 표현한 ㅇㅇ이는 먼저 손을 머리 위로 올린 후, 반짝반짝 흔들면서 아래로 내려 주어 가지에서 눈이 떨어지는 모습을 표현해 주었구나.(에포트〉 힘(무게)〉 가볍게), (공간〉 높낮이〉 고·중·저), (관계〉 신체 부분 간의 관계〉 옆으로), (비이동 동작〉 뻗기, 흔들기)

활동 내용

마무리

〈5단계 : 표현 공유하고 평가하기〉

- 활동이 끝난 후에 유아들과 함께 활동 전반에 대하여 평가하며 느낀 점을 이야기 나눈다.

– 어떤 계절의 나무를 표현하는 것이 가장 재미있었니?
– 오늘 활동을 하면서 새롭게 알게 된 점이 있니?
– 가장 기억에 남는 친구의 동작이 있니?
– 다음에 또 해 보고 싶은 활동이 있니?

평가

– 사계절에 따른 나무의 변화를 아는가?
– 주어진 상황에 맞춰 적절한 창의적 신체표현을 했는가?
– 다양한 움직임을 성취할 수 있는 신체의 능력에 자긍심을 갖는가?

확장

– 사계절의 변화를 그림으로 표현하는 미술 활동을 진행한다.

활동⑩ 여러 나라의 민속춤을 알아보아요

창의력 요소
- 융통성, 정교성

활동 목표
- 세계 여러 나라의 민속춤에 대해 안다.
- 음악을 듣고 동작으로 느낌을 표현할 수 있다.
- 우리 반만의 춤을 여러 동작으로 창작할 수 있다.
- 세계 여러 나라의 민속춤에 관심을 갖는다.

누리과정 요소
- 신체운동·건강 〉 신체 활동 즐기기 〉 신체 움직임을 조절한다.
- 신체운동·건강 〉 신체 활동 즐기기 〉 기초적인 이동 운동, 제자리 운동, 도구를 이용한 운동을 한다.
- 신체운동·건강 〉 신체 활동 즐기기 〉 실내외 신체 활동에 자발적으로 참여한다.
- 예술경험 〉 창의적으로 표현하기 〉 신체나 도구를 활용하여 움직임과 춤으로 자유롭게 표현한다.

기본 요소
- 신체 〉 신체 모양, 신체 부분
- 에포트 〉 시간 〉 속도(빠르게, 느리게)
- 공간 〉 영역, 높낮이, 방향
- 관계 〉 신체 부분과의 관계, 사람과의 관계

기본 동작
- 비이동 운동 〉 뻗기, 회전하기, 흔들기

활동 자료	비행기 그림판, 미국·스페인·대한민국 국기, 세계 지도, 꽃목걸이, 스카프, 한삼
활동 내용	도입 1. 지난 시간 활동을 회상한다. – 얘들아, 우리가 지난 시간에 어떤 걸 알아봤지? – 세계에는 어떤 나라들이 있고, 어디에 있는지 우리 세계 지도를 보면서 알아보았지. – 오늘은 무슨 활동을 할 것 같아? 2. 오늘 자세히 알아볼 나라에 대해 이야기를 듣는다. – 오늘은 각각의 나라마다 가지고 있는 오래된 춤을 알아볼 건데, 오래된 춤이란 무엇을 말하는 걸까?

활동 내용	– 옛날부터 지금까지 이어져 온 춤을 오래된 춤, 바로 민속춤이라고 해. – 오늘은 두 가지 나라의 민속춤을 알아볼 건데, 어느 나라의 춤을 알아보고 싶니? – 선생님이 오늘 준비한 두 가지 나라에 대한 힌트를 줄게. 선생님이 그림을 빠르게 보여 줬다가 숨길 거야. 어떤 나라인지 눈을 크게 뜨고 맞춰 보자. – 오늘은 스페인과 하와이의 민속춤을 알아볼 거야. 그리고 우리 백석반이 백석 나라가 되어서 백석 나라 춤도 한번 만들어 보자. 3. 진행될 활동에 대한 설명을 듣는다. – 이제 다른 나라에 가서 춤을 알아볼 거야. – 먼저 어느 나라에 가 보고 싶니? – 스페인에 가려면 어떻게 가야하지? – 비행기를 어떻게 표현해 볼 수 있을까? – 다 같이 양팔을 옆으로 쭉 뻗고 각자 비행기가 되어서 자유롭게 하늘을 날다가 소리가 멈추면 스페인으로 모이자.(신체>신체 모양>대칭), (공간>영역) **전개** 4. 스페인의 플라멩코를 보고 춤을 배운다. – 모두 스페인에 잘 도착했니? – 스페인에 온 걸 환영해. – 스페인의 민속춤을 플라멩코라고 말해. – 플라멩코는 기타 연주와 함께 화려한 색의 주름치마를 입고 발과 몸을 움직이는 춤이야. – 이제 스페인 민속춤인 플라멩코를 한번 영상으로 보자. – 음악의 빠르기가 어때? – 음악이 빠르니까 동작의 속도도 어땠니? – 어떤 동작을 볼 수 있니? – 발끝으로 바닥을 치고 발꿈치로 바닥을 치면서 발이 빠르게 움직이는 동작을 볼 수 있구나. – 손으로 치마를 잡고 빠르게 도는 동작도 볼 수 있구나. – 선생님을 따라서 한번 플라멩코를 춰 보자. – 제자리에서 치마를 잡고 도는 동작을 볼 수 있었어. – 제자리에서 천천히 돌아볼까?(에포트>시간>속도), (공간>영역), (비이동 운동>축 운동>회전하기) – 이번에는 빠르게 돌아보자.(에포트>시간>속도), (공간>영역), (비이동 운동>축 운동>회전하기) – 발을 이용한 동작을 한번 해 볼까? – 발끝으로 제자리에서 천천히 움직여 보자.(에포트>시간>속도) – 점점 빠르게 움직여 보자.(에포트>시간>속도) – 또 발로 어떤 동작을 할 수 있을까? – 음악에 맞춰서 자유롭게 플라멩코를 춰 보자.

활동 내용	- 다음 나라는 어디로 가고 싶니? - 다 같이 비행기가 되어서 하늘을 날다가 하와이로 가 보자. - 이번엔 빠른 속도로 하와이로 날아가 보자.(신체〉신체 모양〉대칭), (에포트〉시간〉속도) 5. 하와이의 훌라 댄스를 보고 춤을 배운다. - 얘들아, 하와이에 도착했어. 날씨가 어때? - 하와이의 민속춤은 훌라 댄스야. - '훌라'라는 말이 '춤춘다'라는 뜻이래. - 우리 영상을 한번 보자. - 음악의 속도가 어땠니? - 아까 본 플라멩코의 음악보다는 느렸지. - 훌라 댄스에서 어떤 동작을 볼 수 있었니? - 선생님을 따라서 훌라 댄스를 춰 보자. - 팔을 쭉 뻗어서 한쪽 팔을 반대쪽으로 보내 머리 위로 지나가게 해 볼까?(신체〉신체 모양〉곡선) - 손에 꽃을 들고 두 팔을 위아래로 번갈아 가며 흔들면서, 엉덩이도 양옆으로 흔들었지.(공간〉방향) - 이번에 발을 움직여 보자. - 엄지발가락이 서로 만날 수 있게 V자를 반대로 해 볼까?(관계〉신체 부분과의 관계) - 엄지 발가락을 만나게 한 후 어떻게 움직일 수 있을까? - 그리고 한 발씩 번갈아 가며 제자리에서 움직여 보자.(공간〉영역) - 음악에 맞춰서 훌라 댄스를 춰 보자. - 이제 우리나라로 돌아갈까? - 이번엔 느린 속도로 우리나라로 돌아가보자.(신체〉신체 모양〉대칭), (에포트〉시간〉속도) 6. 우리나라의 탈춤을 보고 춤을 배운다. - 이제 우리나라에 도착했어. 날씨가 어때? - 우리나라에 어떤 민속춤들이 있는지 아니? - 지금 보여 주는 민속춤을 보고 어떤 춤인지 맞춰 보자. - 이 춤은 '탈춤'이라고 해. - 탈춤을 추고 있는 사람을 자세히 보면 무엇이 보이니? - 얼굴에 쓴 탈도 보이고, 손목에 펄럭거리는 것도 보이는구나. 탈춤 추는 사람들의 팔목에 걸려 있는 것을 '한삼'이라고 해. - 음악의 속도는 어떤 것 같니? - 어떤 악기들이 있었던 것 같니? - 지금 본 탈춤 영상에서 어떤 동작들이 가장 기억에 남니? - 두 팔로 둥글게 원을 그리면서 앉았다가 일어나는 동작이 기억에 남는구나.(신체〉신체 모양〉곡선)

활동 내용

- 선생님이 한삼을 나누어 줄테니까 한삼을 두 팔에 끼고 탈춤 동작을 해 보자.
- 두 팔을 양쪽으로 쭉 뻗고 둥글게 원을 그려 볼까?(신체〉신체 모양〉대칭, 곡선)
- 두 팔로 원을 그리면서 무릎을 굽혀서 아주 낮게 앉았다가 일어나 볼까?(공간〉높낮이)
- 팔을 쭉 뻗고 한 팔씩 번갈아 가면서 접어 볼까?(관계〉신체 부분 간의 관계)
- 음악에 맞춰서 이제 탈춤을 춰 보자.
- 활동을 하기 전에 지켜야 할 규칙에는 무엇이 있을까?

마무리

7. 수업을 회상하며 마무리한다.

- 오늘 했던 활동이 어떤 것인지 정리해 줄 친구 있니?
- 스페인의 플라멩코에서 기억에 남는 동작이 무엇인지 나와서 보여 줄 친구 있니?
- 하와이의 훌라 댄스에서 기억에 남는 동작이 무엇인지 나와서 보여 줄 친구 있니?
- 우리나라의 탈춤에서 기억에 남는 동작이 무엇인지 나와서 보여 줄 친구 있니?
- 오늘 우리가 배운 세 가지의 민속춤을 가지고 어떤 다른 활동을 해 볼 수 있을까?

평가

- 여러 나라의 춤을 알고 있는가.
- 우리나라의 탈춤의 동작은 알고 있는가.

확장

- 교실 환경을 나라에 맞게 꾸미고, 민속춤 의상을 입고 유아들과 민속춤을 춰 본다.

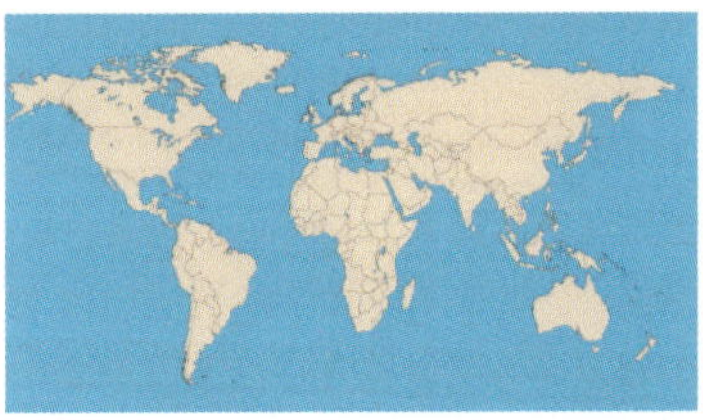

활동⑪ 빨래로 변신

창의력 요소
- 유창성, 상상력

활동 목표
- 세탁기가 하는 일에 대해 안다.
- 준비된 도구를 활용하여 빨래의 움직임을 신체로 표현할 수 있다.
- 다양한 움직임을 성취할 수 있는 신체의 능력에 자긍심을 갖는다.

누리과정 요소
- 신체운동·건강 〉 신체 활동 즐기기 〉 신체 움직임을 조절한다.
- 의사소통 〉 듣기와 말하기 〉 말이나 이야기를 관심 있게 듣는다.
- 예술경험 〉 창의적으로 표현하기 〉 신체나 도구를 활용하여 움직임과 춤으로 자유롭게 표현한다.

기본 요소
- 신체 〉 신체 부분 〉 팔, 손목
- 에포트 〉 힘(무게), 시간
- 공간 〉 영역, 경로, 높낮이
- 관계 〉 신체 부분 간의 관계, 사물과의 관계

기본 동작
- 비이동 동작 〉 꼬기, 돌기, 흔들거리기
- 이동 동작 〉 걷기, 미끄러지기, 뛰기
- 조작적 동작 〉 던지기, 당기기

활동 자료	세탁기 효과음 및 사진 자료(세제, 세탁물, 세탁기), 세탁기 영상, 스토리텔링 판, 피아노, 악보, 빙글빙글 세탁기 MR, 여러 색깔의 보자기
활동 내용	도입 1. 청각 자료를 통해 '세탁기'를 맞혀 본다. – 선생님이 소리를 들려줄 거야. 잘 들어 보고 어떤 소리인지 맞혀 보자. – 어떤 소리 같니? – 왜 그렇게 생각하니? 2. 빨래하는 것을 본 경험에 대해 이야기 나눈다. – 빨래하는 것을 본 적이 있니? – 어디서 보았니? – 빨래할 때 어떤 것들이 필요할까? 전개 3. 세탁기가 돌아가는 모습을 영상으로 본 후 이야기 나눈다. – 세탁기가 돌아갈 때 어떤 소리가 났니? – 빨래할 때 세탁기는 어떻게 돌아갔니? – 세탁기 안에서 돌아갈 때 빨래는 어떤 느낌이 들 것 같니? 4. 활동 자료인 보자기에 대해 소개한다. – 선생님이 여러 가지 색깔의 보자기를 준비해 왔어. – 보자기로 우리는 무엇을 해 볼 수 있을까? 5. 개인 공간에서 빨래의 움직임을 표현해 본다. – 오늘 우리는 빨래가 되어 볼 거야. 선생님이 준 보자기를 들고 높은 곳에서 흔들리는 빨래의 움직임 표현해 보도록 하자. – 우리 팔을 이용해서 세탁기 안으로 들어가는 빨래의 모습을 표현해 볼까? – 물을 맞는 빨래의 움직임을 어떻게 표현할 수 있을까? – 세탁기 안에서 빨래가 돌아가는 모습을 표현해 볼까? 6. 힘(무게), 속도, 방향, 범위에 변화를 주며 빨래의 움직임을 표현해 본다. – 천천히 돌아가는 빨래의 모습을 표현해 보자. – 빠르게 돌아가는 빨래의 모습도 표현해 보자. – 빨래에서 보글보글 거품이 천천히 나오고 있대, 이 모습을 어떻게 표현할 수 있을까? – 이번에는 거품이 빠르게 나오고 있대. 어떻게 표현할 수 있을까? – 빨래가 이리저리 엉키는 모습을 표현해 볼까? – 이번에는 엉킨 빨래들이 풀어지는 모습을 표현해 보자. – 빨랫줄에 살랑살랑 바람을 맞으며 널려 있는 빨래의 모습을 스카프로 표현해 보자.

<table>
<tr><td>활동 내용</td><td>- 세탁기 안에서 나온 빨래들이 힘차게 탁탁 털어지는 모습을 친구와 함께 표현해 보자.
- 우리 온몸을 이용해서 빨래가 반대로 돌아가는 모습을 표현해 보자.
- 오른쪽으로 이리 비틀, 왼쪽으로 저리 비틀 춤을 추는 빨래들의 모습을 미끄러지듯 표현해 보자.
7. 스토리(이야기) 내용에 맞추어 빨래의 움직임을 다양하고 자유롭게 표현해 본다.
- 이제 세탁기 소리에 맞춰 빨래의 움직임을 몸으로 자유롭게 표현해 볼 거야.
- 빨래들이 세탁기 안으로 들어가요.
- 세탁기 안에 세제를 넣었어요.
- (세탁기 시작 버튼) 시작 버튼을 누르자 쏴, 쏴, 세탁기에서 물이 나오고 있어요.
- (물 나오는 소리) 물이 차오르자 윙, 윙, 빨래가 돌아가기 시작했어요.
- (세탁기 돌아가는 소리) 윙, 윙 빨래가 천천히 돌아가고 있어요.
- 이번에는 반대로 돌아가네요.
- 윙, 윙, 빨래가 점점 빠르게 돌아가고 있어요.
- (거품 나오는 소리) 빨래에서 보글보글 거품이 나기 시작하네요.
- 보글보글 거품이 천천히 나오고 있어요.
- 보글보글 거품이 빨리 나오고 있네요
- (세탁기 돌아가는 소리) 윙, 윙 세탁기가 돌아가자 빨래에서 물이 나오고 있어요.
- 이리 비틀, 저리 비틀 빨래들이 춤을 추고 있어요.
- 빨래들이 춤을 추자 빨래들끼리 서로 엉켰네요.
- 물이 점점 빠지고 있어요. 엉킨 빨래들도 서로서로 풀리고 있네요.
- 이제 멈췄어요.
- 깨끗이 빨아진 빨래들이 세탁기 속에서 나와 탁! 탁! 소리를 내며 펴지고 있어요.
- 빨랫줄에 살랑살랑 바람을 맞으며 빨래들이 널려 있어요.
- 즐거운 빨래 끝!

마무리
8. 스토리(이야기)를 활용한 신체표현에 대한 이야기를 나누며 평가한다.
- 우리가 이번 시간에 어떤 활동을 해 보았지?
- 빨래가 되어 보았을 때 어떤 느낌이 들었니?
- 빨래를 무엇으로 표현해 보았지?
- 보자기 말고 또 어떤 것으로 빨래를 표현해 볼 수 있을까?
- 직접 빨래가 되어 보았는데 어떤 점이 가장 즐거웠니?
- 빨래의 움직임을 표현하면서 힘들거나 어려웠던 점이 있었니?
- 어떻게 하면 어려운 부분을 쉽게 바꿀 수 있을까?
- 이번 시간엔 너희들이 직접 빨래가 되어 보았는데, 다음 시간에는 어떤 활동을 해 보고 싶니?</td></tr>
</table>

<table>
<tr>
<td>활동 내용</td>
<td>

평가

- 세탁기가 하는 일에 대해 아는가?
- 준비된 도구를 활용하여 빨래의 움직임을 신체로 표현할 수 있는가?
- 다양한 움직임을 성취할 수 있는 신체의 능력에 자긍심을 갖는가?

확장

- 세탁소 놀이로 연결해 보자.

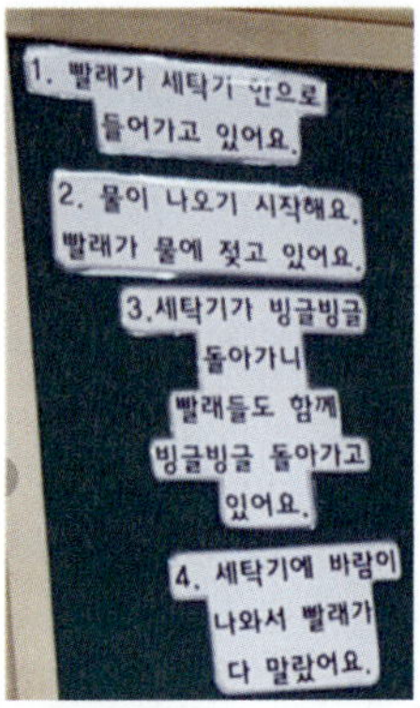

</td>
</tr>
</table>

활동⑫ 빗방울이 되어 여행을 떠나요

창의력 요소
- 유창성, 상상력

활동 목표
- 여름에 비가 내리는 과정을 이해한다.
- 신체를 조절하며 움직이는 것에 관심을 갖는다.
- 비가 내리는 과정의 이야기를 듣고 빗방울에 대한 느낌을 동작으로 표현할 수 있다.

누리과정 요소
- 신체운동·건강 〉 신체 활동 즐기기 〉 신체를 인식하고 움직인다.
- 신체운동·건강 〉 신체 움직임을 조절한다.
- 의사소통 〉 의사소통 〉 듣기와 말하기 〉 상대방이 하는 이야기를 듣고 관련해서 말한다.

기본 요소
- 신체 〉 신체 부분, 신체 모양, 신체 전체
- 에포트 〉 힘 〉 가볍게
- 에포트 〉 시간 〉 가속과 감속
- 공간 〉 범위, 높낮이, 영역, 경로, 범위
- 관계 〉 사람과의 관계 〉 짝

기본 동작
- 비이동 운동 〉 뻗기, 구부리기, 스웨잉
- 이동 운동 〉 발끝으로 걷기, 구르기, 점핑

활동 자료	삼각대 판, 비가 내리는 과정 이야기, 이야기 그림 자료, 빗방울 막대 인형, 유아용 빗방울 모양 띠, 빗소리(https://youtu.be/Egwxr9Hvls4), 비가 내리는 과정 영상(https://youtu. be/sE_adr67i6M) 시청
활동 내용	도입 1. 비가 오는 소리를 듣고 비에 대한 경험을 회상하며 이야기 나눈다. – 선생님이 소리를 들려줄게. 집중해서 무슨 소리인지 들어 보자. – 무슨 소리일까? – 왜 그렇게 생각하니? – 여름에 비가 내리는 모습을 본 적이 있니? – 어떤 모습을 보았니? – 비가 오는 날에 기억에 남는 경험이 있니? – 무슨 일이 있었니? 2. 비가 내리는 과정의 동영상 자료를 보며 이야기 나눈다. – 우리 이렇게 재미있는 경험도 있고 비가 내리는 모습도 본 적이 있는데 그럼 비는 어떻게 내리는 걸까? – 비가 어떻게 내리는지 영상으로 함께 보자.(영상 시청) 전개 3. 교사의 이야기에 따라 물방울이 되어 비가 내리는 과정을 신체로 표현해 본다. – 비가 내리는 과정을 우리가 빗방울이 되어서 몸으로 표현해 볼 거야. – 방금 이야기 나누었던 비가 내리는 과정을 선생님이 이야기해 줄게. – 선생님이 들려주는 빗방울의 이야기 장면을 몸으로 표현해 보자. 이야기T : 빗방울이 작은 개울을 따라 졸졸졸 흘러갔어요. 빗방울은 잔잔한 강물을 따라가다가 큰 바다로 흘러내려 갔어요. – 빗방울이 작은 개울을 따라 졸졸졸 흘러가는 모습은 몸으로 어떻게 표현해 볼까? – 그럼 발끝을 사용해서 가볍게 앞으로 짧게 이동하면서 걸어 볼까?(유창성), (이동 운동〉발끝으로 걷기), (에포트〉힘〉가볍게), (공간〉범위〉짧게) – 빗방울이 잔잔한 강물을 따라가다가 넓은 바다로 흘러가는 모습은 몸으로 어떻게 표현해 볼까? – 그럼 몸을 위아래로 흔들다가 팔을 작게 흔들다가 점점 크게 흔들어 볼까?(유창성) – 이번에는 팔을 점점 빠르게 흔들어 보자.(에포트〉속도〉가속) 이야기T : 쨍쨍한 날 빗방울들이 하늘로 올라갔어요. 하늘로 올라간 빗방울들이 서로 만났어요. – 빗방울들이 하늘로 올라간 모습은 몸으로 어떻게 표현해 볼까? – 그럼 앉아 있다가 점점 일어나면서 팔을 어깨보다 높게 하늘 위로 점점 뻗어 보자.(공간〉높낮이), (비이동 운동〉축 운동〉뻗기) – 빗방울들이 서로 만난 모습은 몸으로 어떻게 표현해 볼까?

활동 내용	– 그럼 둘씩 짝을 지어서 그 자리에 서서 손을 잡고 흔들면서 악수해 볼까?(신체〉신체 부분〉독립적 움직임), (관계〉사람과의 관계〉짝) – 또 다른 표현이 있을까? – 그럼 친구랑 짝을 지어서 서로 가까이 안고 그 자리에서 빙글빙글 돌아볼까?(신체〉신체 전체), (관계〉신체 부분 간의 관계, 사람과의 관계) 이야기Ⅱ : 빗방울들이 모여서 동그란 구름이 되었어요. 작았던 구름은 빗방울이 모이면서 점점 커졌어요. – 빗방울이 모여서 구름이 되는 모습은 몸으로 어떻게 표현해 볼까? – 그럼 우리 모두 다 함께 손을 맞잡고 둥글게 원을 만들어 볼까?(비이동 동작), (공간〉영역), (공간〉경로〉동그라미), (관계〉사람과의 관계〉그룹) – 구름이 처음에는 작았다가 점점 커지는 모습은 어떻게 표현해 볼까? – 그럼 우리 친구들과 손을 잡고 좁게 뭉쳐서 모여 있다가 점점 뒤로 걸어가면서 넓게 퍼져 볼까?(이동 동작), (공간〉범위〉좁게 넓게), (공간〉방향〉앞뒤), (관계〉사람과의 관계〉그룹) – 이번에는 다시 천천히 모였다가 점점 빠르게 퍼져 볼까?(에포트〉시간〉속도, 가속과 감속) 이야기Ⅲ : 구름이 이제 몸이 무거워서 비가 내려요. 주르륵주르륵 하늘에서 떨어져요. – 몸이 무거워진 구름은 몸으로 어떻게 표현해 볼까? – 그럼 우리 두 발을 어깨 넓이로 벌리고 선 상태에서 왼쪽 오른쪽으로 한쪽에만 무게를 실으면서 표현해 볼까?(비이동 운동〉축 운동〉스웨잉), (신체〉신체 부분〉주도적 움직임), (신체〉신체 부분〉무게 지탱하기), (에포트〉힘) – 비가 주르륵주르륵 하늘에서 떨어지는 모습은 어떻게 표현하면 좋을까? – 그럼 팔을 위로 했다가 허리를 구부리면서 팔을 밑으로 내리는 것을 반복해 볼까?(비이동 운동〉축 운동〉구부리기), (공간〉방향〉위–아래로) – 빗방울은 떨어져서 어떻게 되었을까?(상상력) – 몸으로 어떻게 표현할 수 있을까? – 그럼 누워서 몸을 둥글게 말아서 왼쪽 오른쪽으로 굴러 볼까?(이동 운동〉구르기), (신체〉신체 전체〉몸짓으로 생각, 감정, 태도 표현하기), (공간〉방향) – 몸으로 어떻게 표현할 수 있을까? – 그럼 우리 왼쪽으로 오른쪽으로 점프해 볼까?(이동 동작〉점핑), (신체〉신체 전체) 마무리 4. 신체표현을 하면서 느낀점이나 재미있었던 것을 이야기한다. – 오늘 무슨 활동을 했지? – 빗방울이 되어 신체로 표현해 보니 어떤 느낌이 드니? – 어떤 표현이 가장 재미있었니? – 신체표현을 하면서 어렵거나 힘든 점은 없었니?

활동 내용

평가

- 여름에 비가 내리는 과정을 이해하였는지 평가한다.
- 신체를 조절하며 움직이는 것에 관심을 갖는지 평가한다.
- 비가 내리는 과정의 이야기를 듣고 빗방울에 대한 느낌을 동작으로 표현할 수 있는지 평가한다.

확장

- 비가 내리는 과정을 쇼팽의 〈빗방울 전주곡〉에 맞춰서 동작으로 표현해 본다.

활동⑬ 개구리의 성장

창의력 요소
- 융통성, 정교성

활동 목표
- 올챙이에서 개구리로 성장하는 과정을 안다.
- 다양한 신체 움직임으로 개구리의 성장을 표현할 수 있다.
- 다양한 신체 움직임으로 즐거움을 느낀다.

누리과정 요소
- 신체운동·건강 〉 신체 활동 즐기기 〉 신체 움직임을 조절한다.
- 신체운동·건강 〉 신체 활동 즐기기 〉 실내외 신체 활동에 자발적으로 참여한다.
- 예술경험 〉 창의적으로 표현하기 〉 신체나 도구를 활용하여 도구로 자신의 생각과 느낌을 표현한다.
- 자연탐구 〉 자연과 더불어 살기 〉 주변의 동식물에 관심을 가진다.

기본 요소
- 신체 〉 신체 부분, 신체 전체
- 에포트 〉 흐름 〉 연속 흐름
- 공간 〉 영역, 방향, 높낮이
- 관계 〉 사물과의 관계 〉 보자기, 연잎

기본 동작
- 비이동 동작 〉 흔들거리기
- 이동 동작 〉 기어가기, 뛰기, 점프, 구르기
- 조작적 동작 〉 사물과의 관계 〉 보자기, 연잎

활동 자료	개구리 퀴즈 ppt 자료, 개구리 성장 영상, 마스킹 테이프, 뱀, '올챙이와 개구리' 동요 음원, 개구리 손 장갑, 보자기, 파리, 연잎
활동 내용	도입 1. 개구리 관련 퀴즈를 들려주어 유아를 주의 집중시킨다. - 얘들아 선생님이 퀴즈를 내 볼게. 어떤 소리가 나는지 집중해서 잘 들어보자. - 나는 초록색이에요.나는 점프를 잘해요.나는 곤충을 먹어요.나는 이런 소리를 내요. (개구리 울음소리 들려주기) - 어떤 소리가 들리니? - 퀴즈에 나오는 주인공은 누구일까? 2. 올챙이와 개구리에 경험에 대해 이야기 나눈다. - 너희는 올챙이나 개구리를 본 적이 있니? - 전 시간에 우리가 배웠던 동요에서 올챙이가 어떻게 개구리로 되었는지 기억하니? 전개 3. 알에서 개구리로 성장하는 과정을 영상으로 보여준다. - 선생님이 영상을 하나 준비해 왔어. - 영상을 보면서 알이 어떻게 개구리가 됐는지 집중해서 보도록 하자. - 알에서 개구리로 자라는 모습을 누가 나와서 이야기해 줄 수 있니? - 그럼 우리 알에서 개구리로 자라는 모습을 몸으로 표현해 볼까? 4. 규칙을 정한다. - 우리가 안전하고 재미있게 활동하기 위해서는 어떤 규칙이 있어야 할까? 5. 개인공간에서 신체와 보자기를 이용하여 알의 모습을 표현해 본다. - 영상에서 알의 모습은 어땠니? - 동그라미 안에 있는 검은색은 어떻게 움직였니? - 우리가 알이 돼볼 건데 어떻게 하면 좋을까? - 선생님이 바닥에 테이프로 알을 표시해 두었어. 온 몸을 사용하여 알의 모습을 표현해 보자. - 구르는 알의 모습을 표현해 볼까? - 계속 굴러가는 알의 모습을 표현해 볼까? - 왜 그렇게 표현했니? 6. 일반 공간에서 신체와 보자기를 이용하여 올챙이의 모습을 표현해 본다. - 영상에서 알 다음으로 어떤 것이 되었지? - 알이랑 올챙이랑 어떤 모습이 다르니? - 우리가 무엇으로 꼬리를 표현할 수 있을까? - 흔들거리는 꼬리의 모습을 표현해 볼까? - 올챙이가 헤엄치는 모습을 표현해 보자. - 너희 알 안에서 헤엄쳤는데 어땠니? - 그럼 어떻게 하면 좋을까?

활동 내용	– 친구 알로 가서 움직여 보자. – 이제는 알에서 나와서 헤엄쳐볼까? 7. 올챙이의 다리가 나오는 부분을 표현해 본다. – 올챙이는 어느 다리부터 먼저 나오지? – 올챙이의 뒷다리가 나오는 모습을 두 다리로 표현해 볼까? – 이번에는 앞다리가 나오는 모습을 두 팔로 표현해 볼까? – 올챙이의 다리를 움직여볼까? – 다리가 다 나오면 꼬리는 어떻게 돼야 하지? 8. 시간, 흐름, 방향, 높낮이, 경로에 변화를 주어 개구리를 표현해 본다. – 개구리가 되어 몸을 움직어볼까? – 팔과 다리를 이용해서 앞으로, 뒤로, 문쪽, 창문쪽으로 방향을 바꾸며 헤엄치는 모습을 표현해 볼까? – 개구리가 팔짝팔짝 뛰는 모습을 표현해 보자. – 개구리가 낮게 뛰는 모습과 높게 뛰는 모습을 표현해 보자. – 선생님이 연잎을 준비해 왔어. – 선생님 뒤로 한 줄로 서서 개구리가 되어 연잎 위를 뛰어보자. – 개구리를 잡으러 뱀이 기어오고 있어. 개구리는 어떻게 해야 할까? – 얘들아 저기 파리가 있어. 파리를 잡으려고 하는 개구리는 어떻게 움직여야 할까? – 뱀이 오고 있어. 뱀이 지나갔어. 뱀이 또 오고 있어!!! 9. 개구리의 성장 과정을 발표한다. – 알에서 개구리까지 모습을 친구들 앞에서 발표해 줄 수 있는 친구 있니? – 개구리가 성장하는 모습을 자기의 생각과 느낌을 보여준 친구에게 박수 쳐주자. 마무리 10. 활동에 대한 느낌을 나누어 본다. – 오늘 우리가 어떤 활동을 했지? – 활동하면서 무엇이 제일 재미있었니? – 활동하면서 어려운 점이 있었니? – 알에서 개구리로 성장하는 모습을 표현해 봤는데 어떤 부분이 제일 기억에 남니? 11. 확장 활동 소개하기 및 다음 활동으로 전이한다. – 다음에는 어떤 활동을 하고 싶니? – 다음 시간에는 진짜 올챙이를 가지고 관찰해보는 활동을 해보도록 하자. 평가 – 올챙이에서 개구리로 성장하는 과정을 아는가? – 다양한 신체 움직임으로 개구리의 성장을 표현할 수 있는가? – 다양한 신체 움직임으로 즐거움을 느끼는가?

활동 내용	**확장** – 올챙이 관찰하기 활동으로 연결해 보자.      

활동⑭ 동물의 사육제

창의력 요소
- 유창성, 상상력

활동 목표
- 동물의 특징을 표현할 수 있다.
- 음악에 따른 동물의 움직임에 대한 자유로운 표현을 수용할 수 있다.

누리과정 요소
- 신체운동·건강 〉 신체 활동 즐기기 〉 신체를 인식하고 움직인다.
- 신체운동·건강 〉 신체 활동 즐기기 〉 기초적인 이동 운동, 제자리 운동, 도구를 이용한 운동을 한다. 실내외 신체 활동에 자발적으로 참여한다.
- 예술경험 〉 창의적으로 표현하기 〉 신체나 도구를 활용하여 움직임과 춤으로 자유롭게 표현한다.

기본 요소
- 신체 〉 신체 부분, 신체 전체
- 에포트 〉 힘(무게), 시간
- 공간 〉 경로, 방향, 범위(넓이)
- 관계 〉 사람과의 관계. 사물과의 관계

기본 동작
- 비이동 동작 〉 꼬기, 흔들기
- 이동 동작 〉 달리기, 걷기, 발끝으로 걷기, 미끄러지기

활동 자료	생상스의 〈동물의 사육제〉 중 '백조', 수탉과 암탉, 당나귀, 코끼리 CD, 동영상, 궁금이 상자, 백조 모형, 코끼리 모형, 닭·당나귀 머리띠
활동 내용	**도입** 1. 궁금이 상자에서 선택한 동물을 동영상을 보며 탐색한다. – 어디에서 보았니? – 궁금이 상자에서 선택한 동물의 움직임을 신체로 표현해 볼까? **전개** 2. 4종류의 동물의 특징을 이야기 나누고 동물의 특징을 표현한다. – 백조의 모습은 무엇이 독특한 움직일까? – 물위에서 우아한 모습으로 움직이는 것을 표현해 볼까? – 닭의 어떤 모습으로 표현해 보고 싶니? – 수탉의 벼슬과 꼬리를 표현하고 지그재그로 움직이는 모습을 표현해 볼까? – 당나귀의 모습은 무엇으로 표현해 볼까? – 들판을 뛰노는 모습을 표현해 볼까? – 코끼리의 모습은 무엇으로 표현해 보고 싶니? – 커다란 몸짓으로 성큼성큼 걸어가는 모습을 표현해 볼까? 3. 생상스의 동물의 사육제 음악 감상과 함께 몸으로 표현해 본다. – '백조, 수탉과 암탉, 당나귀,코끼리'의 음악을 감상하며 어떻게 표현해 볼까? – '백조' 물위를 가볍게 헤엄치는 모습을 천천히 앞을 향해 움직여 볼까? – '수탉과 암탉' 음악에 맞추어 발끝으로 걷다가 미끄러지듯 표현해 볼까? – '당나귀' 푸른 들판 위를 빠르게 뛰는 모습을 친구와 함께 표현해 볼 수 있니? – '코끼리' 무거운 발걸음을 넓게 내디디면서 왈츠를 즐기는 모습을 움직임으로 표현해 볼까? 4. 준비된 다양한 도구를 사용하여 음악의 주인공이 되어 표현해 본다. – 어떤 음악이 들려오는지 집중해 들어 보고, 앉아서 몸으로 표현해 볼까? – 준비된 도구를 활용하여 표현해 볼까? **마무리** 5. 기억에 남는 부분을 이야기 나눈다. – 재미 있었던 부분은 무엇이니? – 왜 그렇게 생각 했니? – 친구들의 표현은 어떻게 보았니? – 더 표현해 보고 싶은 동물은 무엇이니?

<table>
<tr>
<td>활동 내용</td>
<td>

평가
– 유아가 각 각의 음악에 따른 표현이 잘 이루어 졌는가?
– 동물들의 표현을 위해 팔과 다리, 신체 전체를 잘 조절하였는가?

확장
– 등장한 동물의 가면을 만들어 본다.
– 생상스의 〈동물에 사육제〉에 등장하는 다른 동물에 대하여 이야기 나누기를 한다.

– 〈동물의 사육제〉 중 '백조' 동작 활동을 해 본다.

</td>
</tr>
</table>

활동⑮ 선풍기를 표현해 보아요

창의력 요소
- 유창성, 융통성

활동 목표
- 신체 각 부분과 전체 움직임의 특성을 이해한다.
- 다양한 움직임을 성취할 수 있는 신체의 능력에 자긍심을 갖는다.
- 다양한 신체 움직임으로 즐거움을 느끼고, 창의적인 표현력을 기른다.

누리과정 요소
- 신체 운동·건강〉 신체 활동 즐기기〉 신체 움직임을 조절한다.
- 신체 운동·건강〉 신체 활동 즐기기〉 신체를 인식하고 움직인다.
- 신체 운동·건강〉 신체 활동 즐기기〉 실내외 활동에 자발적으로 참여한다.
- 예술경험〉 창의적으로 표현하기〉 신체나 도구를 활용하여 움직임이나 춤으로 춤을 자유롭게 표현한다.

기본 요소
- 신체 〉신체 전체
- 에포트 〉힘, 흐름
- 공간 〉높낮이, 넓이
- 관계 〉 사물과의 관계

기본 동작
- 비이동 동작 〉흔들기, 회전하기
- 이동 동작 〉달리기, 발끝으로 걷기
- 조작적 동작 〉사물과의 관계

<table>
<tr><td>활동 자료</td><td>휴대용 선풍기, 휴지, 옛날 선풍기 사진, 선풍기 교구, 편집한 노래, 도입퀴즈 자료, 손가락 막대</td></tr>
<tr><td>활동 내용</td><td>도입
1. 여름에 대한 퀴즈를 풀고 이야기를 나눈다.
– 선생님이 내는 퀴즈를 맞춰 보자.
– 나는 네 가지 중 두 번째 순서에 위치해요.
– 나를 좋아하는 사람도 있지만, 싫어하는 사람도 많아요.
– 사람들이 나 때문에 시원한 음식을 먹고 시원한 곳을 찾아다녀요.
– 나는 봄과 가을 사이 계절이에요.
– 나는 누구일까요?
– 여름에는 날씨가 어때?
– 우리가 집에서 바람을 느낄 수 있는 것에는 무엇이 있을까?
– 날씨가 더울 때 우리는 시원해지기 위해 무엇을 사용하니?
2. 휴대용 선풍기에 관해 이야기 나눈다.
– (잠깐 보여 주고 숨긴다.) 방금 봤어? 무엇일까?
– 휴대용 선풍기를 본 적이 있니?
– (선풍기에 휴지를 붙인 후) 선풍기에 붙인 것이 뭘까?
– 휴지를 선풍기에 왜 붙였을 것 같아?
– 선풍기에 붙어 있는 휴지를 통해 우리가 무엇을 알 수 있을까?
– (옛날 선풍기 사진을 보여 주며) 맞아. 옛날에도 선풍기의 바람이 잘 나오는지 확인하기 위해서 선풍기에 사진과 같이 휴지나 종이를 붙여 놨대.

전개
3. 오늘의 활동을 소개한다.
– 오늘 우리가 선풍기랑 바람에 날리는 휴지의 모습을 몸으로 표현해 볼 거야.
– 선풍기가 세게 부는 모습을 표현해 보자.
– 선풍기가 약하게 부는 모습을 표현해 보자.
4. 휴지를 이용해 선풍기에 붙어 있는 휴지의 모습을 표현해 본다.
– (사진과 휴대용 선풍기를 보여 주며) 선풍기에 붙어있는 휴지는 어떻게 움직이는 것 같아?
– 선풍기에 날리는 휴지의 모습을 직접 휴지를 들고 몸으로 표현해 보자.
– 위, 아래로 날리는 휴지를 표현해 볼까?
– 좌우로 회전하는 선풍기의 바람을 양손을 넓게 벌려 표현해 볼까?
– 고정된 선풍기의 바람을 온몸을 웅크려 표현해 볼까?
5. 선풍기 교구를 사용해서 선풍기의 움직임, 세기를 표현해 본다.
– (선풍기 교구를 보여 주며) 앞에 그림에 무엇이 보이니?
– 선풍기의 바람의 세기가 약풍이면 바람이 어떻게 불어?
– 선풍기의 바람의 세기가 강풍이면 바람이 강하게 불지?
– 선풍기는 회전을 어떻게 할까?
– 모두 잘 알고 있구나. 선생님과 이 그림을 가지고 간단한 게임을 해 볼 거야. 게임의 규칙을 설명해 줄게.</td></tr>
</table>

활동 내용

- 선생님이 약풍 버튼을 누르면 바람이 약하게 부는 모습을, 강풍 버튼을 누르면 바람이 세게 부는 모습을, 회전 버튼을 누르면 선풍기가 돌아가는 모습을 표현해 주면 돼. 이때, 선생님이 정지 버튼을 누르면 얼른 멈춰야 해.
- 모두 이해했니? 우리 일어서서 게임을 해 볼 건데 친구들끼리 붙어서 게임을 하게 되면 어떻게 될까? 친구랑 부딪힐 수 있고, 친구한테 방해가 될 수 있어. 그럼 어떻게 하는게 좋을까? 친구랑 조금 떨어져서 친구랑 부딪히지 않게 재밌게 게임을 해 보자.
- (휴지를 나눠주며) 이번에는 휴지를 들고 표현해 볼 건데, 선생님이 버튼을 누르지 않고 노래를 틀어 줄 거야. 노래를 잘 듣고 노래가 천천히 나오면 살금살금 움직이며 휴지를 부드럽게, 노래가 빠르게 나오면 뛰면서 휴지를 강하게 흔들어 보자.
- 선생님처럼 해 볼까?
- ○○이 처럼 흔들어 보자. 이번에는 △△이처럼 흔들어 보자.

마무리

6. 활동에 대한 느낌을 이야기 나누어 본다.

- 오늘 활동을 통해 무엇을 표현해 봤지?
- 활동하면서 어려운 점이 있었니?
- 활동하면서 어떤 점이 가장 재미있었니?
- 오늘은 선풍기랑 날리는 휴지를 표현해 봤는데 다음에는 어떤 것을 표현해 볼까?

평가

- 유아들이 휴지를 다양하게 표현할 수 있도록 지도하였는가?
- 유아들이 즐기면서 활동할 수 있도록 지도하였는가?
- 유아가 부딪히지 않도록 공간을 충분히 확보하였는가?

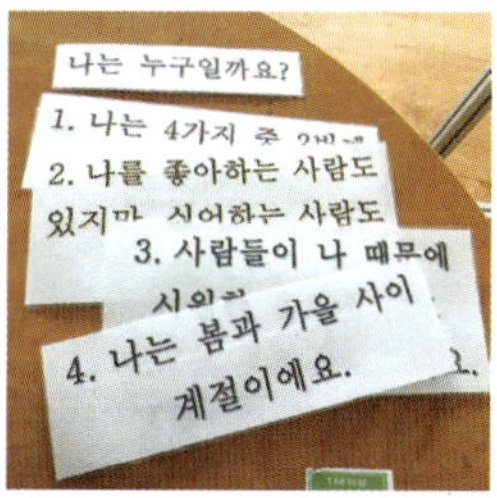

참고 문헌

강병직(2012). 미술 창의성은 영역 특수적인가, 영역 일반적인가. 한국국제미술교육학회. 제13집 제1호. 85-102.

강설순(2012). 명화와 음악감상을 통합한 유아 동작교육프로그램 개발과 유아의 자기조절력에 미치는 효과. 성균관대학교 대학원 박사학위논문.

고정리(2014). 음악 감상을 통한 동작 활동 프로그램이 유아의 자기효능감 및 자기조절능력에 미치는 효과. 학습자중심교과교육연구, 14(11), 173-198.

공진희(2014). 한국무용에 기초한 유아 동작교육프로그램 개발 및 효과. 전남대학교 대학원 박사학위논문.

교육과학기술부, 보건복지부(2013). 3-5세 연령별 누리과정 교사용 지침서.

교육부, 보건복지부(2019a). 2019 개정 누리과정 놀이실행자료.

교육부, 보건복지부(2019b). 2019 개정 누리과정 해설서.

구슬아(2018). 보육교사의 행복감이 교수 창의성에 미치는 영향. 중앙대학교 사회복지대학원 석사학위논문.

권영례(2002). 유아를 위한 교수 학습방법의 이해. 서울: 양서원.

권윤방, 김미자, 최청자, 김을교, 황규자(1994). 무용학. 서울: 금광.

권혁일(2008). 디지털 스토리텔링이 초등학생의 수학 학업성취도 및 태도에 미치는 효과. 교육과학연구지, 39(3), 139-170.

김경란, 안미숙, 신원애, 정옥경(2016). 창의성 중심 유아 동작교육. 서울: 어가.

김경숙(2009). 전통 승무의 정체성과 전통춤 교육의 재구성. 한양대학교 대학원박사학위논문.

김보라(2018). 전래동화를 활용한 유아 극놀이 프로그램 개발 및 효과. 중앙대학교 대학원 박사학위논문.

김보배, 최미숙(2018). 스토레텔링을 활용한 신체표현 활동이 유아의 신체적 자아 개념과 창의적 신체표현 능력에 미치는 영향. 兒童學會誌, 39(6), 27-39.

김보배(2016). 스토리텔링을 활용한 신체표현 활동이 유아의 신체적 자아 개념과 창의적 신체표현 능력에 미치는 영향. 전남대학교 석사학위논문.

김상림, 박창현(2017). 유아의 인지 및 사회성 발달과 가정환경 및 유아-교사상호작용이 유아 창의성에 미치는 영향. 창의력교육연구, 17(1), 111-128.

김수연(2016). 어린이집 교사의 교수 창의성이 조직 몰입에 미치는 영향: 셀프리더십의 매개 효과를 중심으로. 중앙대학교 대학원 석사학위논문.

김수연, 유지영(2015). 라반 움직임 교육 프로그램이 유아의 창의성 발달에 미치는 영향. 한국무용교육학회지, 26(1), 49-65.

김영채(1999). 창의적 문제 해결. 서울: 교육과학사.

김우영(2014). 명화 감상을 활용한 유아의 사회적 기술 프로그램 개발 및 적용 효과. 전남대학교 대학원 박사학위논문.

김은심(2004). 구성주의 이론에 기초한 유아 동작교육 수업이 예비 유아교사의 동작교육에 대한 인식 및 태도에 미치는 영향. 유아교육학논집, 9(3), 31-56.

______(2015). 유아 동작교육의 이론과 실제(개정판). 서울: 창지사.

김은희(2004). 유아의 통합적 신체 활동 프로그램이 창의적 신체표현력 발달에 미치는 영향. 동국대학교 교육대학원 석사학위논문.

김인희(1994). Movement Education의 가치와 중요성. 한국 체육학회지. 33(2), 87-96.

김정은(2017). 세계 여러나라 전통춤을 활용한 동작 활동이 유아의 창의적 신체표현력, 신체적 자아개념 및 타문화에 대한 태도에 미치는 영향. 중앙대학교 대학원 석사학위논문.

김지영, 황혜경, 이영애, 김선희, 성연승(2015). 영유아 동작교육. 서울: 양서원.

김지영, 성연승(2020). 영유아 동작교육. 서울: 양서원.

김종백(2012). 창의성의 심리적 기제와 교수-학습 전략. 한국창의력교육학회, 제12권 제1호. 179-194

김재리(2005). 라반의 움직임 분석 이론을 활용한 움직임 창작과정 연구, 한국무용기록학회, Vol. 9, pp. 25~52.

김태훈, 정희정(2014). 즉흥무용에서 상상적 표현의 의미: 콜링우드(Collingwood)이론을 바탕으로. 움직임의철학, 22(4), 239-255.

김하정(2018). 라반의 Effort 요소에 기반한 무용/동작심리치료적 개입이 종일반 유아의 정서지능에 미치는 효과, 서울여자대학교 특수치료전문대학원 석사학위논문.

김혜란(2015). 라반 움직임 이론에 기반 한 애니메이션 생성기법 연구 : 무용기보법의 해석과 시각화 방법론을 중심으로. 서강대학교 영상대학원 박사학위논문.

김현경(2015). 유아주도 동작교육 활동이 유아의 기초체력과 창의성에 미치는 영향, 중앙대학교 대학원 석사학위논문.

김호(2008). 유아의 내·외적 동기 및 어머니와 교사의 창의성이 유아의 창의성에 미치는 영향. 열린유아교육연구, 13(4), 283-298.

노영희(1995). 창의성 교육 어떻게 할 것인가. 세계화 시대의 창의성 교육. 한국어린이육영회학술대회 자료집. 93-111.

류진희, 황환옥, 최명희, 정희정, 김유림(2000). 유아의 발달에 적합한 신체 활동. 서울: 양서원.

문미옥(1999). 유아의 창의성 증진을 위한 교사역할 평정척도 개발 연구. 아동학회지, 20(4), 23-42.

문선영(2019). 2세아를 위한 리듬 중심 동작프로그램 개발 및 적용 효과. 강릉원주대학교 대학원 박사학위논문.

문혜련, 박미경(2021). 영유아동작교육. 서울: 학지사.

민가혜(2021). 상상·유추와 연계한 통합적 유아 동작교육 프로그램 개발 및 효과, 중앙대학교 대학원. 박사학위논문.

민가혜(2021). 스토리텔링 기반 동작교육활동과 운동 기반 동작교육활동이 유아의 운동능력, 인지능력, 정서능력, 갈등해결능력에 미치는 효과 비교. 어린이문학교육연구, 제22권, 제1호.

박경선(2012). 그림책활용 통합 활동이 유아의 언어능력과 자아 개념에 미치는 영향. 숭실대학교 교육대학원 석사학위논문.

박은희, 정정희, 최효정(2011). 신체 움직임을 통한 음악활동이 유아의 창의적 신체표현과 자기조절능력에 미치는 효과. 미래유아교육학회지, 18(4), 235-258.

박영태, 김준규, 양의식, 조연진(2002). ICT 활용을 위한 멀티미디어 이론과 실제. 부산: 세종출판사.

박인실, 김지영, 한효림(2012). 실존주의 철학에서 바라본 이사도라 덩컨의 무용사상이 현대 춤에 미치는 영향. 움직임의 철학: 한국체육철학회지, 20(3), 259-273.

박찬옥, 곽현주, 이예숙, 오경주(2017). 보육교사 자격 기준 강화에 따른 6주 보육실습. 경기: 양서원.

박휘락(2003). 미술감상과 미술비평 교육. 서울: 시공사.

반주은(2001). Modernity 관점에서 본 한국의 무용에 나타난 서구 표현양식의 수용에 관한 연구: 일제 강점기를 중심으로. 경기대학교 대학원 박사학위논문.

백성희, 이혜은(2006). 동작 요소 중심의 유아 동작교육 프로그램이 기본 동작능력 및 창의성에 미치는 영향. 열린유아교육연구, 11(4), 37-60.

보건복지부(2020). 제4차 표준보육과정 해설서, 2020-75호.

신한나(2011). 전통춤을 활용한 동작교육프로그램이 유아의 창의적 신체표현 능력에 미치는 영향. 부경대학교 대학원 석사학위논문.

심성경, 이선경, 변길희, 김나림, 박주희(2007). 유아를 위한 동작교육의 이론과 실제. 서울: 학지사.

심성경, 이희자, 이선경, 김경의, 이효숙, 변길희, 박주희(2012). 아동음악과 동작교육. 파주: 양서원.

송숙진(1999). 반편견교육을 위한 유아의 인종, 장애, 문화에 대한 인식과 태도조사. 성신여자대학교 대학원 석사학위논문.

손현주(2017). 유아교사의 창의적 인성과 창의적 역할 수행 간의 관계. 한국방송통신대학교 대학원 석사학위논문.

송화진(2011). 현직 교사를 위한 유아 동작교육 프로그램 모형 개발. 원광대학교 일반대학원 박사학위논문.

송창근(2009). 소도구 신체 활동이 유아의 협응력에 미치는 영향. 동국대학교 교육대학원 석사학위논문.

신상미, 김재리(2010). 몸과 움직임 읽기: 라반 움직임 분석의 이론과 실제. 서울: 이화여자대학교출판부.

송주승, 김민은(2019). 영유아 동작교육의 이론과 실제. 서울: 동문사.

육완순(1986). Rodolf von Laban에 관한 연구: Human Movement를 중심으로. 한양대학교 대학원 박사학위논문.

안경숙, 신애선(2016). 그림책을 활용한 신체표현 활동이 유아의 신체적 자아 개념, 자기조절력, 창의성에 미치는 영향. 한국유아교육·보육복지연구, 제20권 제4호.

안미숙(2020). 영유아 창의예술교육. 서울: 창지사.

안진경, 김점희, 손현정, 김희정, 김연옥(2017). 그림책 스토리텔링 인성여행. 서울: 공동체.

양철승(2004). 멀티미디어를 이용한 e-CRM활용에 관한 연구. 단국대학교 멀티미디어 대학원 석사학위논문.

오성숙, 유민임(2016). 유아 언어교육. 파주: 양서원.

오소라, 서현아, 하선혜(2013). 소도구를 활용한 신체활동이 만3세 유아의 창의적 신체표현능력과 신체적 자아개념 발달에 미치는 영향. 한국아동학회 준계학술대회, 제34권, 1호.

오연주, 이경실, 조신희, 김수진(2020). 놀이중심 영유아 동작교육. 서울: 창지사.

오춘숙(1998). 전통놀이 활동이 유아의 기본 동작 능력발달에 미치는 영향. 원광대학교 교육대학원 석사학위논문.

윤옥주, 유연옥(2010). 전통놀이활동에 기초한 신체 활동이 유아의 기본 운동 능력과 창의적 신체표현에 미치는 영향. 미래유아교육학회지, 제17권 2호. 205-229.

윤지은(2020). 극적 요소를 활용한 명화 감상기반 유아 신체표현 프로그램 개발 및 효과. 중앙대학교 대학원 박사학위논문.

이명조, 정선아, 이정화(2003). 한국 유아의 조기교육. 아산재단연구보고서, 87. 서울: 집문당.

이미연(2013). 자연주의에 관한 예술표현 연구: 이사도라 덩컨 춤 중심으로. 우석대학교 교육대학원 석사학위논문.

이미현(2006). 스토리텔링을 활용한 환경교육. 서울교육대학교 교육대학원 석사학위논문.

이상애(2018). 음악과 동작이 연계된 도덕교육이 만4세반 유아들의 음악적 성향, 도덕적 판단력, 도덕적 행동에 미치는 효과. 총신대학교 교육대학원 석사학위논문.

이선애, 안인환(2018). 아동동작교육. 경기: 정민사.

이연승, 정현주(2005). 유아발달에 적합한 신체 활동 평가도구 개발을 위한 기초 연구. 한국유아체육학회지, 6, 49-70.

이 영(1993). 유아를 위한 창의적 동작교육(개정판). 서울: 교문사.

이 영, 전인옥, 김은기(2004). 유아를 위한 창의적 동작교육. 서울: 교문사.

이은정(2008). 도구를 활용한 소집단 신체 활동이 유아의 친사회적 행동에 미치는 영향. 성신여자대학교 교육대학원 석사학위논문.

이인규, 이희규(1995). 멀티미디어로 가는 21세기. 서울: 인폴리오.

이정애(2016). 스토리텔링을 활용한 유아 동작교육 프로그램 개발 및 효과. 전남대학교 대학원 박사학위논문.

이정애(2017). 유아 동작교육에 대한 교사의 전문성과 동작교육태도 및 동작교수 효능감과의 관계연구. 유아교육학회, 제21권 제5호, 59-82.

이정애, 김영옥(2017). 스토리텔링을 활용한 유아 동작교육 프로그램 개발 및 효과. 유아교육연구, 제37권 제1호, 77~103.

이종연, 계보경(2005). 창의적 문제해결력 증진을 위한 Creative Thinker 프로그램콘텐츠 밑 도구 설계서. 한국교육학술정보원(편).

이종연(2005). 토랜스의 창의성과 교육: 왜 높이 날려 하는가?. E. Paul Torrance. 서울: 학지사.

이지현(2013). 어린이집 교사의 가치관 및 교수 창의성과 교사-유아 상호작용 간의 관계. 중앙대학교 사회개발대학원 석사학위논문.

이희자, 김경의, 이효숙, 함은숙, 허은주, 안연경(2015). 영유아를 위한 동작교육. 서울: 공동체.

전경원(2005), 동·서양의 하모니를 위한 창의학. 서울: 학문사.

전경원(1997). 창의성 프로그램이 대학생의 창의성 계발에 미치는 효과. 교육심리 연구, 11(2), 223-253.

전인옥, 이 영(2013). 유아 동작교육. 서울: 한국방송통신대학교 출판부.

전인옥, 이현균(2018). 누리과정에 기초한 유아 동작교육. 서울: 양서원.

전정선(2020). 그림책을 활용한 극놀이 활동이 유아의 정서지능 및 친사회적 행동에 미치는 영향. 서울교육대학교 교육전문대학원 석사학위논문.

정기정(2003). 델사르트와 라반의 움직임 이론이 뷔그만의 작품에 미친 영향. 신라대학교 일반대학원 석사학위논문.

정미식(2021). 한국전통놀이의 문화콘텐츠 개발 연구. 세명대학교 대학원 박사학위논문.

정순주(2011). 무용동작창안과정의 이론적 모형개발연구. 이화여자대학교 교육대학원 석사학위논문.

정옥분(2004). 발달심리학: 전생애. 서울: 학지사.

정하나(2015). 극화놀이를 통한 유아공감능력 증진 프로그램 개발 및 효과. 중앙대학교 대학원 박사학위논문.

조복희(2010). 유아발달. 서울: 교육과학사.

지성애(2020). 도구를 활용한 신체게임 활동이 유아의 창의적 신체표현력과 자기조절력에 미치는 효과, 학습자중심교과교육연구, 학습자중심교과교육학회, 제20권, 제8호.

차미정(1990). 창의성 훈련프로그램의 구성방법 교사훈련 여부가 유아의 창의적 행동에 미치는 영향. 성균관대학교대학원 석사학위논문.

최소영, 라세진, 최경(2020). 멀티미디어 프로그램을 활용한 언어장애아동 중재 연구 동향. 특수교육논총, 제36권, 3호.

최순덕(2018). 유아교사양성과정에서의 유아 동작교육 교과 운영을 위한 실행연구. 중앙대학교 대학원 박사학위논문.

최인수, 박민서(2017). 초등학교 교사들이 생각하는 창의. 인성에 대한 암묵적 이론 탐색. 한국창의력교육학회, 제17권, 제4호, 123-138.

최종문, 김계종, 김정숙, 문수영, 조영주(2014). 영유아를 위한 동작교육의 이론과 실제. 경기: 공동체.

최지선, 이애정, 박수진(2020). 유아동작교육의 이론과 실제. 서울: 양성원.

황선숙, 이혜숙, 박경희(2019). 그림책과 미술활동을 활용한 의사소통 촉진 프로그램이 발달지체유아의 의사소통능력에 미치는 효과. 통합교육연구, Vol. 14, No. 1, pp. 81-106.

황선숙, 이혜숙, 고경옥(2017). 그림책을 활용한 미술표항활동이 발달지테유아의 표현언어에 미치는 효과. 한국통합교육학회, 통합교육연구, Vol. 12, No. 1.

홍애령(2017). 문화예술교육의 창의·인성교육 관점에서 본 초등학교 무용교수학습과정 탐색. 한국예술연구, 15, 265-287.

로저 본 외흐(2015). 꽉막힌 한쪽 머리를 후려쳐라. (김상겸 역). 서울: 엘도라도, 웅진 씽크빅. (원전은 1983년에 출판).

Amabile, T. M. (1996). *Creativity in context*(2nd ed.), Boulder, Colorado: West view Press.

Brown, P, S., Sutterby, J. A., Therrell, J. A., & Thornton, C. D. (2001). The Importance of Free Piay to Children's Development. http://www. imaginationplay-ground. Com/images/content/3/0/3001/The-Importance-of-free-play-to-Children-s-Development.doc에서 2016년 12월 5일 인출.

Cecil, L. M., Gray, M. M., Thornburg, K. R., & Ispa, J. (1985). Curiosity-explorationplay: the early childhood mosaic. *Early Childhood Development and Care, 19.*

Cherry, C.(1971). *Creative movement for the developing child.* Carthage, IL:Fearon.

Curtis, S. R. (1982). *The joy of movement in early childhood.* New York: Teachers College.

Dodds, P. (1978). Creativity in movement: Models for analysts. *Journal of Creative Behavior, 12,* 265-273.

Feldhusen, J. F., & Treffinger, D. J. (1986). *Creative thinking and problem solving in gifted education.* Dubuque, Iowa: Kendall/Hunt.

Frostig, M. (1987). 운동교육의 이론과 실제. (박화문 외 역). 서울: 양서원.

Gallahue, D. L. (1988). *Understanding Motor Development.* McGraw-Hill Inc.

________(1993). *Developmental Physical Education for Today's Children.* Dubuque, IA: Brown & Benchmark.

________(1996). *Developmental physical education for today's children*(3rd ed.). Dubuque, IA: Brown & Benchmark.

Gallahue , D. L., & Ozmun, J. C. (2002). *Understanding motor development: Infants, children, adolescents, adults*(5th ed.). Boston: McGraw-Hill.

Gallahue. D. L., & Donnelly, F. C. (2003). *Developmental physical education for all children.* Champaige, IL: Human Kinetice.

Gallahue, D. L., & Ozman, J. (1988). *Understanding motor development: Infants, children, adolescents, adults*(5th ed.). NY: McGraw Hill.

Gallahue. D. L., & Ozmun, J. C. (2011). *Understanding motor development: Infants, Childen, Adolescents, Adults.* New York, NY: MC Graw-Hill

Graham. G. (1992). Developmentally appropriate physical education for childen. *Journal of physical Education, Recreation and Dance, 3*(6), 31-60.

Gilliom, B. C. (1970). *Basic movement education for children.* London: Addison-Wesley publishing company.

Gerhardt, L. A. (1973). *Moving and knowing: The young child orients himself in space.* Englewood Cliffs: Prentice-Hall.

Guilford, J. P. (1950). *Creativity. American Psychologist, 14,* 205-208.

Haines, B. J. E., & Gerber, L. L. (1996). *Leading young children to music*(5th ed). Columbus, OH: Charles, E. Merrill Publishing.

Heinich, R., Modenda, M., & Russel, J. D. (1985). *Instructional Media the new technologies of instruction*(2nd ed.). John Willey & Sons.

Hoffman, K. M., Yoyng, J., & Klesius, S. E. (1981). *Meaningful movement for children.* Boston, MA: Allyn & Bacon

Kirchner, G., & Graham, J. F. (1995). 움직임교육 입문[*Physical education for elementary school children*(9th ed.)]. (최예종 역). 서울: 태근문화사. (원전은 1974년에 출판).

Kozlovich, B. A. (2002). Helping Kids Tell Their Own Stories. *Storytelling Guide for the Classroom.* Pacific Resources for Education and Learning.

Laban, R. (1963). *Modern educational dance*(2nd ed.). London: MacDonald & Evans.

Laban, R., & Lawrence, F. C. (1989). 에포트[*Effort: Economy of Body Movement*]. (육완순 역). 서울: 도서출판 금광. (원전은 1974년에 출판).

__________________________(1993). 현대의 무용교육[*Modern Educational Dance*]. (김주자 역). 서울: 현대미학사. (원전은 1963년에 출판).

Lubart, T. I. (1994). Creativity. In R. J. Sternberg (Ed.), Thinking and problem solving. San Diego, CA: Academic.

Logan, S. W., Robinson, L. E., Wilson, A. E., & Lucas, W. A. (2012). Getting the fundamentals of movement: a meta-analysis of the effectiveness of motor skill.

Mayer, E. R., & Anderson, R. B. (1992). The Instructive Animation: Helping Students Build Connections Between Words and Pictures in Multimedia Learning. *Journal of Educational Psychology, 84*(4), 444-452.

Matsuura, Y. (2008). 신체 발육발달론[身體的發育發達論序說]. (김명 역). 서울: 대경북스. (원전은 2005년에 출판).

Mol, S. E., Bus, A. G., De Jong, M. T., & Smeets, D. J. (2008). Added Value ofDialogic Parent-Child Book Readings: A Meta-Analysis. *Early Education & Development, 19*(1), 7-26.

Murray, R. L. (1975). *Dance in Elementary Education.* New York : Harper & Row.

Muzi, M. J. (2000). *Child Development.* Prentice-Hall

Mol, S. E., Bus, A. G., De Jong, M. T., & Smeets, D. J. (2008). Added Value of Dialogic Parent-Child Book Readings: A Meta-Analysis. *Early Education & Development, 19*(1), 7-26.

Mosston, M., & Ashworth, S. (1990). *The spectrum of teaching styles: From command to discovery.* New York : Longman.

O'Connor RE. (2014). *Teaching word recognition effective strategies for students with learning difficulties.* New York: Guilford Press.

Owens, R. E. (2001). 언어발달 (이승복 역). 서울: 시그마프레스. (원전은 1999년에 출판).

Oxford English Dictionary(1989). Oxford: Oxford University Press(2nd ed.). 20 vol, from http://www. oed. com/.

Pica, R. (1995). *Experience in movement with music, activities and theory.* Albany, NY: Delmar Publisher.

_______(2004). 출생부터 8세까지: 유아를 위한 동작교육[*Experiences In Movement: Birth To Age Eight*]. (김은심 역). 서울: 정민사. (원전은 1980년에 출판).

Purcell, T. M. (1994). *Teaching children dance: Becoming a master teacher.* Champaign, IL: Human Kinetics.

Schurr, F. I.(1980). *Movement Experriences for children*, Engle-wood cliffs. New jersey. Prentice-Hall Inc.

Seefeldt, C. (1976). Curriculums for the preschool-primary school child: A Review of Research.

Skinner, L. (1979). *Motor development in the preschool years.* Springfield, Illinois: Charles C. Thomas. Columbus. Ohio: Charles Merrill Publishing Co.

__________(1987). *The early childhood curriculum.* New York: Teachers College Press.

Slater, W. (1993). *Dance and movement in the primary school: a cross-curricular approach to lesson planning.* UK: Norhcote House.

Spodek, B. (1985). *Teaching in the early years* (3rd ed.). Englewood Cliffs, NJ: Prentice-Hall.

Sternberg, R. J. (Ed.) (1999). *Handbook of creativity.* New York: Cambridge University Press.

Sullivan (1982). *Feeling strong, feeling free: Movement exploration for young children.* Washington D. C. : National Association for the education of young children.

Torrance, E. P., & Torrance, J. P. (1973). *Is creativity teachable?.* Bloomington, IN. : Phi Delta Kappa Educational Foundation.

Thomas, K. T., Lee, A. M., & Thomas, J. R. (1998). *Physical education for children, concepts into practice.* Chamoaign, IL: Human Kinetics Books

Thompson, C. M (1995). Transforming curriculum in the visual arts. In S. Bredekamp, & T. Rosegrant, (Vol. Eds.). *Reaching potentials: Transforming early childhood curriculum and assessment. Vol. 2,* 81-98, Washington, DC: NAEYC.

Weikart, P. S. (1989). *Movement plus music: Activities for children ages 3 to 7.* Ypsilanti, MI: High/Scope Press.

Weisberg, R. (1986). *Creativity : Genius and other myths.* New York: W.H. Freeman and Co.

Zimmer, R. (2010). 움직임교육의 이해. (김경숙, 주성숙, 김도연, 최지현 역), 서울: 대한미디어. (원서 출판 2004).

Zuvela, F., Bozanic, A., & Miletic, D. (2011). A new fundamental movement skills test for 8 year old children: construction and validation. *Journal of Sports Science & Medicine, 10*(1), 157-163.

사진 출처

http://user.uni-frankfurt.de/~griesbec/LABANE.HTML

저/ 자/ 소/ 개/

■ 안미숙

- 숙명여자대학교 대학원 음악교육전공 석사
- 숙명여자대학교 대학원 유아교육진공 수료
- 숙명여자대학교 대학원 교육학박사 수료

- 전) 백석문화대학교 실용음악학부 피아노과 교수
  총신대학교 유아교육과 객원교수
- 현) 백석문화대학교 유아교육과 교수
  코메프리마 상임교수
  사)한국생활음악협회 교육이사
  한국보육학회 이사
  백석피아노학회 이사
  마음경영학회 이사
  아동공동생활 행복한사람들 이사

■ 심은희

- 이화여자대학교 사범대학 유아교육과(문학사)
- 이화여자대학교 대학원 유아교육과(문학석사)
- 이화여자대학교 대학원 유아교육과(문학박사)

- 현) 한국유아교육학회 이사
  한국육아지원학회 이사
  구성주의유아교육학회 이사
  백석문화대학교 유아교육과 학과장

개정판

영유아 창의동작교육

초　판 1쇄 발행 2020년 12월 20일
개정판 1쇄 발행 2022년　5월 13일

지 은 이 | 안미숙·심은희
펴 낸 이 | 김기섭
편 집 인 | 이윤희
펴 낸 곳 | 창지사 www. changjisa. com
08589 서울시 금천구 가산디지털 1로 83 파트너스타워 1차 9층
전화 (02)719-2211~3
팩스 (02)701-9386
등　　록 | 1977년 4월 28일 · 제1-421호

ISBN 978-89-426-1527-8 (93370)

값 24,000원